데이터에서 비즈니스 성과로

BI를 위한 대시보드 설계와 구축

ビジネスダッシュボード 設計・実装ガイドブック

(Business Dashboard Sekkei • Jisso Guidebook: 7764-9)
©2023 Treasure Data, Inc.
Original Japanese edition published by SHOEISHA Co.,Ltd.
Korean translation rights arranged with SHOEISHA Co.,Ltd.
through Eric Yang Agency, Inc.
Korean translation copyright © 2024 by FREELEC INC.

데이터에서
비즈니스 성과로,

BI 를 위한

대시보드
설계와
구축

모두가 데이터를
가장 빠르게 읽는 방법

BUSINESS INTELLIGENCE

Treasure Data 이케다 슌스케, 후지이 아츠코, 사쿠라이 마사노부, 하나오카 아키라 지음

김성준 옮김

프리렉

시작하며

이 책의 개요와 집필 배경

이 책은 특정 도구를 다루는 것이 아니라 대시보드 구축 프로젝트, 특히 비즈니스 현장에서 데이터 분석을 위해 구축되는 비즈니스 대시보드 설계·디자인·데이터 준비에 초점을 둔 해설서입니다. 최근에는 기업과 관련한 다양한 데이터를 쉽게 얻을 수 있게 되어 많은 기업에서 데이터 활용은 피할 수 없는 과제가 되었습니다. 대시보드 구축은 데이터 이용과 활용에 있어 중요한 방법 중 하나입니다. 그러므로 대시보드를 구축하는 기업은 앞으로도 계속 늘어나리라 생각합니다.

한편, 대시보드 구축에 관한 학습 자료는 아직 부족한 상황입니다. BI 도구조작 방법, 데이터 시각화 등에 집중한 책들은 있지만, 그 외의 기술이나 대시보드 구축 프로젝트 등을 포괄적으로 설명한 자료는 많지 않습니다.

예를 들어 어떤 지표(매출, 구매자 수, 방문자 수 등)를 어떤 관점(지역별, 기간별 등)에서 분석할지 검토하려면 데이터 분석 기술을 익히고 그 노하우를 대시보드에 적용해야 합니다. 다양한 분야를 폭넓게 배워야 하므로 학습 난이도가 높고 충분한 기술을 익힐 때까지 긴 시간이 필요합니다.

이런 배경에서 Treasure Data 주식회사 프로페셔널 서비스 팀(이하 '필자의 소속 팀')은 데이터 활용을 지원하면서 터득한 대시보드 구축 기술을 체계화하여 한 권의 책으로 묶기로 했습니다.

대시보드 구축에서 프로젝트 진행, 문제 해결 사고, 데이터 분석, 디자인, 데이터 설계 등의 전문 기술을 되돌아보고 대시보드 구축을 주제로 한 방법론을 다시 정리하여 설명합니다.

이 책의 구성

이 책은 7개 장으로 구성됩니다. 각 장의 내용은 서로 독집적이므로 원하는 장부터 읽기 시작해도 좋습니다.

- 1장: 대시보드의 종류와 과제
- 2장: 대시보드 구축 프로젝트 전체 모습
- 3장: 대시보드 요구 사항과 요건 정의
- 4장: 대시보드 설계
- 5장: 대시보드 디자인
- 6장: 데이터 준비와 대시보드 구축
- 7장: 운용·검토·지원

1장에서는 대시보드를 이해하는 데 필요한 지식을 설명합니다. 비즈니스 대시보드의 요건, 대시 보드가 널리 퍼진 배경, 대시보드의 과제 등을 살펴봅니다.

2장에서는 대시보드 구축 프로젝트 과정을 단계별로 소개하며 설명합니다. 또한, 프로젝트 실행에 필요한 기술이나 체계, 프로젝트 추진 방법도 함께 알아봅니다.

3장에서는 대시보드 요구 사항과 요건 정의 방법을 설명합니다. 이와 함께 비즈니스 업무 내용과 사용자를 이해하는 데 도움이 되는 조사 방법이나 정보 정리 방법도 함께 살펴봅니다.

4장에서는 대시보드 설계의 기본과 중요성, 분석 설계 방법을 설명합니다. 또한, 분석 설계를 수행할 때 알아 두면 좋을 데이터 분석의 기본 지식, 분석 설계의 사고법, 분석 설계를 실시하기 전에 수행할 데이터 조사 방법 등을 알아봅니다.

5장에서는 대시보드 디자인을 대시보드 템플릿, 레이아웃, 차트, 상호작용 기능 등의 4가지 디자인 단계로 나누어 관련 사고방식과 기법을 살펴봅니다.

6장은 데이터 준비와 대시보드 구축 장입니다. 장 앞부분에서는 대시보드를 구현하는 데 필요한 데이터 마트 설계 방법을 설명합니다. 뒷부분에서는 BI 도구를 이용하여 대시보드를 구축할 때 작업할 내용이나 고려해야 할 내용을 소개합니다.

7장에서는 프로젝트 관계자나 사용자를 대상으로 실시해야 하는 운용·검토·지원 방법을 설명합니다.

이 책에서 다루지 못한 부분

이 책은 대시보드 구축과 관련한 지식을 가능한 한 최대한 설명하고자 했습니다만, 지면 관계상 설명하지 못한 몇 가지가 있습니다.

● 대시보드 구축 과정의 자세한 설명

이 책은 특정 BI 도구에 의존하지 않고, 대시보드 구축과 관련된 일반적인 기술이나 사고방식을 설명하고자 했습니다. 대시보드를 구축할 때 도구를 다루는 방법은 이용하는 BI 도구에 따라 다르며 이것만으로도 책 한 권 분량의 설명이 필요합니다. 따라서 이 책에서는 도구를 다루는 방법은 설명하지 않고 작업 단계만 알아봅니다.

● 전문 영역 전체 기술의 자세한 설명

이 책은 다양한 영역을 폭넓게 설명하고자 합니다. 그러므로 지면 관계상 모든 영역을 자세하게 설명하지는 못합니다. 전문 기술 등을 자세하게 알고 싶다면 해당 분야 도서도 함께 참고하세요.

● 대시보드 이용을 촉진하는 전사적 조직론이나 방법

데이터 민주화를 위한 조직 수준의 대처 방안은 대시보드 구축 프로젝트 범위를 넘어서기에, 이 책에서는 다루지 않습니다.

이 책의 대상 독자와 역할에 따른 장

이 책은 대시보드 구축 경험이 적은 사람을 비롯한 다양한 독자를 대상으로 합니다. 모든 장을 읽기 어렵다면 자신의 역할에 해당하는 장부터 읽어도 좋습니다. 각 역할을 대상으로 한 장은 다음과 같습니다.

- 프로젝트 매니저: 1장, 2장, 3장, 7장
- 컨설턴트, 마케팅 담당, 경영·사업 책임자: 3장, 4장
- 데이터 분석가: 3장, 4장, 5장, 7장
- 엔지니어: 3장, 6장, 7장
- 대시보드 운용 책임자, 프로젝트 소유자: 1장, 2장, 3장, 7장

단, 대시보드 구축 프로젝트는 한 사람만의 힘으로는 어려우므로 동료와의 협력이 무척 중요합니다. 가능하다면 자신의 역할에 한정하지 않고 모든 장을 읽는 것이 바람직합니다.

이 책을 계기로 많은 기업에서 대시보드 구축 프로젝트를 성공으로 이끌고 사용자에게 도움이 되는 멋진 대시보드 사례가 늘기를 바랍니다.

2023년 5월 Treasure Data 주식회사

이케다 슌스케(池田 俊介)

목차

1장 대시보드의 종류와 과제

2장 대시보드 구축 프로젝트 전체 모습

3장 대시보드 요구 사항과 요건 정의

4장   대시보드 설계

5장   대시보드 디자인

6장   데이터 준비와 대시보드 구축

7장   운용·검토·지원

실습   무료로 사용하는 Microsoft Power BI

1장

대시보드의
종류와 과제

1

1.1
대시보드에 필요한 요소와 종류

이 장에서 살펴볼 내용

이 책은 2장부터 대시보드 구축 프로젝트 전체 모습이나 각 단계 진행 방법을 설명합니다.

그 전에 1장에서는 다음 3가지를 알아봅니다.

- 대시보드에 필요한 요소와 종류
- 대시보드가 널리 퍼진 배경
- 대시보드의 과제

대시보드에 필요한 요소

대시보드는 '다양한 차트나 표 등 여러 가지 정보를 하나의 화면으로' 구성한 '것'으로 정의할 수 있습니다(그림 1.1.1). 비즈니스에서 대시보드를 활용하여 시각화할 정보의 예시로는 매출, 이익, 이익률, 판매량, 평균 단가, 등을 지표로 부문이나 상품별로 비교한 것이 대표적이며, 이 모두가 비즈니스에서 중요한 역할을 합니다.

데이터 중심적 방법을 채택한다면, 중요 지표를 관측하고 이를 통해 과제를 발견하여 필요한 행동을 취해야 합니다. 이 과정에서 대시보드는 판단 정보를 제공하는 도구로 활용됩니다. 즉, 대시보드는 시각화 자체가 아니라 '비즈니스 과제 해결'이 목적입니다.

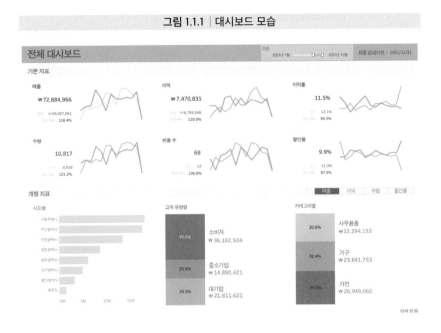

그림 1.1.1 | 대시보드 모습

● 비즈니스 요구를 만족하는 대시보드의 조건

비즈니스 요구를 충족하는 대시보드의 조건은 무엇일까요? 필자의 팀은 '비즈니스 목적 달성에 필요한 데이터를 실시간으로 끊임없이 시각화하여 행동으로 옮기는 데 필요한 의사 결정을 할 수 있도록 하는 것'이라 생각합니다. 이 사고방식은 다음과 같은 3가지 요소로 분해됩니다.

첫 번째는 '목적과 직접적으로 연결'되어야 합니다. 단지 여러 개의 차트나 표를 묶은 것이 아니라 해당 대시보드가 이루고자 하는 목표와 이용 목적에 맞는 것이야 합니다.

두 번째는 '행동으로 옮기는 데 필요한 의사 결정을 할 수 있게' 되어야 합니다. 대시보드를 바라보기만 하고 행동으로 이어지지 않는다면 비즈니스 과제는 해결되지 않습니다. 시각화한 데이터에서 목적 달성에 필요한 CS-F(Critical Success Factor: 중요 성공 요인)나 병목 지점 등을 파악하고 다음 행동으로 이어지는 의사 결정을 해야 합니다.

세 번째는 '실시간으로 지속적으로 확인할 수 있게' 되어야 합니다. 비즈니스 환경은 지속적으로 변화합니다. 한 달 전 데이터를 되돌아보는 것도 중요하지만, 대시보드의 의의는 현재 어떤 상태인지를 항상 파악하는 것입니다. 데이터 내용이나 처리 방법에 따라서는 전날이나 지난주의 데이터가 최신일 수도 있습니다. 그러나 중요한 것은 가능한 한 실시간으로 최신 데이터를 지속해서 볼 수 있어야 한다는 점입니다.

대시보드는 이 3가지 요소를 충족해야 합니다. 대시보드 구축 프로젝트를 설명하면서 이 3가지 요소도 함께 자세히 알아봅니다.

│ 대시보드 종류(대표 예)

대시보드에는 어떤 종류가 있는지 대표적인 예를 소개합니다(그림 1.1.2).

필자의 팀에서는 대시보드 이용 목적을 크게 '모니터링', '전략·방법 입안', '효과 측정' 등 3가지로 분류합니다. 물론, 이외에도 대시보드라 부를 수 있는 것이 있지만, 업계나 담당 부문에 따라 확인해야 하는 지표나 이용 목적은 다릅니다.

그림 1.1.2 │ 대시보드 종류(대표 예)

목적	모니터링	전략·방법 입안	효과 측정
유형	KPI 대시보드	분석용 대시보드	시책 효과 측정 대시보드
경영	• 주요 KPI 관리	• 부문별 병목 확인	
마케팅	• 홈페이지 방문 관리 • 리드 관리	• 유입별 전환 분석 • 리드 평가	모니터링이나 분석을 통해 실시하기로 했던 정책의 효과를 측정
영업	• 매출 관리 • 영업 활동 관리	• 계약 성공/실패 분석 • 영업 프로세스 개선 분석	
판매	• 방문 고객 관리 • 재고 관리	• 고객 정보 • 신제품 발매 초기 분석	
제조	• 설비 가동 관리 • 이상 탐지	• 생산 효율 개선 • 불량 요인 특정	
인사	• 직원 평가 • 직원 만족도 평가	• 고과 분석 • 정착 분석	

● 상태를 모니터링하고 신속하게 진단하는 KPI 대시보드

모니터링은 KPI 대시보드로 수행하되 확인해야 하는 지표를 관측할 수 있어야 합니다. 이러한 지표는 업계나 부문에 따라 다르지만, 매출이나 비용과 같은 KPI 설정이 중심입니다. KPI는 '3장 대시보드 요구 사항과 요건 정의'에서 알아봅니다. KPI 대시보드의 목적은 모니터링이므로 원인까지 나타낼 필요는 없습니다. 상태를 확인하는 건강 진단과 비슷합니다. 현상이나 문제 유무를 신속하게 진단하는 것이 중요합니다.

예를 들어, 인터넷 쇼핑몰 사이트 접속부터 결제까지를 확인하는 대시보드를 살펴봅시다. 이 대시보드(그림 1.1.3)는 KPI와 추가 정보로 구성됩니다. 매출이나 쇼핑몰 접속부터 결제까지의 구매 과정 지표가 KPI입니다. 또한, KPI 중에서도 주요 지표에 관해 속성별 또는 상품별 등으로 집계한 것이 추가 정보입니다. KPI와 함께 추가 정보도 있으므로 누가 어떤 상품을 샀는지 쉽게 알 수 있습니다.

그림 1.1.3 | 모니터링용 대시보드

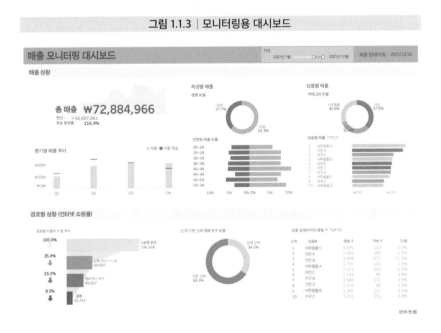

1
장
대
시
보
드
의
종
류
와
과
제

- 과제 확인 → 원인 파악을 통해 '전략·방법 입안'을 수행하기 위한 분석용 대시보드

분석용 대시보드에서는 자세한 내용을 확인하여 원인을 파악할 수 있어야 합니다.

앞의 모니터링이 건강 진단이라면 이번에는 정밀 검사라 할 수 있습니다. 특정 조건으로 검색하거나 정밀한 수준에서 지표를 확인하여 '왜 매출이 떨어졌는가?', '왜 상담 건수가 늘지 않는가?' 등의 원인을 파악할 수 있습니다.

법인 고객용 상품의 영업 활동 대시보드를 예로 들어봅시다. 이 대시보드(그림 1.1.4)는 왼쪽에 전체 KPI(리드 확보부터 계약까지 단계별 기업 수), 오른쪽에는 각 단계의 시계열 추이나 다음 단계로의 이행률 등의 중요 지표가 있어 전체 요약을 확인할 수 있는 구성입니다.

이뿐만 아니라 각 단계의 자세한 정보, 예를 들어 리드 확보(그림 1.1.5)와 관련해서는 경로별로 무엇이 좋고 나쁜지를 확인할 수 있습니다.

분석 대시보드(전체, 그림 1.1.4) 예에서는 리드(=잠재 고객) 확보 수가 이번 달(12월) 목표에 미치지 못하므로 그 결과 너처링(=계속 접속하는 고객) 건수도 목표를 채우지 못했다는 것을 알 수 있습니다. 또한, 11월도 목표를 달성하지 못했습니다. 리드 확보부터 계약까지가 긴 상품의 리드나 너처링 건수가 모자라면 몇 개월 후의 상담이나 계약 건수에 영향을 미칩니다.

리드 확보 분석 대시보드(그림 1.1.5)를 통해 리드 확보 방법에 대한 조사를 진행해 봅시다. 자료 다운로드 문의 건수가 목표에 미치지 못했음을 알 수 있습니다. 이는 11월 이전부터 목표를 밑돕니다(분석 대시보드(전체)에서 리드 확보 수 추이를 보면 10월까지는 목표를 달성했으므로 다른 경로가 원인임을 알 수 있습니다). 자료 다운로드나 문의를 늘리려면 어떤 방법이 필요한지 검토합니다.

이처럼 전략·방법 입안용 대시보드를 이용하면 필요한 과제를 자세히 이해할 수 있습니다.

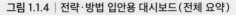

그림 1.1.4 │ 전략·방법 입안용 대시보드(전체 요약)

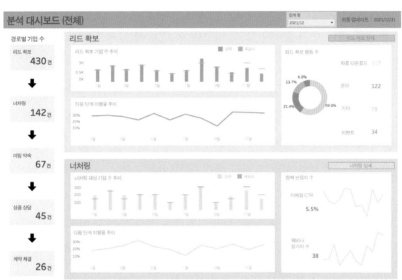

그림 1.1.5 │ 전략·방법 입안용 대시보드(상세 확인)

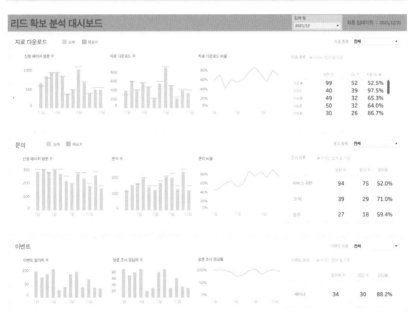

● 시책의 '효과를 측정'하는 시책 효과 측정 대시보드

시책을 시행했다면 효과를 확인해야 합니다. 모니터링용 대시보드에서도 시책 전후 경향 변화를 확인할 수 있으나 이 경향이 시책에 따른 것인지까지는 알 수 없습니다. 또한, 전략·방법 입안용 대시보드로도 확인할 수 있으나 시책의 목적에 따라 확인해야 하는 지표(매출이라면 이메일 오픈율일 수도 있음)나 확인하고 싶은 지점(타깃별이나 이메일 내용별 등)이 다르기도 합니다.

모니터링용, 전략·방법 입안용 모두 시책 효과를 시각화할 수 있습니다. 단, 대시보드 목적이 여러 가지라 화면 구성이나 구축이 복잡해질 수 있으므로 주의해야 합니다.

예를 들어, 법인 고객용 상품의 광고 효과를 측정하는 대시보드를 살펴봅시다. 이 대시보드(그림 1.1.6)에서는 홈페이지 방문 고객 수와 함께 자료 다운로드 수 등의 성과 관련 지표나 각 광고의 주요 지표 공헌 상황을 확인할 수 있습니다. 광고마다 결과의 좋고 나쁨을 판단하여 광고 운용을 검토할 수 있습니다. 그림에는 없으나 같은 광고라도 타기팅을 하거나 배너 등을 다양하게 디자인했다면 타깃별 또는 디자인별 수준에서 성과를 확인할 수 있습니다.

그림 1.1.6 | 효과 측정용 대시보드

효과 측정 대시보드

집계 월 2021/12 · 광고 효과가 있었던 집행일수 30 · 최종 업데이트: 2021/12/31

웹사이트 방문 수	신규 자료 다운로드 수	신규 문의 수
134,263	**964**	**517**
전일 대비: 2043↑	전일 대비: 306↑	전일 대비: 133↑

광고별 주요 지표

광고 유형	광고명	노출 수	클릭 수	자료 다운로드 수	문의 수	클릭율	CV율	광고 비용	CV수	클릭당 단가	CV당 단가
SNS	SNS1	227,405	2,706	103	44	1.19%	5.43%	₩589,934	147	₩218	₩4,013
	SNS2	247,332	3,191	104	45	1.29%	4.67%	₩800,836	149	₩251	₩5,375
	SNS3	299,850	2,879	121	52	0.96%	6.01%	₩757,061	173	₩263	₩4,376
	SNS4	153,062	1,362	63	52	0.89%	8.44%	₩362,359	115	₩266	₩3,151
노출 광고	노출 광고1	716,879	975	3	1	0.14%	0.41%	₩117,970	4	₩121	₩29,493
	노출 광고2	1,621,315	2,837	8	3	0.17%	0.39%	₩431,270	11	₩152	₩39,206
	노출 광고3	1,826,224	7,433	26	11	0.41%	0.50%	₩1,159,506	37	₩156	₩31,338
	노출 광고4	1,711,565	4,844	11	5	0.28%	0.33%	₩726,559	16	₩150	₩45,410
	노출 광고5	1,261,971	2,537	5	2	0.20%	0.28%	₩448,971	7	₩177	₩64,139
	노출 광고6	596,594	2,637	8	4	0.44%	0.46%	₩740,982	12	₩281	₩61,749
	노출 광고7	603,273	2,111	6	3	0.35%	0.43%	₩415,957	9	₩597	₩46,217
	노출 광고8	1,884,944	5,466	11	5	0.29%	0.29%	₩1,142,465	16	₩209	₩71,404
	노출 광고9	1,380,012	2,443	8	3	0.18%	0.45%	₩298,000	11	₩122	₩27,091
리스팅 광고	리스팅 광고1	189,171	7,188	46	20	3.80%	0.92%	₩1,337,061	66	₩86	₩20,259
	리스팅 광고2	233,821	5,846	44	19	2.50%	1.08%	₩637,162	63	₩109	₩10,114
	리스팅 광고3	240,604	7,459	53	23	3.10%	1.02%	₩1,357,488	76	₩182	₩17,862
	리스팅 광고4	232,302	5,575	44	19	2.40%	1.13%	₩1,036,996	63	₩186	₩16,460

1.2
대시보드가 널리 퍼진 배경

대시보드 보급을 이끈 3가지 요소

대시보드가 널리 보급된 이유는 무엇일까요? 필자는 크게 3가지 요소 때문이라 생각합니다. '데이터를 대하는 자세 변화', '도구 발전', '기술 향상에 필요한 정보 증가'가 바로 그것입니다. 그럼 각 요소를 살펴봅시다.

데이터를 대하는 자세 변화

여기서는 '데이터 주도'와 '고객 기준'이라는 2개의 키워드로 설명합니다.

● 데이터 주도

최근 몇 년간 '데이터 주도 경영', '데이터 주도 마케팅' 등의 말을 접할 기회가 많아졌습니다. 이는 '데이터를 기반으로 한 의사 결정'을 통해 경영이나 마케팅을 수행하는 것을 말합니다.

의사 결정은 경영자나 담당자의 느낌, 경험, 용기에만 의존하는 것이 아니라 데이터를 기반으로 하도록 변화했습니다. 데이터 주도 방법에서는 과제를 도출하고 그 원인에 대해 다양한 가설을 세우고 이를 검증하는 일련의 흐름을 데이터를 사용하여 진행합니다.

가설은 경험을 바탕으로 세우기도 합니다. 그러나 정확성 검증이나 시책 시행의 효과를 시뮬레이션할 때는 데이터, 즉 사실에 기반을 두고 수행해야 합니다.

● 고객 기준

최근에는 CS(Customer Satisfaction: 고객 만족), LTV(Life Time Value: 고객 생애 가치), CX(Customer Experience: 고객 경험) 등 고객과 관련한 용어가 늘었습니다. 모두 고객을 중심으로 한 '고객 기준'입니다.

상품을 '구입'하거나 '계약'하는 것이 목표가 아니라 '반복해서 선택'하거나 '추천'하는 것처럼 가능한 한 오랫동안 이어지는 관계를 구축하는 것이 기업의 관심사가 되었습니다. 또한 물건을 소비하는 소비자가 아니라 생활에서 서비스를 이용하는 사람이라는 사고방식으로 바뀌어 소비자가 아닌 '생활자'라 표현하는 기업도 늘었습니다.

이처럼 '오랫동안 이어지는 관계'를 구축하고자 기업은 다양한 접점을 통해 생활자와의 관계를 강화하려 합니다. 텔레비전, 신문, 잡지, 라디오 등 오프라인 중심 미디어뿐 아니라 수많은 온라인 미디어 역시 활용하여 온오프를 통합한 커뮤니케이션을 준비하는 기업도 많아졌습니다.

구매/계약 채널도 온오프 모두를 갖춘 경우가 늘었습니다.

온라인 미디어나 채널을 강화한 결과 얻을 수 있는 데이터의 종류와 양이 늘었을 뿐 아니라 그 속도도 빨라졌습니다. 또한, 생활자도 기업에 즉각적인 반응을 요구하게 되었습니다.

이러한 배경에서 **다양한 데이터를 이용하여 다각적으로 자사의 영업이나 고객 상태를 파악하고 현재 과제에 대해 원인 분석과 개선을 위한 행동을 실천하는 것이 중요해졌습니다. 이 과정이 빨라지도록 하는 것이 데이터를 시각화한 대시보드입니다.**

│ 도구 발전

데이터 주도와 고객 기준 방법을 진행할 때 활용하는 유용한 도구들이 있습니다. 데이터 주도 프로세스는 크게 '데이터 수집·통합·집계', '시각화·분석', '의사 결정·행동' 등 3가지 단계로 나눌 수 있습니다.

이 중 '시각화·분석'을 수행하는 것이 'BI 도구'입니다. BI에 특화된 도구뿐 아니라 다양한 기능 중 하나로 시각화·분석이 가능한 도구 등 BI 관련 도구는 매년 늘어나는 중입니다.

몇 가지 대표적인 BI 도구를 그림 1.2.1에 정리했습니다. 어느 도구를 사용할지는 시각화·분석 목적이나 기능, 자사 IT 환경과의 부합, 비용 등의 판단 기준을 통해 결정하면 됩니다.

BI 도구 보급과 함께 Salesforce의 Tableau, Google의 Looker 인수에서 보듯이 마케팅 기술에서 BI 도구의 존재감은 점점 커지고 있습니다.

도구의 기능이 발전함에 따라 대시보드로 구현하고 싶은 것이 머릿속 구상으로만 끝나지 않는다는 점도 대시보드의 보급을 촉진하는 이유 중 하나입니다.

그림 1.2.1 | 대표적인 BI 도구

BI 도구	제공사	특징
Tableau	Salesforce	• 다양한 데이터 소스 지원 • 시각화 표현이 우수함 • 외부 도구와 연동할 수 있음
Power BI	Microsoft	• Office 도구와 연동이 쉬움 • Microsoft AI를 이용한 머신러닝 지원 • 다양한 장치 지원
Qlik Sense	Qlik	• 드래그 앤 드롭으로 조작할 수 있음 • AI를 이용한 분석 지원 • 다양한 장치 지원
Looker	Google	• LookML을 이용한 유연한 데이터 관리 • 드래그 앤 드롭으로 조작할 수 있음 • 외부 도구와 연동할 수 있음
Looker Studio	Google	• Google 애널리틱스나 Google 광고, BigQuery 등과 연동 • 무료 BI 도구 • 풍부한 보고서 템플릿
Domo	Domo	• 드래그 앤 드롭으로 조작할 수 있음 • 다양한 데이터 소스 지원 • AI를 이용한 경고 기능을 설정할 수 있음

기술 향상에 필요한 정보 증가

아무리 좋은 도구라도 사용자의 기술이 따라가지 못하면 그 효과를 발휘할 수 없으므로 기술을 향상하는 데 필요한 학습 방법 역시 다양합니다. BI 도구를 제공하는 기업뿐만 아니라 사용자도 도구 관련 정보를 공유하므로 다양한 콘텐츠를 접할 수 있습니다. 또한, 자격 제도나 사용자가 직접 만든 인재육성 프로그램(Tableau DATA Saber 등)처럼 BI 도구나 데이터 시각화·분석의 보급, 기술 향상을 목적으로 한 다양한 프로그램도 있습니다.

물론 BI 도구를 다루는 방법을 아는 것만으로는 비즈니스 요구를 충족하는 대시보드를 구축하기에 충분하지는 않습니다. 데이터베이스나 통계 관련 등 그 외에도 익혀야 할 지식은 많습니다.

이 역시도 사용자가 공유하는 자료 등을 통해 필요한 기술과 지식은 무엇인지를 알 수 있습니다. 뒤에서 소개하겠지만, 대시보드 설계나 구축에는 다양한 관계자가 등장합니다. 예를 들어, 프로젝트 관리자, 엔지니어(데이터, BI, 소프트웨어 등 기업에 따라 다양한 엔지니어가 있음), 데이터 분석가, 데이터 과학자, 마케팅 담당자 등입니다. 물론 조직이나 프로젝트에 따라 담당자 유무나 인원수는 다릅니다. 또한, 담당자에 따라 가진 기술도 다릅니다. 자신이 담당할 업무에 맞는 자료를 참고하면 기술 향상 계획을 세우기 쉬울 겁니다.

그림 1.2.2는 학습에 도움이 되는 콘텐츠를 정리한 표입니다. 학습을 진행할 때 참고하세요.

그림 1.2.2 | 대시보드와 BI 도구 관련 콘텐츠

종류	예
자격	• BI 도구 제공사 공인 자격: Tableau Certified Data Analyst, Microsoft Power BI Data Analyst 등 • 사용자가 만든 공인 프로그램: Tableau DATA Saber 등
동영상이나 서적	• BI 도구 제공사의 학습 콘텐츠, 트레이닝 동영상 등 • 서적: BI 도구 관련 서적 등 • 유료 학습 콘텐츠: Udemy, Coursera 등
커뮤니티·이벤트	• 각 BI 도구 사용자 커뮤니티 • BI 도구 제공사의 기능 배포 이벤트나 기사 • 사용자 커뮤니티나 대시보드 구축 지원 기업의 사례 발표
사용자 블로그·자작 대시보드 공유	• 사용자 공유 글: 브런치나 기업의 블로그 등 • Tableau Public • Makeover Monday: GitHub나 Tableau Public에 기고

1.3
대시보드의 과제

사용하지 않는 대시보드

지금까지 대시보드가 널리 퍼진 배경을 살펴보았습니다. 다양한 학습 콘텐츠 덕분에 대시보드를 만들었거나 만들 수 있는 사람이 점점 늘고 있습니다.

그러나, 문제점도 나타났습니다. 바로 '**사용하지 않는 대시보드의 탄생**'입니다. 대시보드 구축이 끝나고 관계자에게 소개한 시점에는 '정보가 다양하여 많은 도움이 될 듯해요.' 등 반응은 긍정적이었지만, 결국 사용하지 않는 경우가 있습니다. 또한, 대시보드 배포 직후에는 많이 사용했지만, 얼마 지나지 않아 일부 사람만 사용하다가 결국 아무도 사용하지 않는 경우도 보곤 합니다. 만든 사람조차도 배포 후에는 보지 않곤 하니까요.

왜 '사용하지 않는 대시보드'가 생기는 걸까요? 이유는 여러 가지로, 다음과 같은 이유를 들 수 있을 겁니다.

- 사례 ①: '사용 방법을 잘 몰라 결국 사용하지 않게 되었어요.' → 매뉴얼을 준비하거나 사내 교육 등 대증 치료법과 같은 대책을 통해 '사용하는 대시보드'가 되도록 한다.
- 사례 ②: 대시보드를 봐도 '비즈니스 과제를 모르겠어요.', '그다음은 무엇을 해야 할지 모르겠어요.' → 사용 방법 교육만으로는 해결되지 않을 가능성이 있다.
- 사례 ③: '애당초 대시보드의 목적을 모르겠어요.' → 대시보드를 구축하기 전에 관계자 사이에 구체적인 목적에 대해 인식을 공유한다.

다음 장 이후 '사용하지 않는 대시보드'가 생기지 않도록 하는 데 필요한 내용을 구체적으로 설명합니다. 그 전에 '사용하지 않는 대시보드'가 생기는 함정은 무엇인지 잠시 알아봅시다.

요구 사항과 요건 정의 또는 설계가 문제

앞서도 이야기했듯이 필자는 비즈니스 요구를 충족하는 대시보드의 조건은 '비즈니스 목적 달성에 필요한 데이터를 실시간으로 지속적으로 시각화하여 행동으로 옮기는 데 필요한 의사 결정을 할 수 있도록 하는 것'이라 생각합니다.

그러나 '사용하지 않는 대시보드' 중에는 다음과 같은 사례가 있습니다.

- 단순히 데이터를 그래프나 표로 만들어 대시보드에 표시하기만 한다.
- 표시한 정보가 너무 많다.
- 어떤 데이터가 비즈니스에 필요한지 애매모호한 상태이다.
- 누가 어떤 업무에 사용할 것인지 가정하지도 않고 만들었다.
- 누구에게 무엇을 알리고 싶은지 가정하지도 않고 만들었다.

이는 몇 가지 예에 지나지 않지만, 공통점은 '요구 사항과 요건' 또는 '설계'에 문제가 있다는 것입니다. 어떤 비즈니스 목적에 따라 구축한 대시보드인지, 비즈니스에 활용하기 위한 대시보드가 되려면 어떤 요소가 필요한지, 누가 이 대시보드를 사용하는지 등을 대시보드 구축 전에 정해야 합니다. 자세한 내용은 '3장 대시보드 요구 사항과 요건 정의', '4장 대시보드 설계', '5장 대시보드 디자인'에서 알아봅니다.

데이터 구조나 운용·지원이 문제

대시보드의 요구 사항과 요건 정의 또는 설계를 아무리 신중하게 진행한다고 하더라도 배포하고 나서 얼마 후 '사용하지 않는 대시보드'가 될 때가 있습니다. 사용하지 않는 이유를 살펴보면 다음과 같은 사례를 발견할 수 있습니다.

- 대시보드 동작이 무거워 알고 싶은 정보를 조회하는 데 시간이 걸린다.
- 데이터 업데이트가 멈추었다.
- 추가해야 할 기능이나 데이터가 있지만, 반영하지 않았다.
- 애당초 사용 방법을 모른다.
- 표시한 지표의 정의가 무엇인지 모르겠다.
- 누구에게 사용 방법을 물어야 할지, 어디서 알아야 할지 모르겠다.

여기서 공통점은 '데이터 구조'나 '운용·지원'을 개선해야 한다는 것입니다. 자세한 내용은 '4장 대시보드 설계', '6장 데이터 준비와 대시보드 구축', '7장 운용·검토·지원'에서 알아봅니다.

　평소 업무에 대시보드를 활용하려면 알고 싶은 정보를 신속하게 확인할 수 있어야 하며 업무에서 발생하는 요구를 조기에 해결할 수 있어야 합니다. 또한, 자료, 교육 프로그램, 질의응답 등의 지원을 제공한다면 사내 대시보드 활용을 촉진할 수 있습니다.

2장

대시보드 구축 프로젝트 전체 모습

2

2.1
프로젝트 전체 모습과 개요

이 장에서 살펴볼 내용

앞 장에서는 기업 현장에서 대시보드가 요구되는 배경이나 대시보드의 특징, 대표적인 예 등을 알아보았습니다. 이 장에서는 대시보드 구축을 진행할 때 가장 먼저 알아야 할 다음 4가지를 설명합니다.

　① 전체 모습과 각 단계 개요
　② 필요한 기술
　③ 체계
　④ 진행 방법

프로젝트 전체 모습

이 책 3장 이후에서는 대시보드 구축 프로젝트의 각 업무를 자세히 살펴보고 프로세스로 정리한 내용을 한 단계씩 설명합니다. 대시보드 구축 프로젝트에서는 구체적으로 무엇을 하는지 참고가 되었으면 합니다.

이 절에서는 대시보드 구축 프로젝트 전체 모습(그림 2.1.1)과 각 단계의 개요를 알아봅니다.

구축 프로세스는 다음과 같이 5단계로 이루어집니다.

　① 요구 사항과 요건 정의 단계
　② 대시보드 설계 단계
　③ 데이터 준비 단계
　④ 대시보드 구축 단계
　⑤ 운용·검토·지원 단계

지금부터 이 5단계를 간략하게 설명합니다.

그림 2.1.1 | 대시보드 구축 프로젝트 전체 모습

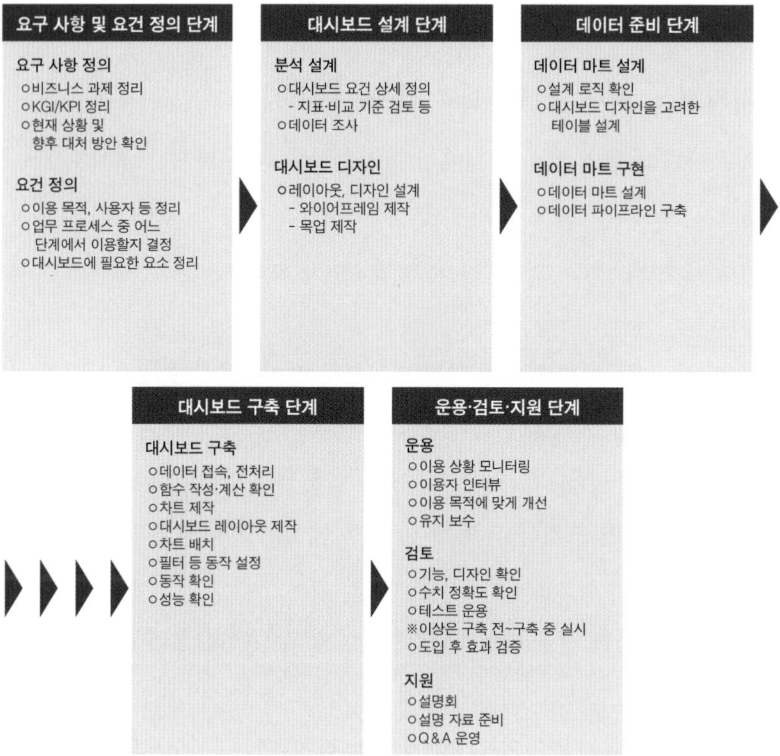

요구 사항 및 요건 정의 단계

요구 사항 정의
- 비즈니스 과제 정리
- KGI/KPI 정리
- 현재 상황 및 향후 대처 방안 확인

요건 정의
- 이용 목적, 사용자 등 정리
- 업무 프로세스 중 어느 단계에서 이용할지 결정
- 대시보드에 필요한 요소 정리

대시보드 설계 단계

분석 설계
- 대시보드 요건 상세 정의
  - 지표·비교 기준 검토 등
- 데이터 조사

대시보드 디자인
- 레이아웃, 디자인 설계
  - 와이어프레임 제작
  - 목업 제작

데이터 준비 단계

데이터 마트 설계
- 설계 로직 확인
- 대시보드 디자인을 고려한 테이블 설계

데이터 마트 구현
- 데이터 마트 설계
- 데이터 파이프라인 구축

대시보드 구축 단계

대시보드 구축
- 데이터 접속, 전처리
- 함수 작성·계산 확인
- 차트 제작
- 대시보드 레이아웃 제작
- 차트 배치
- 필터 등 동작 설정
- 동작 확인
- 성능 확인

운용·검토·지원 단계

운용
- 이용 상황 모니터링
- 이용자 인터뷰
- 이용 목적에 맞게 개선
- 유지 보수

검토
- 기능, 디자인 확인
- 수치 정확도 확인
- 테스트 운용
- ※이상은 구축 전~구축 중 실시
- 도입 후 효과 검증

지원
- 설명회
- 설명 자료 준비
- Q&A 운영

| 요구 사항과 요건 정의 단계(3장에서 설명)

대시보드 구축 프로젝트를 시작하는 시점에는 바로 데이터를 모으거나 차트를 만들어 대시보드 화면에 배치하지는 못합니다. 아무리 간단한 대시보드라도 비즈니스 과제는 무엇이며 KGI/KPI는 무엇인지 미리 정보 정리, 즉 요구 사항을 정의해야 합니다.

또한 누가 어떤 목적으로 언제(어떤 업무 프로세스에서) 해당 대시보드를 이용할 것인가를 미리 가정한 사용 사례 정리, 요구 사항 정의를 충족하는 데 필요한 요소나 구체적으로 사용할 데이터 정리 등 요건도 함께 정의해야 합니다.

이 모두를 수행한 다음, 비즈니스와 업무를 이해하고자 대시보드 사용자를 대상으로 인터뷰 등을 진행합니다.

대시보드 설계 단계(4장과·5장에서 설명)

요구 사항과 요건 정의 단계에서 정리한 비즈니스 과제나 대시보드의 요건을 기준으로 대시보드를 설계합니다. 또한, 원하는 대시보드의 실현성을 데이터 관점(데이터 종류나 정의, 취득·생성 방법, 누락이나 편향 등)에서 조사합니다.

다음으로, 대시보드 디자인 과정의 일부로 레이아웃 템플릿을 디자인하거나 와이어프레임, 목업을 만듭니다.

레이아웃 템플릿을 디자인할 때는 레이아웃을 분할하는 방법의 기본 패턴 정의 외에도 화면 크기나 색 패턴 설정 등 대시보드 화면 전체 구성을 결정합니다.

와이어프레임을 만들 때는 대시보드 설계 과정에서 정리한 지표와 비교 기준을 참고로 대시보드 어느 부분에 어떤 차트를 둘 것인지를 정리합니다.

목업을 만들 때는 와이어프레임에 따라 전체적인 대시보드의 모습을 간략하게 표현합니다. 완성된 모습을 나타내는 목업을 만들 때는 어떤 차트 디자인으로 시각화할 것인지까지 정합니다. 실제 활용 모습을 염두에 두고 대시보드 기능이나 디자인을 구체화합니다. 데이터 마트 구축이나 BI 도구 설정에 많은 공정이 필요한 대규모 대시보드 구축 프로젝트에서는 목업보다 실물에 더 가까운 프로토타입을 만들기도 합니다.

데이터 준비 단계(6장에서 설명)

목업을 대시보드로 구현하는 데 필요한 데이터 마트의 요구 사항을 정리하고 테이블 구조를 설계한 후 테이블을 만듭니다. 또한, 데이터 마트를 자동으로 업데이트하는 데이터 파이프라인도 함께 구축합니다.

대시보드 구축 단계(6장에서 설명)

구축한 데이터 마트를 BI 도구에 연결하는 설정, 요구 사항과 요건 정의나 대시보드 설계 사항을 기준으로 대시보드를 구축합니다. 이 단계의 작업 내용은 BI 도구에 따라 다르므로 관련 자료나 서적을 참고하세요. 이 책은 구체적인 설명을 생략합니다.

운용·검토·지원 단계(7장에서 설명)

대시보드를 구축할 때나 구축 후에 대시보드 사용자나 프로젝트 관계자를 대상으로 의견을 듣는 자리를 마련하여 요구 사항과 요건을 정의할 때 확인하지 못했던 추가 요청을 반영하도록 대시보드를 수정합니다. 데이터 마트 수정이 필요하다면 데이터 파이프라인 수정도 함께 진행합니다. 대시보드 구축 후의 운용 단계는 소홀하기 쉬운 업무이나 빠짐없이 실시하는 것이 좋습니다.

변화하는 비즈니스 상황 따라 대시보드에 기대하는 역할도 달라질 수 있습니다. 새로운 대시보드를 만든다는 선택지도 머릿속에 두면서 목적이나 상황에 맞도록 대시보드 환경을 지속적으로 정비하도록 합시다. 사용자의 요구를 충족하지 못하는 대시보드는 그 가치가 사라지므로 결국 사용하지 않게 됩니다. 오랫동안 사용할 대시보드를 만들려면 운용·검토·지원 단계가 매우 중요합니다.

2.2
프로젝트에 필요한 기술

프로젝트에 필요한 하드 스킬과 소프트 스킬

지금까지 대시보드 구축 프로젝트 전체 모습과 각 단계를 요약하여 살펴보았습니다. 더 자세한 단계별 설명은 다음 장부터 진행하도록 하고 지금부터는 대시보드 구축 프로젝트에 필요한 기술을 설명합니다.

그림 2.2.1은 대시보드 구축 프로젝트를 추진할 때 요구되는 대표적인 기술의 예입니다. 기술 세트는 크게 하드 스킬과 소프트 스킬 2가지로 분류할 수 있습니다. 여기서는 분류별로 대표적인 기술을 간략하게 살펴봅시다.

그림 2.2.1 | 프로젝트에 필요한 대표적인 기술

하드 스킬	소프트 스킬
○ BI 도구 조작 기술 ○ BI 도구 환경 구축 기술 ○ SQL 등을 통한 데이터 추출 기술 ○ 데이터 파이프라인 구축 기술 ○ 데이터베이스 환경 구축·유지 보수 기술	○ 프로젝트 관리 기술 (2장) ○ 요구 사항·요건 정의 기술 (3장) ○ 분석 기술 (4장) ○ 대시보드 디자인 기술 (5장) ○ 데이터 마트 설계 (6장)

특정 소프트웨어나 프로그래밍 언어 등, 구체적인 수단을 사용하는 기술

프로젝트에서 특정 활동 수행 시 기반이 되는 사고력이나 정보 처리 등 기본 능력

하드 스킬

하드 스킬은 어떤 목적을 달성하고자 특정 소프트웨어나 프로그래밍 언어 등을 사용하는 등 구체적인 수단을 사용하는 기술을 말합니다.

● BI 도구 조작 기술

Tableau나 Power BI 등 특정 BI 도구를 다루는 기술입니다. 대시보드 구축 프로젝트에서는 대시보드 구축에 드는 공수를 줄이고자 기본적으로 BI 도구를 도입하여 대시보드를 구축할 것을 전제로 할 때가 흔합니다. 그러므로 프로젝트 구성원 중 적어도 한 사람 이상은 도입할 BI 도구로 대시보드를 구축할 수 있어야 합니다.

프로젝트 구성원 중 그런 사람이 없다면 대시보드 구축을 지원할 외부 업체 의뢰나 BI 도구를 다룰 수 있는 인재 채용을 검토해야 합니다.

데이터베이스 등 외부 데이터 소스에 있는 테이블 참조, 테이블 집계 처리, 차트 작성을 통한 데이터 시각화와 같은 BI 도구 기본 기능은 많은 BI 도구에서 공통이므로 조작 방법에 약간의 차이가 있더라도 공통의 기본 지식을 갖췄다면 대처할 수 있습니다. 예를 들어, BI 도구로 Power BI를 채택하기로 했다면 프로젝트 일원이 Tableau를 잘 다루는 사람뿐이라 하더라도 기본 디자인을 이용한 대시보드라면 약간의 Power BI 교육 시간만 투자해서 문제를 해결할 수 있을 것입니다.

BI 도구에 따라서는 복잡한 설계 처리나 특수한 차트 작성, 사용자와 상호작용을 통한 분석 정밀도 향상 등 자유도 높은 분석 체험을 제공할 수도 있습니다. 단, 이런 응용 기능은 개별 BI 도구 고유의 기능일 때가 흔하므로 다루는 방법도 제각각입니다. 따라서 응용 기능을 활용한 수준 높은 대시보드를 구축하고자 할 때는 해당 BI 도구를 잘 아는 전문 인력이 있어야 합니다.

● BI 도구 환경 구축 기술

BI 도구를 도입할 때 시스템 측면의 대응이나 BI 도구 소프트웨어를 실행할 서버의 유지보수 관련 기술입니다.

최근에는 BI 도구 소프트웨어를 자사의 서버에 직접 설치하는 온프레미스 형태와 함께 BI 도구 공급사가 서버 환경을 운용, 유지보수하며 그 환경의

2장 대시보드 구축 프로젝트 전체 모습

일부를 유료로 대여하는 SaaS 형태의 서비스도 늘었습니다. 이에 따라 BI 도구 환경 구축 기술이 반드시 필요한 것은 아닙니다.

대시보드 사용자가 적은 도입 초기 단계에서는 SaaS 형태를 선택하고 사용자가 수백 명 이상으로 규모가 커진 다음에는 비용 측면에서 유리한 온프레미스 형태 도입을 검토하도록 합니다.

● SQL 등 데이터 조회 기술

SQL 등을 이용한 데이터베이스에서 대시보드의 목적에 최적화한 데이터를 만드는 기술입니다. BI 도구가 접속할 수 있는 데이터 소스는 BI 도구마다 다릅니다.

대시보드를 구축할 때 데이터베이스에 저장한 원본 데이터를 바로 참조하지 않고 분석 목적에 맞게 원본 데이터를 집계·통합하는 등 가공한 대시보드 구축용 데이터를 참조합니다. 그러므로 데이터 마트를 만드는 기술이 필요합니다.

간단한 대시보드는 원본 데이터에 직접 연결하여 구축할 수도 있으나 원본 데이터의 모든 데이터가 대시보드 구축에 필요한 것은 아닙니다. 예를 들어, 상담 이력 데이터에 같은 고객의 상담 실적이 여러 건 있습니다. 영업 담당자마다 관리 방법이 달라 최신 데이터로 업데이트한 사람도 있고 매번 새롭게 등록한 사람도 있는 회사라고 합시다(실제 사례입니다). 상담 수 집계를 정의할 때 최근 상담 실적만 이용하고자 할 때라면 필요 없는 데이터는 제외하는 것이 좋을 겁니다. 필요 없는 데이터를 포함한 채 여러 건이라는 사실을 잊고 집계한다면 집계 방법에 따라 중복이 발생하므로 상담 수 집계가 의도한 것과 다를 수도 있습니다.

또한, 원본 데이터 형식이 대시보드 구축에 적절하지 않기도 합니다. 예를 들어, 쇼핑몰 사이트 매출 실적 데이터가 한 번의 결제나 상품별로 입력되어 있다고 가정해 봅시다. 이때 쇼핑몰의 일별 매출과 상품 매출 순위를 알고 싶다면, 한 번의 1회의 결제가 아니라 상품별로 매일 집계한 데이터면 충분합니다.

필요 없는 데이터를 포함한 엄청난 양의 데이터가 BI 도구로 들어오는 등 대시보드 구축 시의 오류(잘못된 데이터를 사용한 집계, 분석에 필요 없는 시기의 데이터를 포함한 집계 등)나 너무 긴 계산 처리 시간(성능 저하)을 피하려면 데이터 마트를 만들어야 합니다.

필자의 팀은 SQL을 이용합니다. SQL은 데이터를 가공할 때 이용할 수 있는 프로그래밍 언어 중 하나입니다. 그러므로 프로젝트 일원 중 적어도 한 사람 이상은 SQL 등을 이용하여 필요한 데이터를 조회할 수 있어야 합니다.

● 데이터 파이프라인 구축 기술

SaaS 서비스나 자사 시스템의 데이터 등 여러 곳에 흩어진 데이터를 한 곳에 모아 앞서 설명한 SQL을 이용한 데이터 마트를 만들기까지 일련의 데이터 처리 과정을 구축하는 기술입니다. 이 데이터 처리 과정을 추출(Extract), 변환(Transform), 적재(Load)의 첫 글자를 따 ETL 또는 ELT라 부릅니다. 데이터 처리 순서 중 변환이 먼저라면 ETL, 적재가 먼저라면 ELT가 됩니다. 또한, 이 과정을 구현하는 도구나 서비스를 데이터 파이프라인 도구 또는 데이터 파이프라인 서비스라 부릅니다. 구체적으로는 Apache Airflow, Digdag나 최근에 등장한 dbt를 들 수 있습니다.

업무에서는 매일 대시보드를 이용할 때가 흔하므로 데이터 마트는 매일 최신 상태로 업데이트하는 것이 바람직합니다. 이러한 업데이트 작업을 매일 정해진 시각에 사람이 직접 하는 것은 공수도 많이 들고 실수 위험도 있으므로 현실적이지 않습니다.

그러므로 오랫동안 자주 이용할 것을 전제로 한 대시보드를 운영할 때는 데이터 마트 업데이트를 자동으로 수행하는 데이터 파이프라인을 구축해야 합니다.

데이터 파이프라인 설정에 이용할 프로그래밍 언어로는 파이썬(Python)이나 YAML 등이 있으나 도구에 따라 사용할 수 있는 언어는 다릅니다. 그러므로 데이터 파이프라인을 도입하기 전에 해당 언어를 사용할 수 있는 인력이 프로젝트팀에 있는지 확인해야 합니다.

● 데이터베이스 환경 구축과 유지보수 기술

SQL을 이용한 데이터 마트 구축에 관해 잠시 살펴보았는데, 하나의 데이터베이스로 모은 대시보드 전용 데이터 마트를 데이터 소스로 이용하는 것이 좋습니다(그림 2.2.2).

그림 2.2.2 | 하나의 데이터베이스로 데이터 마트 모으기

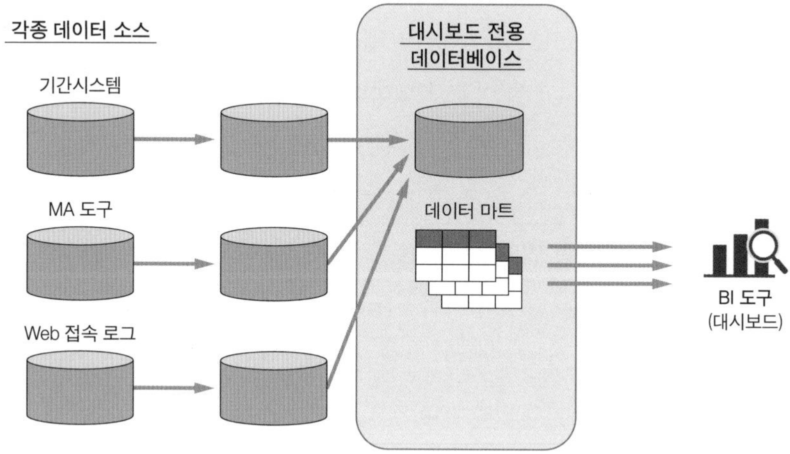

이처럼 데이터베이스 환경 구축과 운용, 유지보수를 담당하는 사람이 필요합니다. 비용이나 인력 절감 면에서 최근에는 AWS나 GCP 등의 클라우드 환경에 데이터를 모으는 것이 흔해졌습니다(물론 보안 정책 관점에서 온프레미스 환경에 데이터베이스 서버를 두는 기업도 있습니다).

데이터베이스를 구축하는 환경은 기능이나 보안 정책 관점에서 검토한 후 정합니다. 데이터베이스 구축과 운용, 유지보수 기술을 가진 인재 역시 확보

해야 합니다. 예를 들어, 데이터 활용에 특화된 클라우드 서비스를 도입할 때는 서비스 제공 업체가 유지보수를 담당하므로 자사에서 직접 데이터베이스 운용, 유지보수를 수행할 필요는 없습니다.

소프트 스킬

소프트 스킬은 프로젝트에서 특정 활동을 수행할 때 기반이 되는 사고력이나 정보 처리 능력을 말합니다.

● 프로젝트 관리 기술

대시보드 구축 프로젝트에서는 단계별 업무와 함께 대시보드의 상세한 사양을 정하기 위한 의사소통이나 데이터 조사, 지표 계산 로직 검토 등 모든 관계자가 참여할 필요가 없는 작업이 있습니다. 이런 업무나 작업을 성공적으로 완수하려면 프로젝트 관리가 중요합니다. 프로젝트 관리에서 구체적으로 무슨 일을 하는지는 이 장 마지막 절에서 알아봅니다.

● 요구 사항과 요건 정의 기술

대시보드 구축 프로젝트 전체 모습에서 간단히 설명했듯이 프로젝트 초기에는 요구 사항 정의와 요건 정의가 필요합니다.

요구 사항 정의는 어떤 비즈니스 과제나 KGI/KPI를 위해 대시보드를 어떻게 사용할 것인지와 관련된 정보를 정리합니다. 예를 들면, **그림 2.2.3**과 같은 내용을 정의합니다.

그림 2.2.3 │ 요구 사항을 정의할 때 해야 할 일
비즈니스 이해
• 어떤 사업이며 고객은 누구인가? • 현재 상황의 과제나 목표, 준비 중인 방안 등
대시보드 사용자의 업무 이해
• 담당 영역(광고 선전, 상품 기획, 마케팅 기획 등) • KGI/KPI 정리(매출, 구매자 수, 홈페이지 방문 수, 광고 도달 수 등) • 현재 상황의 과제나 준비 중인 방안 등

현재 상황이나 과제 정리
• KGI/KPI/CSF 정리 • As-Is/To-Be 정리 • 과제 정리 등

또한, 요건 정의에서는 누가, 무슨 목적으로, 언제(어떤 업무 프로세스로) 대시보드를 이용하는지를 가정한 사용 사례 등을 정리하고 요건 정의를 충족하는 데 필요한 요소나 구체적으로 사용할 데이터도 함께 정리합니다. 그림 2.2.4는 요건 정의의 예입니다.

그림 2.2.4 │ 요건을 정의할 때 해야 할 일
가정한 대시보드 사용 사례 정리
• 누가 이용하는가? • 어떤 목적으로 언제 사용하는가 등
구축할 대시보드와 이용할 데이터 정리
• 목적을 이루는 데 필요한 대시보드 정리 • 이용할 데이터 정리
대시보드 구성 요소 정리
• 주요 지표 • 지표 사이의 관계 • 비교 기준 등

요구 사항과 요건을 어떻게 정의해야 좋을지는 3장에서 알아봅니다.

● **분석 기술**

요구 사항과 요건 정의에서 정리한 '대시보드로 알고 싶은 내용'은 구체적으로 어떻게 확인할지를 정리해야 합니다. '어떤 지표를', '어떻게 집계하고', '어떤 계산 로직을 이용하여', '어떻게 비교할 것인가?'라는 분석 요건을 정리합니다. 또한, 대시보드는 데이터 확인만으로 끝나는 것이 아니라 행동으로 이어져야 그 가치가 최대화합니다. 그러므로 대시보드에서 얻은 결과가 다음 행동에 어떻게 영향을 주는지도 함께 이해하고 가정해야 합니다.

이는 분석 기술로서 구체적으로 필요한 기술입니다. '분석'이라는 말을 들으면 누군가는 '데이터를 집계하고 분석하여 결과를 보고할 때까지'만을 떠올리곤 합니다. 대시보드뿐만 아니라 '분석' 역시 행동으로 이어질 때 비로소 그 가치가 빛납니다. 그러므로 대시보드 사용자에게는 업무 내용이나 분석 결과를 이해하는 비즈니스 지식이나 실무 경험도 있어야 합니다.

이들 기술은 특히 대시보드 설계 단계에서 중요합니다. 대시보드를 어떻게 설계해야 좋을지는 4장에서 살펴봅니다.

● 대시보드 디자인 기술

정리한 대시보드에 요건이나 분석 요건(지표, 집계 수준, 계산 로직, 비교 기준 등)을 구체적인 분석 경험이나 대시보드 화면 디자인에 적용하는 능력이 대시보드 디자인 기술입니다. 대시보드 디자인은 레이아웃 디자인과 데이터 시각화 등 두 가지 작업으로 나눌 수 있습니다.

레이아웃 디자인 단계에서는 사용자가 스트레스 없이 분석에 집중할 수 있는 대시보드를 디자인하고자 레이아웃 템플릿을 작성하고 차트나 필터 등 각 요소의 배치를 결정합니다. 이때 화면 전체 색 배합이나 디자인 테마와 같은 톤앤매너(회사별로 정한 색이나 글꼴 정책을 따르는 등 대시보드 전체의 규칙)도 설정합니다.

데이터 시각화에서는 분석 요건 중 중요한 요소는 무엇인지, 이를 쉽게 인식할 수 있는 표현 방법은 무엇인지 등을 고려하여 최적의 차트로 변환하는 작업을 수행합니다. 데이터를 시각화할 때 도입할 BI 도구로 표현할 수 있는 차트를 아는 것이 전제이므로 데이터 시각화 작업을 담당할 사람은 BI 도구를 잘 다룰 수 있어야 합니다.

대시보드 디자인 기술은 대시보드 사용 편의성을 높이는 데도 중요합니다. 대시보드 구축은 보통 주로 엔지니어가 담당하는 프로젝트라고 생각하므로 대시보드 디자인 관점에서는 소홀해지기 쉽습니다. 가능하다면 데이터 분석과 데이터 시각화를 이해하는 인재(한 사람이 두 방면 모두를 잘하는 것이 이상적이나 실제로는 따로따로 담당하는 것이 현실적)에게 대시보드 디자인을 의뢰하여 사용하기에 편리한 대시보드를 만들도록 합시다.

대시보드 디자인을 어떻게 해야 할지는 5장에서 자세히 다룹니다.

● 데이터 마트 설계 기술

대시보드 디자인을 구현하는 데 필요한 데이터 마트를 설계하는 능력입니다. BI 도구가 데이터 소스로 참조하는 데이터 마트의 구조는 설계한 대시보드를 구현할 수 있도록 최적화하는 것이 바람직합니다.

SQL 등 데이터 조회 기술 단락에서도 살펴보았습니다만, 차트를 만들 때 참조할 데이터 정보의 정밀도가 높다면 데이터를 읽어오는 데 시간이 걸리기도 합니다(성능 저하). 이는 분석 경험의 저하로 이어집니다. 예를 들어 시도별 매출액을 매일 차트로 만들 때 초 단위 판매 시각×매장 ID×매출액과 같은 형태의 가공하지 않은 원본 데이터라면 만들고자 하는 차트에는 어울리지 않는 수준의 데이터라 할 수 있습니다. 이런 데이터가 수백만 건 이하로 비교적 작다면 큰 문제가 없습니다. 그러나 수천만 건이 넘는 큰 데이터라면 차트 그리기용 계산 처리에만 몇 분이 걸리는 등 사용하기 불편한 대시보드가 됩니다.

물론 큰 비용을 들여 성능이 좋은 서버 환경이나 분석 환경을 구축하면 BI 도구의 성능 저하를 피할 수 있습니다. 그러나 대시보드 그 자체가 매출로 이어지는 것이 아니므로 가능한 한 낮은 비용으로 운용해야 하는 것이 현실입니다. 이처럼 여러 가지 관점에서 대시보드 디자인에 최적화된 데이터 마트를 구축해야 합니다.

데이터 마트를 어떻게 설계해야 하는지는 6장에서 자세히 살펴봅니다.

2.3
프로젝트 체계

프로젝트 구성원과 역할

지금까지 대시보드 구축 프로젝트의 전체 모습, 단계별 개요, 프로젝트에 필요한 기술 등을 알아보았습니다. 지금부터는 대시보드 구축 프로젝트에 참여하는 구성원과 그 역할을 알아봅시다.

대시보드 구축 프로젝트에는 다음과 같은 구성원이 주축이 됩니다. 기업에 따라 명칭이나 기술 정의가 다를 수도 있으므로 이후 설명하는 역할은 자사의 상황에 따라 적용하세요.

- 프로젝트 매니저
- 컨설턴트, 마케터, 경영·사업기획 담당자
- 데이터 분석가
- 엔지니어(데이터 엔지니어, BI 엔지니어 등)
- 대시보드 운용 책임자
- 대시보드 구축 프로젝트 소유자 등

기업 규모와 조직, 프로젝트에 따라 구성원 구성은 다를 수 있습니다.

- 예로 든 구성원 모두가 참여하는 경우
- 여러 가지 역할을 겸하는 형태로 이 중 일부만 참여하는 경우
- 폭넓게 역할을 겸임하는 형태로 1~2명의 소수만 참여하는 경우

여기서는 앞에서 언급한 구성원이 대시보드 구축 프로젝트에서 어느 단계에 참여하여 어떤 역할을 수행해야 하는지 중요한 사항 위주로 설명합니다 (그림 2.3.1).

그림 2.3.1 | 프로젝트 각 단계와 구성원의 역할

	요구 사항·요건 정의	대시보드 설계	데이터 준비	대시보드 구축	운용·검토·지원
프로젝트 매니저	프로젝트 관리 / 요구 사항 정리, 관리·감독				
	의견 청취 / 정보 정리	설계·구현·구축 내용이 요구 사항 및 요건을 충족하는지 확인			정보 수집·정리
컨설턴트, 마케터, 경영·사업기획	요구 사항·요건 제시				대시보드 운용
					개선점 정리, 보완 의뢰
데이터 분석가	의견 청취 / 정보 정리	대시보드 설계	데이터 마트 설계·구현	대시보드 구축	정보 수집·정리
	체계나 기술에 따라 분석가와 엔지니어의 역할이 달라지기도 함		수치·로직 확인		개선점 반영
엔지니어		대시보드 설계	데이터 마트 설계·구현	대시보드 구축	정보 수집·정리
			수치·로직 확인		개선점 반영
대시보드 운용 책임자, 프로젝트 오너	프로젝트 전체 의사 결정 / 도입할 BI 도구 검토 및 결정				대시보드 운용
	요구 사항·요건 제시 / 성과물 검토				개선점 정리, 보완 의뢰

● 프로젝트 매니저

대시보드 구축 프로젝트 전체 과정에 참여합니다(그림 2.3.2).

그림 2.3.2 | 프로젝트 매니저의 단계별 참여 방법과 역할

프로젝트 전체
- 프로젝트 관리(진행 관리, 체계 관리)
- 요구 사항에 추가나 변경이 발생했을 때 내용을 정리하고 지시

요구 사항과 요건 정의 단계
- 요구 사항(비즈니스 과제나 대처 방법, KPI 등)과 요건(사용 사례나 분석 관점 등) 의견 청취와 정리

대시보드 설계~대시보드 구축 단계
- 데이터 분석가나 엔지니어가 설계·구현·구축한 내용이 요구사항과 요건을 충족하는지 확인

운용·검토·지원 단계
- 운용 시 문의 사항 접수
- 운용 후 검토 사항 수집과 개선점 정리

- **컨설턴트, 마케터, 경영·사업기획 담당자**

대시보드 구축 프로젝트의 요구 사항과 요건 정의, 대시보드 운용·검토·지원 단계에 주로 참여합니다. 다른 단계이더라도 의사 결정이나 의견 교환을 함께 합니다(그림 2.3.3).

그림 2.3.3 | 컨설턴트, 마케터, 경영·사업기획 담당자의 단계별 참여 방법과 역할

요구 사항과 요건 정의 단계
- 요구 사항과 요건을 제시하고 요청

운용·검토·지원 단계
- 대시보드 운용
- 운용 후 검토 사항 수집과 개선점 정리

- **데이터 분석가**

대시보드 구축 프로젝트에 폭넓게 관여합니다. 엔지니어 기술이 있다면 뒤에 설명하는 엔지니어 참여 방법도 함께 수행할 수 있습니다(그림 2.3.4).

2.3.4 | 데이터 분석가의 단계별 참여 방법과 역할

요구 사항과 요건 정의 단계
- 요구 사항과 요건 의견 청취와 정리: 프로젝트 매니저를 중심으로 진행하며 분석가 관점에서 더 나은 방법은 없는지 검토

대시보드 설계 단계
- 요구 사항과 요건 정의를 기반으로 대시보드 설계
  - ✓ 분석 요건(지표와 수준, 설계 로직, 비교 기준 등) 정리
  - ✓ 얻은 결과와 행동의 관계성 정리
  - ✓ 대시보드 디자인

데이터 준비 단계
- 대시보드 설계를 기반으로 필요한 데이터 마트 설계·구현
- 수치, 계산 로직 확인: 데이터 엔지니어가 있을 때는 데이터 마트 설계·구현은 데이터 엔지니어에게 맡길 때가 흔함

대시보드 구축 단계
- 대시보드 설계를 기반으로 준비한 데이터 마트를 이용하여 대시보드를 구축
  - ✓ BI 도구로 데이터 접속, 전처리, 함수 작성
  - ✓ 차트 만들어 대시보드에 배치
  - ✓ 필터 등 동적 기능 설정
  - ✓ 성능 확인

- 운용 후 검토 사항 수집과 개선점 정리
- 개선점 반영

● 엔지니어(데이터 엔지니어, BI 엔지니어 등)

대시보드 구축 프로젝트에서는 대시보드 설계가 끝난 후 주로 관여합니다. 데이터 분석가와 마찬가지로 보유 기술에 따라 대시보드 설계 단계부터 관여할 때도 있습니다(그림 2.3.5).

2.3.5 │ 엔지니어의 단계별 참여 방법과 역할

대시보드 설계 단계
- 요구 사항과 요건 정의를 기반으로 대시보드 설계
  - ✔ 분석 요건(지표와 수준, 설계 로직, 비교 기준 등) 정리
  - ✔ 얻은 결과와 행동의 관계성 정리
  - ✔ 대시보드 디자인

데이터 준비 단계
- 대시보드 설계를 기반으로 필요한 데이터 마트 설계·구현
- 수치, 계산 로직 확인

대시보드 구축 단계
- 대시보드 설계를 기반으로 준비한 데이터 마트를 이용하여 대시보드를 구축
  - ✔ BI 도구로 데이터 접속, 전처리, 함수 작성
  - ✔ 차트 만들어 대시보드에 배치
  - ✔ 필터 등 동적 기능 설정
  - ✔ 성능 확인

운용·검토·지원 단계
- 운용 후 검토 사항 수집과 개선점 정리
- 개선점 반영

● 대시보드 운용 책임자, 프로젝트 소유자

대시보드 구축 프로젝트 전체 과정에 참여합니다. 단, 프로젝트 매니저와는 역할이 달라 주로 의사 결정을 수행합니다. 또한, 운용 책임자라면 실제로 해당 대시보드를 활용하며 비즈니스에 도움이 되는 행동을 수행하므로 컨설턴트나 마케터, 경영·사업기획 담당자 역할도 함께 겸할 때가 흔합니다(그림 2.3.6).

그림 2.3.6 | 대시보드 운용 책임자, 프로젝트 소유자의 단계별 참여 방법과 역할

프로젝트 전체

- 프로젝트 전체 의사 결정
- 도입할 BI 도구 검토하고 의사 결정

요구 사항과 요건 정의 단계

- 요구 사항과 요건을 제시하고 요청
- 프로젝트 성과물 검토

대시보드 설계~대시보드 구축 단계

- 프로젝트 성과물 검토

운용·검토·지원 단계

- 대시보드 운용
- 운용 후 검토와 개선점 정리하여 의뢰

이상이 대시보드 구축 프로젝트의 관계자와 해당 역할입니다. 앞서 설명한 프로젝트에 필요한 기술 개요, 3장부터 살펴볼 단계별 상세 내용을 참고로 어떤 사람에게 맡길 것인지 프로젝트 시작 전에 정리하여 가능한 한 바람직한 체계로 프로젝트에 임하는 것이 좋습니다.

겸임해서 진행할 때의 구성원 조합

다음 4가지 영역으로 구성원을 할당하는 것이 가장 바람직합니다. 각 영역에 여러 명을 할당할 수 있는 프로젝트도 있으며 이와 달리 1~2명으로 각 영역을 겸임하면서 진행하는 프로젝트도 있습니다. 앞서 이야기한 것처럼 기업 규모, 조직 체계, 프로젝트 규모에 따라 선택할 수 있는 인력 할당은 다릅니다.

- 프로젝트 매니저

- 컨설턴트, 마케터, 경영·사업기획 담당자

- 데이터 분석가

- 엔지니어(데이터 엔지니어, BI 엔지니어)

어느 영역이든 할당한 구성원의 기술이나 수준을 기반으로 가장 적합한 역할 범위를 정하고 프로젝트에 참여합니다. 예를 들어, 4가지 영역 모두를 준비하지 못한다면 다음과 같이 조합하여 진행할 수도 있습니다. 목적이나 프로젝트 규모, 난이도, 구축에 걸리는 기간 등에 따라 실현성은 달라지므로 참고해서 진행하세요.

● 프로젝트 매니저 + 데이터 분석가

어느 한 쪽이 요구 사항과 요건을 정의할 수 있고 데이터 분석가가 데이터 마트를 설계하고 구현하는 등 대시보드 구축이 가능할 때 가능한 조합입니다. 이때 데이터 분석가는 분석 기술과 함께 SQL 등을 이용한 데이터 조회 기술이나 BI 도구를 다루는 기술이 필수입니다.

● 프로젝트 매니저 + 엔지니어

프로젝트 매니저가 요구 사항과 요건을 정의할 수 있고 엔지니어가 대시보드 설계부터 참여할 수 있을 때 가능한 조합입니다. 이때 엔지니어는 KPI나 분석 비교 기준 등에 관한 어느 정도의 분석 기술을 보유하는 편이 좋습니다(프로젝트 매니저가 이를 보완하기도 합니다).

대시보드 구축 프로젝트 관계자의 분석 기술이 부족하다면 관계자만으로는 대시보드에 필요한 조건을 만족하기 어려우므로 어떤 KPI를 어떤 형태로 확인하고 싶은지를 대시보드 사용자의 의견을 충분히 듣고 결정한 다음, 구축을 시작하는 것이 바람직합니다.

● 컨설턴트 등 + 데이터 분석가 또는 엔지니어

컨설턴트, 마케터, 경영·사업기획 담당자가 요구 사항과 요건을 정의할 수 있고 프로젝트 관리자와 데이터 분석가 또는 엔지니어와의 조합일 때와 마찬가지 조건으로 활동할 수 있다면 가능한 조합입니다. 대시보드에서 보고 싶은 내용이 간단하고 명확하다면 이렇게 조합한 사례도 있습니다.

● 데이터 분석가 + 엔지니어

데이터 분석가가 요구 사항과 요건을 정의할 수 있고 데이터 분석가와 엔지니어가 대시보드 설계 이후의 과정을 서로 보완하여 진행할 수 있을 때 가능한 조합입니다. 마찬가지로 대시보드에서 보고 싶은 내용이 간단하고 명확하다면 이렇게 조합할 수 있습니다.

● 한 사람이 모두 담당

담당자에게 모든 분야의 지식이 충분하다면 가능합니다. 조직 체계나 대시보드 목적에 따라 어쩔 수 없이 한 사람이 모든 것을 담당하는 사례도 있는데, 이럴 때는 프로젝트 구축 프로세스 모두를 어느 정도 진행할 수 있어야 합니다.

어떤 조합을 선택하든 필요한 기술을 가진 인재를 할당해야 하지만, 프로젝트 구성원으로 예를 든 모든 영역의 인력을 갖추어야만 대시보드를 구축할 수 있는 것은 아닙니다. 자사의 상황에 맞게 인력 할당, 채용, 기술 습득을 진행하면 됩니다.

2.4
프로젝트 진행 방법

폭포수 방법론과 애자일 방법론

지금까지 대시보드 구축 프로젝트의 전반적인 흐름, 단계별 개요, 프로젝트에 필요한 기술 및 팀구성원과 역할, 체계 등을 살펴보았습니다. 이제는 프로젝트를 어떻게 진행할지에 대해 알아보겠습니다.

우선 대시보드 구축 프로젝트 진행 방법을 알아봅시다. 잘 알려진 개발 방법론으로는 크게 '폭포수 방법론'과 '애자일 방법론'이 있습니다. 대시보드 구축 프로젝트에서 각각의 방법론이 가지는 특징과 차이를 살펴보겠습니다 (그림 2.4.1).

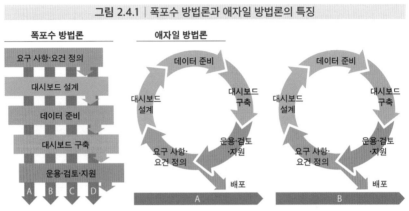

그림 2.4.1 | 폭포수 방법론과 애자일 방법론의 특징

대시보드의 목적(KPI 모니터링, 심층 분석, 정책 효과 검증 등)이나 사용자(부문별 책임자, 정책 담당자 등)에 따라 대시보드를 몇 가지 부분으로 나눔.
폭포수 방법론에서는 전체를 순서대로 진행하고, 애자일 방법론에서는 부분별로 진행함.

● 폭포수 방법론

폭포수(waterfall) 방법론은 요구 사항과 요건 정의부터 운용까지 일련의 공정을 순서대로 진행하는 방법입니다. 이 방법론은 세부적인 수준까지 요구되는 조건과 사양을 미리 정하고 계획에 따라 단계별로 진행합니다. 기본적으로 하나의 공정을 끝내고 다음 공정으로 진행하며 이전 공정으로 되돌아가는 일은 없다고 가정합니다.

유연성은 없으나 미리 정한 계획이 있으므로 일정이나 진행 정도, 비용, 인력 관리 등이 쉽다는 특징이 있습니다. 필요한 인력이나 시간을 확보하고 성과물에 대한 명확한 기대 수준을 정하므로 품질을 보장할 수 있습니다.

하지만 내용에 따라 다르겠지만, 진행 중 변경이 발생할 경우 큰 폭의 납기

지연이나 비용 증가가 발생할 위험이 있습니다. 따라서 이러한 특징 때문에 장기간의 대규모 프로젝트나 사양 변경이 거의 없는 프로젝트에 적합한 방법론입니다.

● **애자일 방법론**

애자일(agile) 방법론은 요구 사항과 요건 정의부터 운용까지 일련의 공정을 작은 규모의 순환으로 반복하는 방법입니다. 폭포수 방법론과는 달리 모든 요건을 미리 정의하지 않고, 필요한 조건을 작은 단위로 세분화하여 순차적으로 진행하며 공정을 단계별로 확장합니다.

공정을 반복하여 더 나은 결과를 만들기 때문에 전부를 명확하게 정하지 않아도 프로젝트를 진행할 수 있습니다. 따라서 추가 요구 사항이나 변경에 유연하게 대응할 수 있습니다. 그러나, 이러한 유연성으로 인해 초기의 목적과 계획에서 벗어나기 쉽습니다. 그 결과, 프로젝트 장기화, 비용 상승, 프로젝트 중단과 같은 위험을 초래할 수 있습니다. 이런 일이 일어나지 않도록 프로젝트를 원활하게 주도할 인재가 있어야 합니다.

이런 특징 때문에 단기간의 중소 규모 프로젝트나 지속적으로 개선 가능한 프로젝트 등에 적합한 방법론으로 사용됩니다.

| 대시보드 구축 프로젝트의 최적 진행 방법

대시보드 구축 프로젝트는 어떻게 진행해야 할까요? 프로젝트 특징(기간, 규모, 사양 변경 가능성, 인원 배치 체계, 비용 등)에 따라 폭포수 방법론이나 애자일 방법론을 선택하는 것이 기본 사고방식입니다. 내용에 따라서는 양쪽 특징을 모두 활용하는 하이브리드 형태의 진행 방법도 적용할 수 있습니다. 필자가 속한 팀이 담당한 프로젝트에서도 폭포수 방법론이나 애자일 방법론뿐만 아니라 하이브리드 형태를 채용한 사례가 있었습니다.

고객 요구 사항에 따라 진행 방법을 선택하기도 합니다. 예를 들어 다음과 같은 의견이 있을 때입니다.

① 빨리 데이터를 보고 과제를 파악하여 행동으로 옮기고 싶다. 대시보드 구축까지 몇 개월씩 기다릴 여유가 없다.

② 대시보드로 다양한 내용을 알고 싶다. 부서에 따라 담당자가 보고 싶은 내용이 다르다.

③ 대시보드 프로젝트 진행 단계별로 담당 임원의 결재가 필요하다. 따라서 구체적인 내용이나 일정 등을 정해야 한다.

④ 도구뿐 아니라 대시보드로 무슨 일을 할 수 있는지도 정확히 잘 모르므로 어떻게 진행해야 할지 모르겠다.

①~④ 의견에 어울리는 진행 방법은 무엇일까요? 폭포수 방법론과 애자일 방법론 중 하나가 정답이 아닐 수도 있습니다. 참고로, ②와 ③은 폭포수 방법론 쪽이 어울릴 때가 흔하고 ①과 ④는 애자일 방법론 쪽이 어울릴 때가 흔합니다.

①~④ 의견에 대한 필자의 생각은 다음과 같습니다.

① 빨리 데이터를 보고 과제를 파악하여 행동으로 옮기고 싶다. 대시보드 구축까지 몇 개월씩 기다릴 여유가 없다.

→ 단기간에 성과를 원하므로 작게 시작하여 점점 개선하는 애자일 방법론이 적당합니다.

② 대시보드로 다양한 내용을 알고 싶다. 부서에 따라 담당자가 보고 싶은 내용이 다르다.

→ 목적이나 가정한 사용 사례가 많고 요건을 정의하지 않으면 다시 작업해야 할 수도 있으므로 폭포수 방법론이 적당합니다.

③ 대시보드 프로젝트 진행 단계별로 담당 임원의 결재가 필요하다. 따라서 구체적인 내용이나 일정 등을 정해야 한다.

→ 미리 자세하게 정의해야 합니다. 그때마다 담당 임원에게 확인하고 결재를 얻은 다음 진행하기가 어렵다면 폭포수 방법론이 적당합니다(결재가 빠르다면 애자일 방법론도 가능).

④ 도구뿐 아니라 대시보드로 무슨 일을 할 수 있는지도 정확히 잘 모르므로 어떻게 진행해야 할지 모르겠다.

→ 프로젝트 소유자나 대시보드 운용 책임자 등이 충분히 이해한 다음 조금씩 진행하면 모든 관계자와 발을 맞출 수 있습니다. 가정과 다른 경우가 생겨도 쉽게 수정할 수 있습니다.

● 대시보드 구축 프로젝트 하이브리드 방법론

여기서 예로 든 것이 개별 프로젝트라면 좋겠지만, 앞서 이야기한 ①~④가 모두 발생하는 프로젝트라면 어떻게 해야 할까요? 프로젝트 규모에 따라서는 일어날 수 있는 일입니다. 폭포수 방법론이나 애자일 방법론 중 하나만 선택하는 것이 아니라 이 둘을 모두 적용한 하이브리드 방법론도 프로젝트 진행 방법 선택지 중 하나로 검토하도록 합시다.

하이브리드 방법론은 그림 2.4.2와 같은 모습입니다. 요구 사항 및 요건 정의, 그리고 대시보드의 큰 틀 설계는 폭포수 방법론을 따라 전개하여 전체적인 계획과 방향을 정합니다. 이 틀 안에서는 우선순위나 실현 가능성(일정이나 데이터 준비 상황 등)이 높은 순으로 상세한 요건 설계, 데이터 준비, 대시보드 구축, 운용 및 검토를 수행합니다. 이러한 과정을 반복하여 각 부분이 완성되어 갖춰지면 전체적인 검토, 최종 배포, 운용과 유지보수를 진행합니다.

그림 2.4.2 | 하이브리드 방법론의 특징

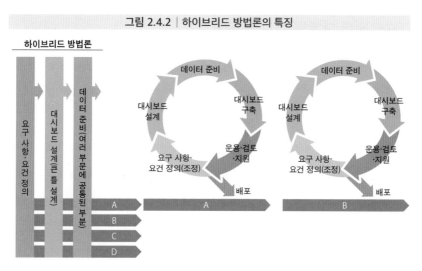

가장 먼저 전체를 대상으로 요구 사항과 요건 정의, 그리고 대시보드의 큰 틀 설계를 진행하므로써 프로젝트 관계자의 의견을 폭넓게 들을 수 있어 진행 우선순위를 고려한 일정이나 인력 배치 등을 계획적으로 검토할 수 있습니다. 상세한 요건의 설계부터 구축은 작게 세분화하여 진행하므로 빠르게 대시보드를 이용할 수 있으며, 폭포수 방법론과는 다르게 짧은 기간에 활용 성과를 기대할 수 있습니다. 또한, 수정 요청에도 유연하게 대처할 수 있습니다.

데이터 마트 설계와 구현은 프로젝트 전체에서 보면 하나로 묶어 진행하는 것이 효율적일 때가 흔합니다. 데이터 수정이 지금까지 만든 대시보드에도 영향을 미칠 수 있기 때문입니다. 프로젝트 전체를 조감하고 영향 범위나 소요 시간, 배포를 고려하여 어떻게 진행할지를 신중하게 검토합니다.

폭포수 방법론, 애자일 방법론, 하이브리드 방법론은 각각 장단점이 있습니다. 하이브리드 방법론의 경우, 폭포수 방법론과 애자일 방법론을 서로 보완하려다 보면 각각의 장점이 희미해지거나 단점이 드러날 가능성이 있습니다. 따라서 자사의 상황에 맞게 적절한 진행 방법을 선택합시다.

단, 어떤 진행 방법을 선택하더라도 요구 사항과 요건 정의부터 운용·검토·지원까지 일련의 흐름은 꼭 거쳐야 합니다. 어느 것 하나라도 소홀히 여긴다면 그 즉시 사용하지 않는 대시보드가 될 수 있습니다.

│ 프로젝트 단계별 요구 성과물

각 단계에는 작업 내용에 따른 성과물을 설정하고 프로젝트 관계자와 합의해야 합니다. 그 목적은 다음과 같습니다. 단계별 성과물은 3장부터 살펴봅니다.

- 프로젝트 관계자가 필요한 성과물을 이해하면 작업 전망이 더욱 명확해집니다.
- 성과물 작성을 작은 목표로 일정에 포함하면 프로젝트 관리가 쉬워집니다.
- 아웃풋으로써의 성과물을 다음 단계 작업에서 인풋으로 사용함으로써 작업 간의 의사소통 비용을 줄일 수 있고 작업을 조율하기가 쉬워집니다.

- 아웃풋이 있으면 기대한 대로 도달하고 있는지 확인하기 쉬워집니다.

프로젝트 관리의 중요성과 구체적인 내용

이 장 마지막으로, 프로젝트 관리의 중요성과 구체적인 내용을 알아봅니다. 이 책에서는 대시보드 구축의 프로젝트 관리 중 진행 관리만 다루고자 합니다. 더 자세한 내용은 프로젝트 관리를 다룬 도서 등을 참고하세요. 진행 관리 이외에도 목적과 목표 관리나 인력 할당 등 필요한 요소는 다양합니다.

대시보드 구축 프로젝트의 특징 중 하나로, 규모나 활용 용도, 사용할 데이터 소스에 따라 프로젝트와 관련한 조직이 횡적으로 구성되기 쉽다는 점을 들 수 있습니다. 횡적일수록 프로젝트 관계자와 사용자는 늘어납니다. 프로젝트 구성원이 늘어날수록 방향성과 결정해야 하는 논점이 얼마나 남았는지, 해결해야 할 사항은 어느 정도인지, 지금 어떤 업무가 있고 누가 어떤 일정으로 참여하는지 등 프로젝트 현재 상황을 파악하기 어려워집니다.

그 결과, 프로젝트 구성원이 개인 생각만으로 업무를 진행하는 상황이 되어 프로젝트가 정체됩니다. 최악에는 프로젝트가 해체되는 상황까지 발전할 수도 있습니다.

이러한 상황을 막고 프로젝트 진행을 통제하고 관리하면서 한 걸음씩 내딛으려면 프로젝트 관리가 꼭 필요합니다.

대시보드 구축 프로젝트의 진행 관리

대시보드 구축 프로젝트의 진행 관리는 로드맵 만들기, 일정 관리, 업무 관리, 과제 관리, 회의 주최와 진행 등으로 이루어집니다.

● 로드맵 만들기

로드맵이란 프로젝트 전체 모습을 조감하며 작성한 계획서로, 프로젝트 목표, 이를 이루는 데 필요한 공정, 중간 목표(마일스톤)나 성과물을 설정한 것입니다(그림 2.4.3). 대시보드와 관련한 내용뿐만 아니라 전체 전략이나 시책도 함께 적어 어떤 행동에 대시보드를 활용할 수 있는지도 함께 확인하도록 합니다.

오랫동안 구축해야 하는 대형 프로젝트일수록 로드맵이 중요해집니다. 로드맵이 있으면 프로젝트 목표, 중간 목표, 공정 개요를 프로젝트 구성원 모두와 공유할 수 있으므로 프로젝트를 원활하게 진행하는 데는 꼭 필요합니다.

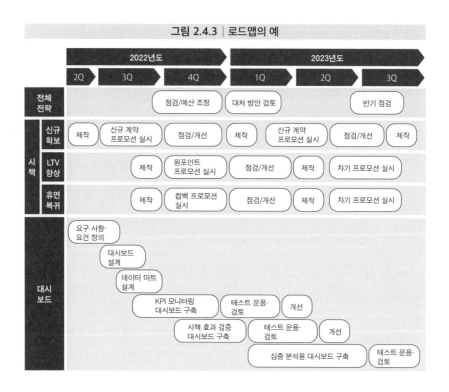

그림 2.4.3 | 로드맵의 예

로드맵은 프로젝트를 시작할 때 분기별 또는 월별로 대략적인 계획을 세운 것임에 비해 일정 관리표는 프로젝트 운용 시에 진행 상황을 확인하고자 주나 일 단위로 자세하게 작성하여 관리하는 것이 목적입니다(그림 2.4.4).

일정 관리표는 현재 단계에서 실시해야 하는 업무 목록을 적고 이를 언제까지 완수해야 하는지를 예상 공수와 함께 정리한 것입니다. 일정 관리표는 주로 프로젝트 구성원이 모두 모이는 회의에서 확인합니다. 현재 실시 중인 업무의 완료가 예정보다 늦거나 다음 업무 시작 전에 수행해야 하는 사전 업무를 발견하는 등 다양한 이유로 일정을 수정해야 할 때는 필요할 때마다 일정 관리표를 수정합니다.

그림 2.4.4 | 일정 관리표의 예

	3Q														
	1월					2월					3월				
	1w	2w	3w	4w	5w	1w	2w	3w	4w	5w	1w	2w	3w	4w	5w
전체 진행			과거 자료 확인 / 1월 XX일 정례회의 -확인 사항 설명			과거 내용 청취 / 1월 XX일 정례회의 -의견 청취									
요구 사항·요건 정의			KPI 정리			1월 정례회의에서 재정리 / 고객 세분화	내용에 따라 추가 분석 실시								
대시보드 설계						KPI 관련 데이터 조사	분과회의에서 데이터 관련 Q&A 실시 예정 / 대시보드 설계								
데이터 설계											데이터 마트 설계		데이터 마트 구축		

● **업무 관리와 과제 관리**

업무 진행 상황을 상세하게 관리하고자 업무 관리표를 작성합니다(그림 2.4.5). 업무 관리표에서는 업무 목록만 아니라 업무 내용, 업무 담당자, 업무 예상 종료일 등의 정보도 함께 기재하여 관리·운용합니다.

프로젝트가 소규모라면 전체 업무량이 적으므로 업무 관리표를 만들 필요가 없을 때도 있습니다. 이와 달리 대규모 프로젝트라면 전체 업무량이 무척 많고 동시에 프로젝트 구성원도 늘어나므로 어떤 업무를 누가 담당하는지를 지정하고 이 정보를 업무 관리표로 정리해야 합니다. 프로젝트를 시작하며

해야 할 업무를 정리할 때 업무량이 많아 관리가 번거로울 듯할 때는 업무 관리표 작성을 검토하세요.

그림 2.4.5 | 업무 관리표의 예

No	상태	업무		담당자		
		상세 업무	성과물	담당 기업	담당 부서	담당자
1	작업 중	KPI 트리 설계	KPI 트리	XX 님/ TD	사업 기획부	XX 님, YY 님, 홍길동
2	작업 중	과거 분석 자료 확인	인터뷰 사항	XX 님/ TD	사업 기획부	ZZ 님
3	시작 전	KPI에 관한 데이터베이스, 테이블, 칼럼 정리	데이터 정의서	TD	TD	홍길동
4	시작 전	고객 세분화 가설 검토	세분화 가설	XX 님	사업 기획부	YY 님, ZZ 님
5	마감	대시보드 이용 목적, 이용자 정리	요건 정의서	XX 님/ TD	사업 기획부	XX 님, YY 님, 홍길동

시작일		완료일		관리	
예정	실제	예정	실제	지연	과제/확인할 내용 공유
2023/01/16	2023/01/16	2023/01/31			별도 분석이 필요할 수 있음. 다음 회의 때 진행 방법 검토
2023/01/11	2023/01/16	2023/01/31			-
2023/02/01		2023/02/09			일부 데이터에 누락 가능성 있음. 관리 부서 인터뷰 진행 (YY 님)
2023/02/01		2023/02/09			별도 부분에서 이전 검토했던 것이 있음. 이를 기반으로 재검토.
2022/12/13	2022/12/23	2022/12/27	2022/12/27		

모든 업무를 빠짐없이 검토하려면 업무 검토 사전 작업으로 과제 관리표를 만드는 것이 좋습니다(그림 2.4.6). 과제 관리표는 로드맵의 목표를 달성하고자 할 때 현재 프로젝트 진행에 장벽이 될 수 있으므로 해결해야 할 과제를 정리한 것입니다.

대시보드 구축에서 프로젝트 과제는 KPI 목표 설정이나 각종 지표 계산, 로직 정의 등의 비즈니스 과제부터 데이터 수집이나 가공 등 엔지니어 담당 과제까지 다양한 영역에 걸쳐 있습니다. 과제를 정리할 때는 프로젝트 관리의 중심 인물 혼자가 아니라 대시보드 구축 과정의 실무를 담당하는 일원과 함께 정리해야 합니다. 업무 관리도 마찬가지입니다.

그림 2.4.6 │ 과제 관리표의 예

#	상태	과제 담당	기재자	기재일	제목	과제
1	작업 중	XX → TD	YY	2023/01/18	KPI 트리에 관련	홈페이지 방문 행동을 KPI 트리에 넣을 수는 없을지? 이와 함께 무엇을 넣을지 의논하고자 함.
2	미대응	XX → TD	YY	2023/01/20	KPI 트리에 관련	데이터 누락이 있을지도 모르므로 대응 방침을 의논하고자 함.
3	처리 중	TD → XX	홍길동	2023/01/16	받은 자료 A 관련	해당 자료 17쪽에 있는 고객 분류 정의와 데이터 소스를 확인하고자 함.
4	마감	TD → XX	홍길동	2022/12/22	대시보드 구축 일정 관련	3월 말 진행 과정을 사내에 보고해야 하기에 보고 가능한 범위를 의논하고자 함.

관련 업무	회신자	상황	회신일	회신·결론
KPI 트리 설계	홍길동	다음 회의에서 방침 검토	2023/01/18	
KPI 트리 설계	홍길동	다음 회의에서 자세한 내용을 알려주시기 바람	2023/01/20	
과거 분석 자료 확인	XX 님	담당 부서에 문의 중	2023/01/18	
대시보드 구축	이하나	대시보드로 만들 필요는 없으나 프로젝트 진행이나 준비 과정 중 알게 된 내용을 보고해야 함	2022/12/27	KPI 트리 정리와 함께 일부 분석 결과 보고. 대시보드 설계도 납품 예정.

● 회의 주최와 진행

잊기 쉬우나 프로젝트 관리에서 중요한 요소가 회의 주최와 진행입니다. 이는 '어떤 회의를 어떤 구성원과 어느 정도 간격으로 개최할 것인가?'를 정하는 것입니다.

프로젝트 진행 상황 확인, 진행 중인 과제의 이해 및 해결 구성원 사이에 목표나 프로젝트 상황 공유 등 그 목적은 다양합니다. 사정이나 필요에 따라 회의를 주최하고 과제에 따라 적절한 참가자를 검토하되 프로젝트 규모나 체계에 따라 일정을 조정할 수도 있습니다. 대규모 프로젝트이거나 프로젝트 구성원이 많을 때는 서로 일정이 맞지 않아 회의 진행이 늦어져 프로젝트가 지연됩니다. 이를 막으려면 매주 같은 요일과 시간대에 정례 회의를 일정에 포함하는 등 필요한 회의는 사전에 설정해야 합니다. 일반적인 회의를 간단히 설명한 것이 그림 2.4.7입니다.

그림 2.4.7 | 일반적인 회의의 예

정례 회의

목적: 프로젝트 진행 상황 확인, 과제 관리표 관련 논의
참가자: 프로젝트 일원과 과제와 관련된 프로젝트 관계자
개최 간격: 주 1회 또는 2주에 1회
기한: 프로젝트가 끝날 때까지 계속 실시

분과 회의

목적: 정례 회의에서 해결하지 못한 의제 논의
참가자: 의제 관련 프로젝트 일원과 관계자
개최 간격: 주 1회 또는 2주에 1회 실시하되 필요에 따라 조정
※프로젝트 초기의 요구 사항과 요건 정의 단계에서 신속하게 정보 수집을 마치고 데이터 엔지니어링을 위해 데이터 테이블 구조를 논의하고 대시보드 디자인을 제안하는 등 분과 회의 쪽이 회의 진행에 더 효율적이라 느낄 때는 분과 회의 개최를 검토

운영위원회(steering committee) 회의

목적: 경영진 등에 프로젝트 보고, 논의
참가자: 프로젝트 일원과 경영진이나 프로젝트 소유자
개최 간격: 월 1회 또는 분기마다 1회
기한: 프로젝트가 끝날 때까지 계속 실시

분기별 비즈니스 검토

목적: 프로젝트 결과 보고, 다음 분기 계획 공유
참가자: 프로젝트 일원과 경영진이나 프로젝트 소유자
개최 간격: 분기마다 1회
기한: 프로젝트가 끝날 때까지 계속 실시
※대시보드 구축뿐 아니라 조직의 데이터 활용에 관한 프로젝트에서는 데이터베이스 서버 비용이나 BI 도구 라이선스 비용 등의 비용 투자가 항상 따르므로 경영진의 프로젝트 승인을 얻는 것이 프로젝트 지속의 중요한 요소 중 하나.

칼럼

BI 도구 선정 시 참고할 내용

여기서는 도입할 BI 도구를 선정할 때 주요 평가 기준(그림 2.4.8)과 평가 기준 중 하나인 '기능성' 평가 항목(그림 2.4.9)을 알아봅니다. BI 도구를 선정할 때 참고하세요.

그림 2.4.8 | 주요 평가 기준

평가 기준	개요
기능성	• 설계한 대시보드를 실현하는 데 충분한 기능이 있는지?
비용	• 현재 예산으로 비용을 감당할 수 있는지? • 장래 이용이 늘어날 때 예상되는 비용을 확보할 수 있는지?
학습 용이성	• 충분한 학습 자료와 사용자 커뮤니티 규모 등, 혼자서도 학습할 수 있는지?
자사 IT 환경에 적합한지와 확장성	• 이용이 늘었을 때 자사 관리 서버 환경으로 이전할 수 있는지? • 다수 사용자의 이용 권한을 쉽게 관리하는 기능을 제공하는지?

그림 2.4.9 | 기능성 평가 항목

평가 항목	개요
데이터 접속	• 자사에서 사용하는 데이터베이스나 서비스에 접속할 수 있는지?
데이터 전처리	• 접속한 데이터를 가공하는 기능이 충분한지? (수치 계산, 값 조건 판정, 칼럼 추가, 테이블 구조 변경 등)
데이터 시각화	• 작성한 차트 형식을 지원하는지? • 차트 색, 텍스트 서식, 점선 스타일 등을 세밀하게 변경할 수 있는지?
대시보드 디자인	• 차트 배치, 제목 추가, 여백 조정, 배경색 등을 유연하게 변경할 수 있는지?
고도의 계산 처리	• 차트를 그릴 때 자유도가 높은 수치 계산 처리가 가능한지? (특정 조건을 만족하는 레코드 분류나 원하는 정밀도의 수치 계산 등)
상호작용 기능	• 사용자의 조작에 따라 동적으로 반응하는 기능을 지원하는지? (필터 기능, 차트 변경, 원하는 데이터 상세 표시 등)

기본적으로 다양한 기능을 갖춘 BI 도구일수록 비용이 증가하고 다루는 데 필요한 학습 기간도 늘어납니다. 각 기업이 공개한 기능 목록만을 비교하지 말고 무엇이 어디까지 구현되어야 충분한지를 대시보드 설계, 디자인, 데이터 준비 관점에서 BI 도구에 따라 요건을 정리하여 비교하도록 합시다.

3장

대시보드
요구 사항과 요건 정의

3

3.1
대시보드
요구 사항과 요건 정의 개요

이 장에서 살펴볼 내용

2장에서는 대시보드 구축 프로젝트의 전체 모습, 프로젝트를 추진하는 데 필요한 체계, 기술, 진행 방법을 설명했습니다. 이번 장에서는 대시보드 구축 프로젝트(그림 3.1.1)의 첫 번째 과정인 '요구 사항 정의'와 '요건 정의'에 대해 다음과 같이 3가지를 설명합니다.

① 대시보드 요구 사항과 요건 정의 개요
② 대시보드 요구 사항 정의 과정
③ 대시보드 요건 정의 과정

일반적으로 요구 사항 정의나 요건 정의는 대시보드에만 한정된 준비 사항은 아닙니다. 이 책에서는 대시보드 구축 프로젝트에서 필자의 소속 팀이 수행한 요구 사항 정의와 요건 정의를 소개합니다.

그림 3.1.1 | 대시보드 구축 프로젝트 전체 모습

대시보드 구축에서 요구 사항 정의란?

요구 사항 정의를 한마디로 표현하면 '비즈니스 담당자(=대시보드 사용자)'를 대상으로 대시보드로 실현하고자 하는 것을 정리하고 구체화하는 것'입니다.

여러분은 비즈니스 과제를 해결하고자 매일 데이터를 분석하고 시책을 검토하고 시행할 것입니다. 그 업무에서 해결해야 할 비즈니스 과제를 정리하고 이 과제를 해결하려면 대시보드에 무엇을 나타내야 하는지를 요구 사항 정리로 명확히 합니다(그림 3.1.2).

비즈니스 과제를 정리할 때는 자사, 경쟁사, 고객 상황이나 비즈니스 과제에 대한 지금까지의 준비나 이후 계획 등도 잘 알아야 합니다. 이를 정리하면 해결해야 하는 과제가 분명해집니다. 이렇게 분명해진 과제를 대시보드로 해결할 수 있는지 논의하고 대시보드 구축 인력을 할당하여 해결할 가치가 있는지를 검토합니다.

요구 사항 정의에서는 대시보드에 따라 관측하고 개선할 KGI나 KPI(매출이나 구매자 수 등)를 정합니다. KGI와 KPI를 정하면 대시보드로 개선 성과를 시각화할 수 있으므로 시책의 성과를 적절하게 평가할 수 있습니다.

요구 사항 정의는 대시보드의 가치를 결정하는 중요한 요소입니다. 정확하지 않은 요구 사항 정의는 후에 큰 영향을 미칠 수 있으므로 내용을 신중히 고려하고 관계자 모두의 의견을 수렴하여 여유를 갖고 시간을 들여 진행하도록 합시다.

그림 3.1.2 | 대시보드 요구 사항 정의

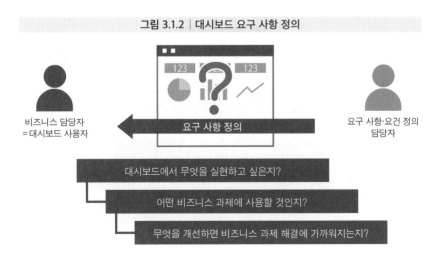

대시보드 구축에서 요건 정의란?

　요건 정의를 한마디로 표현하면 '대시보드 구축자를 대상으로 대시보드를 구축하는 데 필요한 것을 구체화하고 정리하는 것'입니다. 요구 사항 정의에서 정한 '대시보드를 사용하여 대응해야 할 과제'에 대해 대시보드 상에서 어떤 데이터를 어떻게 시각화해야 하는지(=요구 사항을 충족하는지)를 정리합니다(그림 3.1.3).

　구체적으로는 KGI와 KPI 등의 지표, 지역별이나 상품별로 수치를 시각화하는 방법(지역별 매출, 상품별 구매자 수 등을 어떻게 나누어 수치화하는지) 등, 대시보드에 추가할 요소를 정리합니다. 대시보드에 필요한 요소를 판단하는 데 필요한 전제 조건에 관한 정보도 함께 정리합니다. 대시보드를 사용하는 사례를 고려하여 누가 어떤 목적으로 언제(어떤 업무 프로세스를 통해) 해당 대시보드를 사용하는지와 같은 정보를 정리합니다.

　요건 정의는 대시보드를 어떻게 구축할 것인지의 지침이 될 뿐 아니라 어떻게 사용하는지를 정하는 중요한 의사 결정입니다. 요건을 비즈니스 담당자(=대시보드 사용자)의 사용 시나리오에 맞게 정리하는 것이 구축된 대시보드의 활용도에 큰 영향을 끼칩니다.

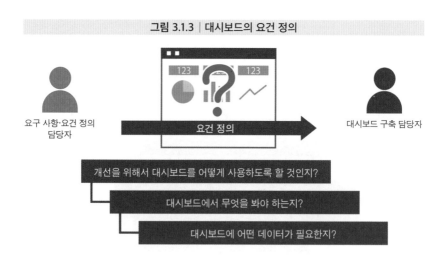

그림 3.1.3 | 대시보드의 요건 정의

요구 사항·요건 정의
담당자

요건 정의

대시보드 구축 담당자

개선을 위해서 대시보드를 어떻게 사용하도록 할 것인지?

대시보드에서 무엇을 봐야 하는지?

대시보드에 어떤 데이터가 필요한지?

요구 사항 정의에서는 '대시보드를 사용하여 어떤 비즈니스 과제에 대응할 것인지?'를 정하고 요건 정의로 '대시보드를 어떻게 사용하도록 할 것인지, 그렇게 하려면 이 대시보드에는 무엇이 필요한지?'를 정합니다.

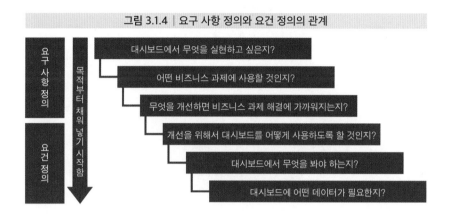

그림 3.1.4 | 요구 사항 정의와 요건 정의의 관계

비즈니스 과제에 관해 어떤 것을 알아야 행동으로 옮길 수 있을까요? 알고 싶은 것은 어떤 데이터를 어떤 관점에서 봐야 할까요? 비즈니스 과제에서 시작하여 필요한 데이터를 채워 넣는 방식으로 요구 사항과 요건을 정의합니다.

이후에는 대시보드 요구 사항과 요건 정의에 관해 각각 어떤 과정이 있고 어떤 일을 하는지를 알아봅니다.

3.2
대시보드 요구 사항 정의 과정

요구 사항 정의의 전체 모습

지금부터는 대시보드의 요구 사항을 정의할 때 어떤 과정을 거치며 필자의 소속 팀은 어떤 작업을 하는지 소개합니다.

그림 3.2.1은 요구 사항 정의의 전체 모습입니다.

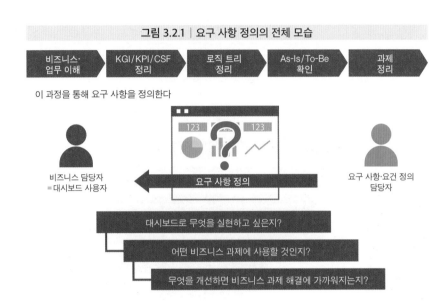

그림 3.2.1 | 요구 사항 정의의 전체 모습

비즈니스·업무 이해 → KGI/KPI/CSF 정리 → 로직 트리 정리 → As-Is/To-Be 확인 → 과제 정리

이 과정을 통해 요구 사항을 정의한다

비즈니스 담당자 =대시보드 사용자

요구 사항 정의

요구 사항·요건 정의 담당자

대시보드로 무엇을 실현하고 싶은지?

어떤 비즈니스 과제에 사용할 것인지?

무엇을 개선하면 비즈니스 과제 해결에 가까워지는지?

비즈니스와 업무 이해

3장 1절에서 설명한 대로 요구 사항 정의란 '비즈니스 담당자(=대시보드 사용자)를 대상으로 대시보드로 실현하고 싶은 것을 정리하고 구체화하는 것'입니다. 비즈니스 담당자가 업무를 처리할 때 대시보드를 사용하는 장면을 가정하려면 미리 비즈니스 담당자의 업무를 파악해야 합니다.

업무 근저에는 대처해야 할 비즈니스 과제가 있습니다. 비즈니스 과제는 자사뿐 아니라 경쟁사나 고객과의 관계 안에도 있습니다. 그러므로 요구 사항 정의에서는 업무뿐 아니라 비즈니스 자체를 이해해야 합니다.

필자가 속한 팀에서는 의견 청취나 논의 등을 거쳐 정리합니다. '처음부터 무엇을 이해하고 무엇을 정리해야 하는지?'라는 관점에서 알아봅시다. 그림 3.2.2 외에도 기업이나 담당 부서, 대시보드의 주제라는 관점에서 정리합니다만, 여기서는 주요 요소에 한정하여 설명합니다. 3C나 PEST, SWOT 등 주요 프레임워크를 활용해 정리하는 것이 좋습니다.

그림 3.2.2 | 비즈니스와 업무 정보 정리

비즈니스 이해		
시장 이해	자사	자사 제품의 시장 점유율이나 강점·약점 등
	경쟁사	경쟁사 제품의 시장 점유율이나 강점·약점 등
	고객	시장이나 고객의 요구, 시장 규모, 성장률 등
외부 요인	정치적 요인	법 제도, 세제, 외국의 동향 등에 따른 영향
	경제적 요인	물가, GDP, 금리, 환율, 주가 등에 따른 영향
	사회적 요인	인구 상황, 가치관, 유행 등에 따른 영향
	기술적 요인	신규 기술 연구 개발, 특허, 응용 제품 등에 따른 영향

업무 이해		
담당 부서	대시보드를 사용하는 부서 ※여러 곳이라면 각각 정리	
담당 상품· 서비스	대시보드로 모니터링하고 분석하고자 하는 상품과 서비스	
목표	KGI	일반적으로는 매출이나 이익 등이 가장 중요한 비즈니스 목표
	KPI	CSF의 구체적인 정량 목표(상품명 검색 유입 수 ○만 건, 상품 상세 페이지 방문율 ○% 등)
	CSF	KGI를 달성하고자 할 때 필요한 성공 요인(상품 인지율을 높이기, 구매 단가 올리기 등)
	그 밖의 지표	KPI 이외에 주목하는 지표
대처 방안· 시책	목표를 이루는 데 필요한 대처 방안이나 시책 결과나 과제 등 아는 내용을 정리 또한, 이후 검토 중인 대처 방안 등을 정리	
주의 사항	담당이 아니라면 바로 대처하기 위해 조정이 필요함 - 예: TV 광고나 인터넷 광고는 가능하나 SNS는 다른 부서가 담당하므로 조정이 필요, 법 규제나 사회 문제로 대응하기 어려움 - 예: 법 때문에 다루기 어려운 내용, 부품 공급 부족에 따른 납품 지연 등	

대시보드 구축자가 비즈니스 담당자일 때도 있습니다. 이럴 때는 비즈니스와 업무 모두 평소 자신이 담당하던 것이므로 이미 정리와 이해가 끝난 것으로 보고 해당 과정은 생략할 수 있습니다.

그러나 대시보드를 구축할 때 새로이 정보를 정리하다 보면 중요한 점을 다시 인식할 수 있을지도 모릅니다. 참고가 되는 점이 있다면 꼭 적용해 보세요.

● 대상 비즈니스 이해

업무 이해 전 기초 지식으로 먼저 대시보드 구축 대상이 되는 비즈니스를 알아야 합니다. 눈앞에 있는 업무나 과제뿐 아니라 시야를 넓혀 부서나 회사의 이익 구조나 목표까지 이해해야 합니다. 자사는 물론, 경쟁사나 고객도 이해하는 것이 바람직합니다. 전체를 조감하다 보면 눈앞의 업무에서 처리해야 할 과제가 무엇인지가 드러납니다.

● 대상 업무 이해

실제로 비즈니스 담당자(=대시보드 사용자)가 매일매일의 업무를 어떻게 처리하는지 알아야 합니다. 특히 대시보드가 필요한 업무 범위를 구체화해야 합니다.

업무를 이해해야 하는 주요 이유는 다음 2가지입니다.

① 대시보드 활용 용도가 분명해집니다.
② 실현성 있는 행동이 분명해집니다.

첫 번째로, 업무를 이해함으로써 대시보드가 어떻게 사용될지가 분명해집니다. 요건 정의에서도 마찬가지지만, 어떤 대시보드를 구축해야 비즈니스 담당자가 쉽게 활용할 수 있을지를 알 수 있습니다.

두 번째로, 매일매일 업무를 처리할 때 할 수 있는 일과 할 수 없는 일이 분명해진다는 점을 들 수 있습니다. 대시보드로 무언가를 안다고 해도 행동으로 이어지지 않으면 '단지 알기만 한 것'입니다.

사용하는 대시보드, 행동으로 이어지는 대시보드가 되도록 비즈니스나 업무에 따라 설계하고 구축합시다.

KGI, KPI, CSF 정리

대시보드 요구 사항 정의에서 가장 중요한 과정이 KGI, KPI, CSF 정리입니다.

- KGI (Key Goal Indicator): 핵심 목표 지표
- KPI (Key Performance Indicator): 핵심 성과 지표
- CSF (Critical Success Factor): 핵심 성공 요인

개별 지표에 대한 자세한 내용은 다른 참고 자료를 참고하세요. 이 책에서는 각각의 개요와 대시보드를 구축할 때 필자가 속한 팀이 처리하는 내용 위주로 간단히 소개합니다. 먼저 용어부터 알아봅시다.

● 비즈니스 목표인 KGI 파악

KGI란 Key Goal Indicator의 머리글자로, 핵심 목표 지표라 합니다. 즉, 기업이나 부서가 지향하는 비즈니스에서 가장 중요한 정량 목표를 말합니다. 일반적으로는 매출이나 이익, 이익률 등을 설정할 때가 흔합니다.

KGI는 비즈니스 목표이므로 다양한 '과정'을 거쳐 얻는 '결과'로서 평가합니다. '과정'으로서 지향하는 지표가 다음 설명하는 KPI입니다.

● KGI 달성을 위한 KPI 정리

KPI란 Key Performance Indicator의 머리글자로, 핵심 성과 지표라 합니다. 예를 들어, 자동차 분야라면 매출이나 계약과 같은 KGI는 최종 성과를 나타내며, 상담 횟수나 웹사이트 방문자 수와 같은 KPI는 그 과정에서의 성과를 나타냅니다.

KPI를 달성하면 KGI를 달성할 수 있는 관계이므로 KPI를 목표로 업무를 처리합니다. 즉, KPI를 올바르게 설계하지 못하면 목표하는 방향으로 나아갈 수 없습니다.

비즈니스 현상 이해나 행동으로 이어지는 의사 결정을 위해 대시보드를 활용합니다. 그러므로 대시보드에 '어떤 지표를 시각화할 것인지?'를 정할

때는 KGI나 KPI를 기준으로 논의합니다. 비즈니스 성공의 정의를 대시보드 관계자가 공통으로 인식하고 그 성공 요인이 되는 지표나 달성 기준을 명확히 하는 것이 대시보드 구축의 첫걸음입니다.

● KPI 설계에 필요한 CSF 파악

CSF란 Critical Success Factor의 머리글자로, 핵심 성공 요인이라 합니다. CSF는 KGI인 목표를 달성하는 데 큰 영향을 끼치는 요인을 나타냅니다. 그러므로 목표 달성에 무엇이 필요한지는 CSF를 분석하여 설정합니다.

CSF는 KPI와 혼동하기 쉬운 지표로, CSF를 세분하여 정량화한 것이 KPI 입니다. 그러므로 KGI를 달성하는 데 필요한 CSF를 적절히 정리하는 것이 올바른 KPI 설정의 첫걸음입니다(그림 3.2.3).

그림 3.2.3 | KGI, KPI, CSF 정리

예 : 패션 회사·온라인 쇼핑몰 부문

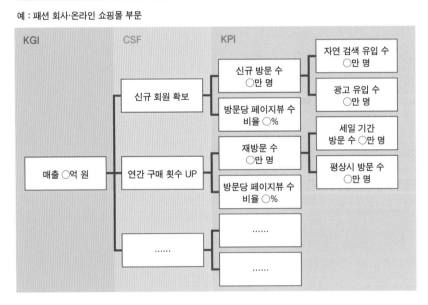

CSF, KPI 모두에서 비즈니스 담당자(대시보드 사용자)가 제어할 수 있는 것을 선택해야 합니다. 예를 들어, 구매자 수, 구매율, 브랜드 호감도, 홈페이지

방문자 수 등은 전략에 따라 영향을 줄 수 있는 것으로, 제어가 가능합니다. 반면에 GDP, 시장 규모, 인구 등은 제어할 수 없습니다. CSF를 선택할 때 는 전략으로 영향을 미칠 수 있는 것인지를 기준으로 판단하는 것이 중요합 니다.

로직 트리 정리

KGI를 이용한 목표 설정이 끝나면 다음은 그 목표 달성에 필요한 과정을 정리합니다. 목표 달성까지의 과정을 정리하고자 일반적으로 사용하는 것이 로직 트리입니다. 로직 트리란 사물을 분해하고 이 모두를 망라하여 정리하 는 프레임워크입니다.

로직 트리에는 목적에 따라 몇 가지 종류가 있으며 대시보드 프로젝트에 는 다음 4가지를 구분하여 사용합니다.

- What 트리: 구조와 요소를 분해
- Why 트리: 원인을 특정
- How 트리: 문제 해결책 세우기
- KPI 트리: KGI와 KPI의 관계를 정리

그림 3.2.4는 KPI 트리의 예입니다. 그림처럼 목표를 사칙연산이 가능한 지표로 나누고, 트리 구조 그림으로 정리합니다. 이렇게 분해한 지표가 KPI 입니다. KPI 사이는 인과 관계가 있는 것을 설정합니다. 누락이나 중복이 없 도록 체계적으로 정리합니다. 그림 3.2.4를 더 세분화할 수도 있으나 여기서 는 이 정도 수준에서 싣도록 합니다.

3장 대시보드 요구 사항과 요건 정의

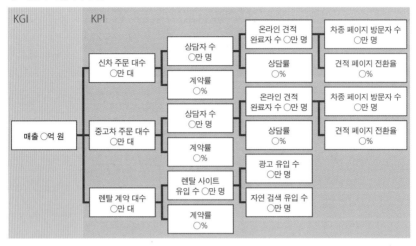

그림 3.2.4 | KPI 트리

예 : 자동차·사업기획 부문

KPI 트리 이외 3개 트리는 비즈니스 과제 정리나 해결책 정리, 대시보드를 이용한 분석 결과를 정리할 때 이용합니다. 각 트리의 특징은 프레임워크나 문제 해결 자료를 참고하세요.

As-Is/To-Be 확인

지금까지 KGI, KPI, CSF, KPI 트리를 알아보았는데, 지표나 요인을 설정 하는 데에 목적이 있는 것이 아닙니다. 데이터 주도 방법에서는 현재 상황을 이해하고 목표와 해결책을 설정, 실행, 반복, 개선해야 합니다. 그 첫걸음으로 필요한 것이 현재 상황과 목표 정리입니다. 일반적으로 As-Is/To-Be 분석이라 불리는 기법입니다(그림 3.2.5).

그러면 As-Is/To-Be란 무엇일까요? As-Is란 현재 상황을 뜻합니다. 정리한 지표를 현재 상황의 수치로 변환하여 비즈니스 상황을 시각화합니다. 현재 상황을 올바르게 시각화하는 것이 올바른 의사 결정의 기반이 됩니다.

To-Be는 이상적인 상태를 뜻합니다. 여기서 말하는 이상이란 목표 달성을 말합니다. 이러한 To-Be를 정리하여 As-Is와 비교하면 목표와 현재 상황의 차이가 드러납니다. 그 결과, 이 차이를 어떻게 매워야 좋은지 그 방향성이 명확해지고 다음 추진할 전략의 방향을 예상할 수 있습니다. 이처럼 차이가 드러난 상황을 시각화하고 개선 방향을 파악하는 것이 대시보드를 이용하는 주된 목적 중 하나입니다.

그림 3.2.5 | As-Is/To-Be 확인

차이를 어떻게 메울 것인지 검토

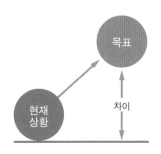

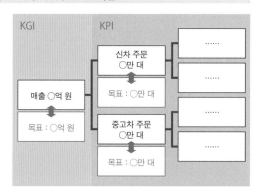

● As-Is/To-Be 분석 시점

이 기법은 요구 사항 정의 단계에서 수행하기도 하고 대시보드 구축 후나 이용할 때 수행하기도 합니다.

대시보드 구축 전에 수행하면 차이를 알고 과제를 명확히 하여 이를 대시 보드에 반영할 수 있습니다. 또한, 목표치도 다시 설정할 수 있습니다. 다만, 분석을 공정의 하나로 끼워 넣는 형태이므로 그만큼 시간이 필요합니다.

구축 후나 이용할 때는 As-Is/To-Be를 확인하기 전에 KGI나 KPI를 대시 보드에 통합하여 빠르게 현재 상황을 확인할 수 있습니다. 다만, 대시보드를 만들고 나서 차이나 과제를 알게 되므로 대시보드를 수정해야 할 수도 있습 니다. 이미 KGI나 KPI를 분석했는지에 따라 프로젝트 우선순위 등을 고려 하여 어느 시점에 수행할지를 판단해야 합니다.

대시보드 구축을 우선할 때는 KGI, KPI를 모니터링하는 대시보드만 먼저 만들고 As-Is/To-Be를 확인한 후 상세 분석용 대시보드를 검토하는 등 단계를 나누는 것이 좋습니다.

요구 사항 정의 단계에서 As-Is/To-Be를 확인하는 이유는 다음 2가지입니다.

- 구축할 대시보드에서 다룰 비즈니스 과제 결정
- 구축할 대시보드의 우선순위 결정

해결해야 할 비즈니스 과제가 많을수록 대시보드에 포함해야 하는 요소도 늘어납니다. 대시보드로만 끝내지 못하고 추가 분석을 해야 할 때도 흔합니다. '추가 분석'이라는 판단을 포함해 다음 행동으로 이어지는 대시보드가 '사용하는 대시보드'라고 생각합니다.

행동=매일 반복하는 업무는 모두 비즈니스 과제를 해결하려는 것입니다. 그러므로 대시보드가 어떤 비즈니스 과제를 위한 것인지를 정해야 합니다. 또한, 수많은 과제 모두를 동시에 처리할 수는 없으므로 어떻게 우선순위를 매길 것인지도 중요합니다. 따라서 요구 사항 정의 단계에서 As-Is/To-Be를 수행하는 것이 좋습니다.

그리고 이어서 설명하겠지만, 과제 정리도 요구 사항 정의 단계에서 수행하도록 합시다.

과제 정리

로직 트리로 정리한 지표에 대해 As-Is/To-Be로 현재 상황과 목표와의 차이가 명확해졌다면 다음 과제를 정리합니다. 과제 정리는 다음과 같은 3단계로 이루어집니다.

① 과제 정의
② 과제 구조화

③ 과제 우선순위 매기기

As-Is/To-Be 확인과 마찬가지로 요구 사항 정의 시점에 과제를 정리하기도 하고 대시보드를 구축하고 이를 이용할 때에 정리하기도 합니다. 상황에 따라 판단하세요. 단, 대시보드로 대처할 과제는 대시보드 구축 전에 정해야 합니다. 해결해야 할 비즈니스 과제나 해당 과제의 이유는 미리 정리합니다.

● 과제 정의

데이터가 정확하더라도 활용 방법이 정확하지 않으면 비즈니스 목표를 달성하지 못할 때가 있습니다. 목표를 달성하고자 할 때 해결해야 하는 과제가 무엇인지를 명확히 해야 합니다. 과제를 올바르게 정의하려면 로직 트리로 정리한 지표에 대해 목표와 현재 상황의 차이를 밝히고 이 차이를 과제로 정의합니다. 다음으로, 그 과제의 근본적인 이유가 무엇인지를 정의합니다(그림 3.2.6).

예를 들어, 쇼핑몰 사이트의 매출이 목표와 현재 상황이 다르다면 매출 개선을 과제로 정의합니다. 그러나 이대로는 어떻게 해야 매출을 개선할 수 있는지 모르므로 그다음은 과제의 이유를 정의합니다. 매출 개선의 요인이 되는 회원 수나 재구매율, 고객 단가, 신규 고객 비율 등에 문제가 없는지를 분석하고 어떤 지표를 개선해야 과제 해결로 이어지는지 정의합니다.

이처럼 과제 정의를 수행하면 과제의 본질을 이해하고 적절한 행동으로 이어질 수 있습니다.

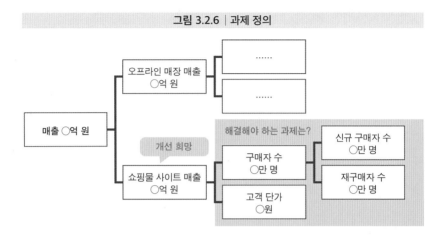

그림 3.2.6 | 과제 정의

● 과제 구조화

다음으로, 과제를 구조화하여 정리합니다. 구조화하면 과제 전체 모습과 본질을 정리할 수 있어 효과적인 개선 조치로 이어질 수 있습니다. 또한, 중복된 과제는 없는지 확인할 수 있다는 점도 구조화의 장점입니다. 앞서 설명한 과제 정의 과정에서도 왜 과제가 발생했는지 그 질문에 답하면서 심층 분석하고 구조화하면 과제의 전반적인 모습과 그 이유를 이해할 수 있습니다. What 트리나 Why 트리와 같은 로직 트리나 6W2H(Who, Whom, What, Why, Where, When, How, How much 중 적절한 것)를 이용하여 정리하는 것이 일반적입니다.

그림 3.2.7은 과제 구조화 예입니다. 예를 들어 새로운 쇼핑몰 방문자가 적다면 광고가 과제인지, 검색 유입이 과제인지 등을 구체적으로 확인합니다. 이벤트 상품 매출이 목표를 달성하지 못했다면 상품 조회 수나 방문하고도 사지 않는 고객 등을 확인합니다. 이렇게 하면 과제의 상세한 구조를 이해할 수 있고 이에 따라 구체적인 해결책도 검토할 수 있습니다.

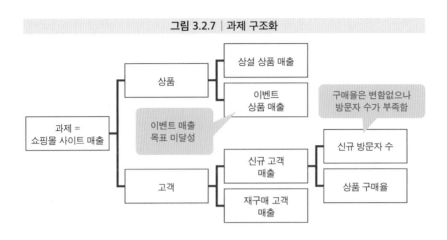

그림 3.2.7 | 과제 구조화

● 과제 우선순위 정하기

과제를 정의하고 정리했다면 해결해야 할 많은 과제가 눈앞에 있으리라 생각합니다. 일상적인 업무에 바쁜 상황에서 모든 과제를 한 번에 대처하는 것은 무척 어려울 것입니다. 이때 필요한 것이 대처해야 할 과제의 우선순위를 정하는 것입니다. 일반적으로 우선순위를 정하는 기준으로 사용하는 것은 다음 3가지입니다.

- 개선에 따른 비즈니스 영향력의 크기
- 개선에 필요한 비용의 크기
- 개선해야 할 과제의 긴급 정도

실제로 과제를 해결했을 때는 KGI나 KPI에 어느 정도 효과가 있는지 그 규모나 효율을 계산합니다. 효과가 큰 것부터 우선순위를 높게 하여 대처하면 별 의미 없는 헛수고를 줄일 수 있습니다.

개선을 시행하려면 다양한 관계자가 참여해야 하거나 필요한 도구를 준비해야 하는 등 실행 장벽이 높을수록 개선에 필요한 비용과 업무량이 늘어 결과적으로 실행이 늦어지기도 합니다.

빠른 개선 성과가 필요한 긴급한 과제에 대해서는 조직에 따라서는 우선순위를 높여야 하기도 합니다.

다양한 기준으로 모든 과제의 우선순위를 정하는 작업은 매우 중요한 단계입니다. 충분한 시간을 들여 수행해야 대시보드 구축이 성공으로 이어집니다.

│ 대시보드가 어울리지 않을 때

요구 사항을 정의하면 과제를 해결하는 데 필요한 시각화 지표가 명확해집니다. 그중 흔히 보는 장면이 '대시보드로 만들지 않아도 애드혹 분석(특정 목적에 따른 부분적이고 일시적인 분석)이면 충분하지 않을까?'입니다. 대시보드가 아닌 애드혹 분석이 더 어울리는 때는 언제일까요?

● 개선책을 실행할 시간이 부족할 때

대시보드 구축에는 많은 사람이 참여합니다. 즉, 실제로 시각화하여 운용에 이르기까지 상당한 시간이 걸리는 경우가 대부분입니다. 그러므로 즉시 과제를 발견하고 개선책을 검토하여 실행에 옮기기가 쉽지 않습니다.

급하게 과제를 해결해야 할 때나 빠르게 성과를 내야 할 때는 대시보드 구축이 아닌 요구 사항으로 정리한 지표를 기반으로 현재 상황의 과제를 애드혹 분석하는 편이 적절합니다.

● 커스터마이징이 필요할 때

대시보드는 구축 후 테스트나 운용을 거쳐 개선하는데, 잦은 개선을 가정하지는 않습니다. 그러므로 개별로 분석하고자 나름의 지표나 기준(비교 축이나 기간 등)을 설정하여 데이터를 보고 싶을 때는 대시보드가 어울리지 않습니다. 정형화한 다음에 대시보드로 만드는 것이 바람직합니다.

그 밖에도 대시보드 특성이나 구축에 필요한 공수를 검토하여 애드혹 분석을 선택하기도 합니다. 그러므로 구축하기 전에 대시보드가 필요한지 검토해보는 것이 좋습니다.

3.3
대시보드 요건 정의 과정

요건 정의의 전체 모습

요건 정의란 '대시보드 구축자를 대상으로 대시보드를 구축하는 데 필요한 내용을 구체화하여 정리하는 것'입니다. 요구 사항 정의에서 정한 '대시보드를 이용하여 해결할 과제'와 달리 대시보드에 어떤 데이터를 어떻게 시각화하면 과제를 해결할 수 있는지(=요구 사항을 충족하는지)를 정리합니다.

여기서는 대시보드의 요건 정의에 대한 과정과 필자의 팀이 어떤 작업을 하는지 살펴봅니다(그림 3.3.1).

그림 3.3.1 | 요건 정의의 전체 모습

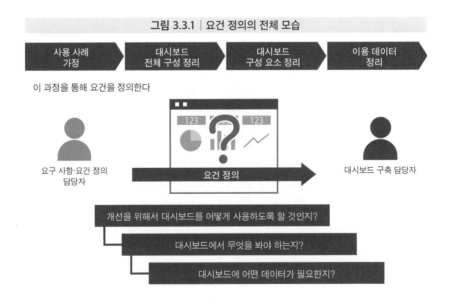

사용 사례 가정하기

요건을 정의하려면 먼저 사용 사례를 가정해야 합니다(그림 3.3.2). 구체적으로는 다음과 같은 항목을 정리합니다.

- 대시보드를 사용할 사람은 누구인지?
- 무엇 때문에 대시보드를 사용하는지?
- 얼마나 자주 대시보드를 보는지?
- 어떤 정보를 알고 싶은 건지?
- 그 정보를 보고 어떻게 행동할 것으로 가정하는지?

이를 정리하면 어떤 대시보드가 필요한지를 이해할 수 있고 방향을 정할 수 있습니다.

예를 들어 경영진이 사용할 대시보드와 현장 담당자가 사용할 대시보드는 시각화할 영역이 서로 다르고 보고자 하는 데이터의 수준이나 보는 횟수도 다릅니다.

경영진이라면 월 단위나 주 단위로 KGI나 KPI를 얼마나 달성했는지를 대략 이해해도 충분할 수 있습니다. 그러므로 필요한 정보를 최소한으로 짧은 시간에 간결하게 확인할 수 있는 대시보드가 필요합니다.

이와 달리 현장 담당자라면 주 단위나 월 단위로 KGI나 KPI 등의 지표를 자세하게 확인합니다. 광고당 클릭률이나 확보 효율, 메일 확인율이나 시나리오 진행 상황, 광고 효과 검증 등의 정보를 통해 전략을 시행하고 개선하는 데 필요한 의사 결정이 필요하므로 업무 내용 수준에서 정보를 조회하는 대시보드를 만들 때가 흔합니다.

요건은 직위나 업무 영역, 개인 능력에 따라 다르므로 실제 대시보드를 사용할 사람과 세밀하게 의견을 조정해야 합니다.

그림 3.3.2 | 사용 사례 가정하기

대시보드 이용자 (여러 명일 때는 모두 기재)	○○ ○○○	D.사용자의 대시보드 이용 목적 - 어떤 정보를 알고 싶은지?
소속 조직 (협력사라면 업체명)	○○○○부 ○○○○○○팀	D-1 □□□□□□□□□□□□□□□□□□□ (A-1 | B-1, B-2) D-2 □□□□□□□□□□□□□□□□□□□ (A-2 | B-3)
A.소속 조직의 책임 범위·역할		
A-1 □□□□□□□□□□□□ A-2 □□□□□□□□□□□□		**E.소속 조직의 KGI/KPI** (비즈니스상의 역할 및 대응 기재)
B.사용자의 담당 업무 영역		E-1 □□□□ (A-1) E-2 □□□□ (A-1, A-2) E-3 □□□□ (A-2)
A-1에 포함된 업무 B-1 □□□□□□□□□□□ B-2 □□□□□□□□□□□		**F.사용자가 모니터링하는 KPI** (담당 업무 영역 및 의사 결정 내용에 따라 기재)
A-2에 포함된 업무 B-3 □□□□□□□□□□□		F-1 □□□□ (B-1 | C-1, C-2) F-5 □□□□ (B-3 | C-4, C-5) F-2 □□□□ (B-1 | C-2) F-6 □□□□ (B-3 | C-6) F-3 □□□□ (B-2 | C-3) F-7 □□□□ (B-2, B-3 | C-3, C-6) F-4 □□□□ (B-2 | C-3)
C.업무상 의사 결정 내용 = 대시보드로 가정한 행동		**G.가정한 대시보드 이용 장면** (열람 빈도·1회당 열람 시간·열람 장소·이용 장치 등)
B-1에 대응하는 의사 결정 예 B-3에 대응하는 의사 결정 예 C-1 □□□□□□□□□ C-4 □□□□□□□□□□□□ C-2 □□□□□□□□□ C-5 □□□□□□□□□□□□ B-2에 대응하는 의사 결정 예 C-6 □□□□□□□□□□□□ C-3 □□□□□□□□□		G-1 장면 : □□□□□□□□□□□ (D-1) 열람 빈도 ○회/주, 1회당 열람 시간 ○○분, 열람 장소 ○○○○○○, 이용 장치 ○○ G-2 장면 : □□□□□□□□□□□ (D-2) 열람 빈도 ○회/주, 1회당 열람 시간 ○○분, 열람 장소 ○○○○○○, 이용 장치 ○○

구체적인 행동 가정하기

대시보드를 효과적으로 활용하려면 시각화한 데이터나 분석으로 얻은 시사점이 구체적으로 어떤 행동으로 이어지는지를 정리해야 합니다.

구체적인 행동이 어떤 것인지 알면 봐야 할 지표나 수행해야 할 분석이 명확해집니다. 예를 들어, 쇼핑몰 사이트에서 기존 고객의 매출을 개선하는 과제라면 이메일을 발송하는 등의 행동을 떠올릴 수 있습니다. 이때는 기존 고객의 속성을 분석하거나 이메일 발송 효과 데이터(오픈율이나 클릭률 등)를 시각화하면 봐야 할 항목이 자연스럽게 드러날 것입니다.

대시보드 전체 구성 정리

가정한 사용 사례를 정리하면 대시보드를 어떻게 구성해야 할지 알 수 있습니다. 사용할 사람과 용도에 따라 대시보드를 준비합니다. 다음과 같이 구성할 때가 흔합니다(그림 3.3.3).

- 전체 요약 대시보드
  - ✔ KGI/KPI를 시각화한 경영진 대상 요약

- 주제별 대시보드
  - ✔ 각 주제의 KPI 요약
  - ✔ 각 주제와 관련된 주요 분석 결과

- 상세 분석 대시보드
  - ✔ 각 시책이나 서비스 이용자에 대한 상세 분석 결과

그림 3.3.3 │ 대시보드 전체 구성 정리

예 : 패션 업체·경영기획 부문

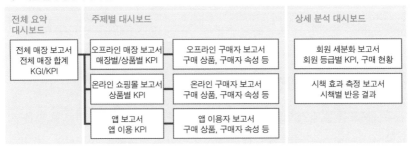

● 전체 요약 대시보드

경영진을 대상으로 한 대시보드로, 다양한 KGI나 KPI를 모니터링할 수 있는 대시보드를 전체 요약 대시보드라 부릅니다. 그림 3.3.4는 전체 요약 대시보드의 예입니다.

전체 요약 대시보드는 짧은 시간에 여러 가지 분야의 비즈니스 현황을 파악하는 데 매우 편리합니다. 그러나 현장 담당자 관점에서는 이 대시보드로는 업무 의사 결정을 내릴 수 없습니다. 이럴 때는 주제별 대시보드가 바람직합니다. 그러므로 대시보드의 목적이나 요구 사항에 맞게 만들 것인지를 판단합니다.

그림 3.3.4 │ 전체 요약 대시보드

● 주제별 대시보드

　대시보드를 사용할 사람의 업무 영역에 따라 담당 업무의 비즈니스 상황을 이해하기 위한 대시보드입니다. 대시보드를 사용할 사람의 개별 요구 사항을 모두 하나의 대시보드에 적용하면 너무 커지므로 이용하기 불편합니다. 그러므로 **그림 3.3.5**처럼 몇 가지 요구 사항으로 나누어 대시보드를 만들면 원하는 정보를 제공하면서도 편리하게 사용할 수 있습니다.

3장 대시보드 요구 사항과 요건 정의

그림 3.3.5 │ 주제별 대시보드

● 상세 분석 대시보드

　주제별 대시보드에 표시하기에는 정보량이 너무 많은 대시보드나 아주 자세한 수준의 분석을 구현해야 하는 대시보드가 상세 분석 대시보드입니다. 그림 3.3.6은 상세 분석 대시보드의 예입니다.

상세 분석 대시보드는 주제별 대시보드의 분석 내용을 보완합니다. 그러므로 주제별 대시보드만으로도 정보가 충분할 때는 안 만들기도 합니다.

그림 3.3.6 | 상세 분석 대시보드

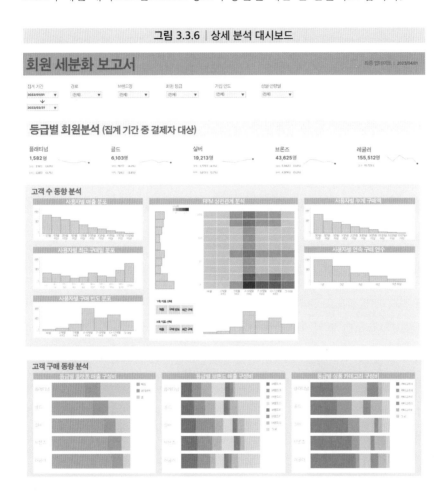

처음부터 상세 분석 대시보드를 전제로 설계하기보다는 다음처럼 상세 분석 대시보드에 필요한 분석 요건을 정리한 다음, 만들지를 검토하는 경우가 일반적입니다.

- 대시보드 분석 요건 설계 시 주제별 대시보드에 모두 담지 못할 정도로 분석 요건이 많을 때

- 같은 대시보드에 실어서는 사용하기가 불편할 때
- 분석을 함께 구현하면 대시보드 성능이 떨어질 때

대시보드 전체를 구성할 때 자주 사용하는 형태는 '전체 요약 대시보드 1 개에 여러 개의 주제별 대시보드', '주제별 대시보드 1개에 여러 개의 상세 분석 대시보드'입니다. 정보가 상세해짐에 따라 전체 대시보드를 여러 개의 대시보드로 분기하는 형태입니다.

전체 구성을 분기하여 트리 형태로 하면 '전체 모습을 이해하는 분석부터 상세를 확인하는 분석'까지 자연스럽게 유도되므로 데이터로 상황을 이해하면서 점점 분석의 정밀도를 높이는 드릴다운 분석 경험을 제공할 수 있습니다.

● 대시보드 요건 정리표

필자의 팀은 대시보드 전체 구성을 설계할 때 각 대시보드의 자세한 정보를 정리하여 별도로 준비합니다. 이를 대시보드 요건 정리표라 부릅니다.

대시보드마다 목적이나 가정한 사용자 등 사용 사례를 더하고 주요 데이터 소스나 KGI/KPI를 정리합니다. 이와 함께 어떤 차트를 이용할 것인지, 지표 계산 로직을 어떻게 할 것인지 등 더욱 자세한 정보는 따로 정리합니다 (4장에서 설명). 구축할 대시보드의 방향성을 정할 때는 **그림 3.3.7**과 같은 정리표로 요약해 두고 이를 이용하여 대시보드 사용자나 구축 담당자와 의사소통하면 인식의 차이를 줄이고 원활하게 데이터를 준비할 수 있습니다.

그림 3.3.7 | 대시보드 요건 정리표

대시보드 이름	목적	가정 사용자	시트	데이터 소스	KPI	…
쇼핑몰 사이트 대시보드	KPI 모니터링	쇼핑몰 사이트 담당자 전원	KPI 요약	구매 이력 회원 마스터	매출	…
				구매 이력 회원 마스터	이익	…
				구매 이력 회원 마스터	결제 횟수	…
				구매 이력 회원 마스터	결제자 수	…
			카테고리별 매출	구매 이력 상품 마스터	매출	…
	쇼핑몰 방문 현황 확인	쇼핑몰사이트 담당자 전원	쇼핑몰 방문 KPI	접속 로그	쇼핑몰 방문 수	…
				…	…	…
		홍보 담당자	유입 경로별 KPI	구매 이력 접속 로그	경로별 방문 수	…
	⋮	⋮	⋮	⋮	⋮	⋮

주제별 대시보드 범위 검토

대시보드 전체 구성을 설계할 때 주제별 대시보드를 어떻게 구성해야 할지가 무척 고민스럽습니다. 전체 요약 대시보드는 KGI나 KPI를 조감하려는 것이므로 하나로 구성될 때가 대부분입니다. 무엇을 모니터링할 것인지를 정하도록 합시다.

상세 분석 대시보드는 주제별 대시보드에서는 다루지 못하는 상세한 분석을 싣는 것이므로 개별 분석이나 목적별로 나누는 등으로 요건이 간단합니다.

이와 달리 주제별 대시보드는 주제별로 여러 가지 비즈니스 과제를 정하고 그 과제에 따른 분석 요건(지표나 관점 등)을 조합하여 설계하므로 분석 요건을 어떻게 조합할지가 중요한데, 이때 조합의 수는 여러 가지입니다.

여기서는 주제별 대시보드를 생각할 때 힌트가 되는 다음 2가지 설계 방침을 설명합니다.

① KPI 트리를 이용하여 정리하기

② 실무에서 관계가 깊은 사용자별로 정리하기

● KPI 트리를 이용하여 정리하기

작성한 KPI 트리로 대시보드를 구성하는 방법입니다. KPI 트리는 비즈니스 목표인 KGI를 최상위로 하고 KGI와 관련한 중요 지표를 KPI, KPI과 관련한 지표를 하위 KPI로 정하는 등 지표끼리의 관련을 도표로 정리하는 것입니다(그림 3.3.8). 따라서 KPI 트리에서 대시보드의 전체 구성을 고려하는 것도 효과적인 방법이 됩니다.

그림 3.3.8 │ KPI 트리를 이용하여 정리하기

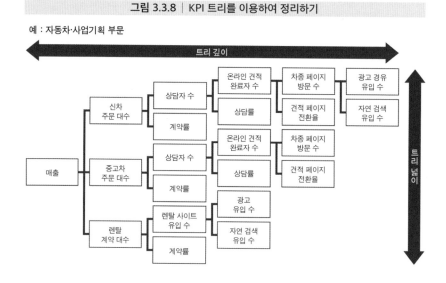

KPI 트리를 이용하여 구성을 설계할 때 중요한 점은 각각의 대시보드가 다루는 트리의 넓이와 깊이를 얼마나 확대할 것인가라는 점입니다. 트리의 넓이를 우선하여 지표를 선택할 때는 다룰 트리의 깊이는 얕게 하는 편이 좋습니다.

이와 달리 트리의 넓이를 좁게 하여 업무 영역을 제한할 때는 트리의 깊은 곳까지 다루는 대시보드를 검토하도록 합니다.

● **실무에서 관계가 깊은 사용자별로 정리하기**

공통 대시보드를 이용하여 사용자나 팀 사이의 협업 강화라는 대시보드 가치 관점에서 설계를 진행하는 방법입니다.

일상 업무에서 공동으로 시책을 마련할 때가 잦은 팀이나 업무 범위가 유사한 팀을 하나의 사용자 그룹으로 묶어 대시보드의 요건을 정리합니다. 사용자 그룹은 다양한 조합을 고려하여 사용자가 바라는 형태로 선정합니다.

예를 들어, 쇼핑몰 사이트의 경험을 개선하여 상품의 구매 완료율을 높이는 웹 개선팀과 웹 사이트 방문자 수를 늘리기 위한 광고 정책을 실시하는 광고 운용팀은 서로 관계가 깊습니다. 그러므로 이 두 팀을 하나의 사용자 그룹으로 보고 대시보드의 요건을 정리합니다.

또한, 웹 개선팀은 회원을 대상으로 정보를 전달하거나 회원 특전을 통해 브랜드 충성도를 높여 우수 고객으로 만드는 것을 목적으로 하는 CRM팀과도 관계가 깊습니다. 이때는 웹 개선팀과 광고 운용팀을 위한 대시보드와는 다르게 CRM 팀에 맞는 대시보드 요건이 드러날 것입니다.

이처럼 업무 관계를 기준으로 사용자 그룹을 가정하면 대시보드에 필요한 요건을 적절하게 정리할 수 있습니다.

│ 구축할 대시보드 순번 정하기

대시보드 전체 구성을 검토한 후에는 어떤 대시보드부터 만들지 우선순위를 정합니다.

대시보드 전체 구성에서 정리한 대시보드 모두를 한 번에 만들려 하면 4장과 5장에서 설명할 대시보드 상세 설계, 디자인이나 6장에서 설명할 데이터 마트 테이블 구조 설계, 데이터 마트 구축을 위한 데이터 파이프라인 구현 등 대시보드 구축 작업량이 엄청나게 늘어납니다.

필자가 속한 팀이 진행하는 대시보드 구축 프로젝트에서는 기본 대시보드 전체 구성을 정리하고 몇 가지 중요한 대시보드 구축을 단기 목표로 하여 시작합니다.

우선순위를 정하기 위한 방침에는 다음 3가지가 있습니다. 프로젝트 상황이나 조직 문화에 맞는 것을 선택하도록 합시다.

> ① 전체를 포괄하는 대시보드의 우선순위를 높게 정하는 경우
> ② 대시보드의 중요도와 난이도를 고려하여 설정하는 경우
> ③ 행동으로 이어질 확률이 높은 것을 우선하는 경우

● **전체를 포괄하는 대시보드의 우선순위를 높게 정하는 경우**

앞서 설명한 전체 요약 대시보드부터 우선하여 만든다는 방침입니다. 전체를 바라보는 시각으로 비즈니스 상황을 정확하게 이해해야 한다거나 대시보드를 통해 전체 조직을 가로지르는 데이터 커뮤니케이션이 가능하게 하는 것이 중요하다면 이 방침을 추천합니다.

● **대시보드의 중요도와 난이도를 고려하여 설정하는 경우**

구축 우선순위를 중요도와 난이도로 나누고 각 대시보드를 평가하여 우선순위를 정합니다.

중요도는 비즈니스 영향력을 기준으로 측정합니다. 예를 들어, 매출 기여도가 높은지 여부로 평가합니다. 난이도는 얼마나 쉽게 대시보드를 만들 수 있는지로 평가합니다. 요건이 많을수록 어려운 경향이 있습니다. 또한, 데이터 마트를 구축하는 데 필요한 데이터를 가공하고 처리하기가 복잡하다면 이 역시 난이도에 영향을 미칩니다.

● **행동으로 이어질 확률이 높은 것을 우선하는 경우**

행동으로 이어질 확률이 높은 팀의 대시보드일수록 우선하여 만든다는 방침입니다. 예를 들어, 분기별로 정책을 실시하는 팀에서는 데이터 분석으로

얻은 시사점을 시책에 반영할 기회가 1년에 4번뿐이지만, 매주 시책을 실시하는 팀이라면 1년에 52번입니다. 의사 결정 기회가 얼마나 많은지로 대시보드의 가치를 매긴다면 시책을 매주 실시하는 팀이 사용할 대시보드의 우선순위가 더 높습니다.

단, 앞서 이야기한 대로 커스터마이징 요구가 많다면 자주 변경해야 하므로 대시보드로 만들기에는 적합하지 않습니다. 이 방침은 정형화한 분석을 목적으로 한 대시보드를 만들 때 적절합니다.

대시보드 구성 요소 정리

대시보드에 이용할 구성 요소를 정리해 볼까요? 시각화해야 하는 항목은 크게 다음과 같은 3가지로 나뉩니다.

- KGI/KPI
- 속성 항목
- 행동 항목

어떻게 선택하고 설정하는지는 4장에서 설명합니다. 여기서는 각 요소를 간략하게 알아봅니다.

● KGI/KPI

요구 사항으로 정리한 KGI나 KPI 지표가 이에 해당합니다. 구체적으로는 매출, 고객 수 등 비즈니스 KGI에 해당하는 항목이나 구매율, 고객 단가와 같이 KPI에 해당하는 항목입니다. 그 밖에도 시책의 성과나 구매 퍼널(funnel) 등으로 분석한 고객 수 등 비즈니스나 담당 영역에 따라 KPI로 볼 수 있는 지표가 있습니다. KPI 트리를 정리하고 나서 어떤 지표까지 대시보드로 확인할 것인지를 정합시다.

- **속성 항목**

고객 속성 데이터가 이에 해당합니다. 데모그래픽 속성(성별, 나이, 가족 구성 등)이나 사이코그래픽 속성(생활 방식, 취미, 가치관 등)을 들 수 있습니다. 고객 속성을 시각화하는 데 필요한 항목을 정리합니다. 주로 고객 세분화(연령대나 주거 형태 등)나 고객을 이해하는 데 활용합니다. 고객이나 회원의 정보를 얻을 수 있다면 이 항목을 이용합니다.

- **행동 항목**

구매 데이터나 홈페이지 방문 데이터 등 트랜잭션 데이터나 시책 지표(광고나 이메일 반응, 이벤트 반응, 매장 방문과 상담 이력 등)가 이에 해당합니다. 주로 고객 세분화(RFM이나 재구매 고객 등)나 정책 시행에서 세세한 부분의 개선이 필요할 때 자주 사용합니다.

확인해야 하는 지표와 분석 관점 정리

KGI/KPI 등 확인해야 하는 지표 중 어떤 것을 꼭 봐야 하는지를 정해야 합니다. 전체 요약 대시보드, 주제별 대시보드, 상세 분석 대시보드 등 대시보드 종류에 따라 봐야 할 범위의 넓이와 깊이가 달라집니다. 또한, 지표뿐 아니라 어떤 분석 관점에서 데이터를 시각화할 것인지를 정해야 합니다. KPI만 하더라도 다음과 같은 다양한 관점이 있습니다.

- 시계열로 바라본 트렌드 시각화하기
- 고객 속성과 함께 요소를 분해하여 과제 요인 이해하기
- 더 상세한 지표로 KPI를 분해하여 KPI 과제 발견하기

분석 관점을 정리함으로써 어떤 요소를 어떻게 볼지 정할 수 있습니다.

다음 4장에서는 지표와 분석 관점을 어떻게 고려하여 설계할 것인지를 알아봅니다.

이용할 데이터 소스 선택

요구 사항과 요건을 충족하는 데이터가 모두 수집되었는지 조사하고 어떤 데이터를 활용할 것인지를 선택해야 합니다. 주먹구구식으로 데이터를 선택하는 것이 아니라 실제 관련 데이터를 활용하여 기초 분석을 실시하고 데이터 소스로서 문제가 없는지를 검증하는 것도 효과적인 확인 방법입니다. 이용할 데이터를 선택할 때는 대처할 비즈니스 과제, 이에 따른 대시보드 요소 등을 고려합니다. 자세한 내용은 4장에서 살펴봅니다.

4장

대시보드 설계

4

4.1
대시보드 상세 설계

이 장에서 살펴볼 내용

3장에서는 대시보드를 만드는 데 필요한 첫 단계인 요구 사항과 요건 정의를 알아보았습니다. 이를 기반으로 4장과 5장에서는 '대시보드 상세 설계'를 살펴봅니다(그림 4.1.1).

대시보드 상세 설계에는 크게 '분석 설계'와 '디자인'이라는 2가지 공정이 있습니다. 이 장에서는 '대시보드 상세 설계의 필요성'을 이야기한 다음, '분석 설계'와 관련한 다음 4가지를 설명합니다. '디자인'은 5장에서 알아봅니다.

- 분석 설계 개요
- 분석 설계에 필요한 지식
- 분석 설계 사고법
- 분석 설계를 위한 데이터 조사

그림 4.1.1 | 대시보드 구축 프로젝트 전체 모습

대시보드 상세 설계의 필요성

대시보드 구축 경험이 있는 사람 중에는 요건을 정의하자마자 차트를 만들고 대시보드 디자인(어느 데이터를 어떤 차트로 대시보드 어느 곳에 넣을지 등)을 진행하면서 대시보드 구축 단계를 시작하는 사람도 있습니다.

대시보드 상세 설계는 대시보드 구축에서 반드시 필요한 작업은 아닙니다. 대시보드 상세 설계를 다룬 책도 많지 않습니다. 그러나 이 책에서는 '사용하는 대시보드' 관점에서 대시보드 상세 설계를 추천합니다.

상세 설계를 추천하는 이유는 대시보드 사용자가 '정말로 사용하고 싶은 대시보드'에 조금이라도 가까워지기 위해서입니다.

요구 사항 정의에서 '어떤 비즈니스 과제에 사용할 대시보드인지', '대시보드로 무엇을 실현할지'를, 요건 정의에서 '대시보드를 어떻게 사용하도록 할 것인지', '이를 위해 어떤 데이터를 사용하여 무엇을 보일지'를 정한다고 했습니다. 그러나 요구 사항과 요건 정의에는 구체적으로 다음과 같은 분석 요건(질문, 지표, 관점)을 정리하지 않을 때가 흔합니다.

- 어떤 질문에 답할 수 있도록 할 것인가
- 그러려면 어떤 지표(매출, 구매자 수 등)를 볼 것인가
- 어떻게(시도별, 사업부별 등) 이러한 지표를 보이게 할 것인가

그럼 3장에서 소개한 대시보드 요건 정리표를 다시 한번 봅시다.

그림 4.1.2 | 대시보드 요건 정리표 (재게시)

대시보드 이름	목적	가정 사용자	시트	데이터 소스	KPI	…
쇼핑몰 사이트 대시보드	KPI 모니터링	쇼핑몰 사이트 담당자 전원	KPI 요약	구매 이력 회원 마스터	매출	…
				구매 이력 회원 마스터	이익	…
				구매 이력 회원 마스터	결제 횟수	…
				구매 이력 회원 마스터	결제자 수	…
			카테고리별 매출	구매 이력 상품 마스터	매출	…
	쇼핑몰 방문 현황 확인	쇼핑몰사이트 담당자 전원	쇼핑몰 방문 KPI	접속 로그	쇼핑몰 방문 수	…
				…	…	…
		홍보 담당자	유입 경로별 KPI	구매 이력 접속 로그	경로별 방문 수	…
	⋮	⋮	⋮	⋮	⋮	⋮

대시보드 요건 정리표는 어떤 목적으로, 어떤 종류의 대시보드(전체 요약, 주제별, 상세 분석)를 구성하며, 누가 사용할지, 어떤 내용으로 채울지 방향성을 정리한 것에 지나지 않을 때가 흔합니다.

대시보드를 설계하는 사람이 대시보드 사용자 자신일 때는 구체적인 분석 모습이 설계자의 머릿속에 있으므로 요구 사항과 요건 정의 내용 이상의 정보는 필요 없을지도 모릅니다. 그러나 그렇지 않을 때는 설계자가 요구 사항과 요건 정의 정보를 해석하고 분석 요건을 가정하여 디자인해야 합니다.

경험 많은 설계자라면 어느 정도 어떤 내용이 부족한지 알 수 있으므로 대시보드 사용자가 바라는 분석 요건에서 크게 벗어나지 않을 겁니다. 그러나 모든 설계자가 분석 경험이 많은 것은 아니며 설계자가 분석 요건을 대시보드 사용자의 기대대로 설계하리라는 보장도 없습니다. '겉으로 보기에는 깔끔하게 정리된 대시보드지만 왠지 사용하기 불편'한 때도 있습니다(그림 4.1.3). 이렇다 보니 비즈니스 현장에서는 '사용하지 않는 대시보드'가 되기도 합니다.

그림 4.1.3 | 대시보드 상세 설계의 필요성

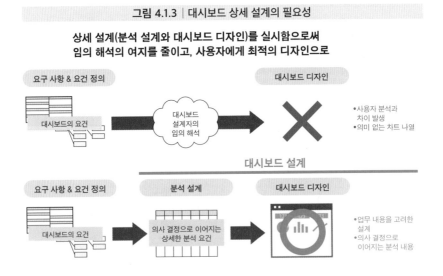

'사용하는 대시보드'가 되려면 사용자에게 유용한 대시보드여야 합니다. 즉, 데이터 분석을 통해 유용한 통찰력을 얻어 사용자의 의사 결정으로 이어져야 합니다. 그러려면 대시보드 사용자와 협의하면서 가능한 한 시간을 들여 상세 설계를 진행해야 합니다.

4.2
분석 설계 개요

분석 설계란?

요구 사항과 요건 정의로 정리한 대시보드에 필요한 내용(3장)과 데이터 조사(이 장 마지막 절에서 설명)로 얻은 데이터 지식을 기반으로 대시보드 상세 설계를 실시합니다.

대시보드 상세 설계란 '대시보드로 실시할 분석 내용과 이를 통해 실현할 분석 경험'을 설계하는 것입니다.

이 장에서는 '대시보드로 실시할 분석 내용'의 설계(=대시보드 분석 설계)를 알아봅니다. '이를 통해 실현할 분석 경험'의 설계(=대시보드 디자인)는 5장에서 다룹니다.

대시보드 상세 설계 단계에서는 설계자가 사용자와 함께 다음과 같은 내용을 고려하면서 대시보드의 구체적인 내용을 검토합니다.

- 분석으로 알게 된 사실이 업무의 의사 결정에 도움이 되는지?
- 사용자의 데이터 분석 능력을 고려할 때 정보가 너무 많고 지나치게 세세한 수준의 설계는 아닌지?

필자는 분석 요건을 합의하고자 '대시보드 상세 설계서'로 정보를 정리하고 고객의 인식과 맞춰보곤 합니다.

● 대시보드 상세 설계서 구성

대시보드 상세 설계서는 그림 4.2.1과 같은 항목으로 구성합니다.

그림 4.2.1 | 대시보드 상세 설계서 항목

항목	내용	작성 예
① 대시보드 이름	대시보드 이름	상품 판매 실적 대시보드
② 차트 영역 이름	역할이 비슷한 여러 개의 차트를 정리한 차트 그룹에 할당	상품별 판매 상황 분석 영역
③ 차트 역할	데이터 분석에서 차트의 역할	잘 팔리는 상품 파악
④ 차트 지표	분석에 사용할 지표	매출, 판매량, 결제 횟수
⑤ 차트 비교 기준	집계 대상을 분할하고자 이용한 정보(비교 기준)	상품 카테고리, 상품 이름
⑥ 차트 형식	차트 종류	가로 막대그래프(매출액 순)
⑦ 필터 요소	데이터를 분석할 때 사용자가 지정할 수 있는 집계 대상 데이터 조회 조건	집계 기간(연, 월), 상품 카테고리
⑧ 데이터 마트	차트가 참조할 데이터 마트	대시보드용 분석 데이터 마트/상품 판매 실적 상세 정보
⑨ 지표 계산 로직	지표 계산 방법. 인식 차이를 줄이려면 SQL이나 BI 도구 집계 함수를 함께 표기하는 것이 좋음	매출=SUM([매출]) 판매량=COUNT() 결제 횟수 =COUNT(DISTINCT[결제 ID])
⑩ 목표 지표 설정	지표에 목표를 설정했는지. 목표를 설정할 때는 값과 정밀도도 기록. 자료가 있다면 저장소도 함께 표기.	목표 있음 월간 1억 원/연간 10억 원 목표와 관련한 자세한 내용은 다음을 참조: https://...

대시보드 상세 설계서에서는 분석 요건마다 구체적인 차트 사양이나 사용할 지표와 비교 기준을 정의합니다. 그림 4.2.2는 대시보드 상세 설계서 작성 예입니다.

그림 4.2.2 | 대시보드 상세 설계서 작성 예

대시보드 이름	차트 영역 이름	차트 역할	차트 지표	비교 기준	차트 형식	필터 요소	…
상품 판매 실적 대시 보드	KPI 상황 분석	비즈니스 상황에 문제가 없는지 확인	매출	-	숫자	매장 위치, 상품 카테고리	…
			판매량	-	숫자	매장 위치, 상품 카테고리	…
			결제 횟수	-	숫자	매장 위치, 상품 카테고리	…
			결제 1회당 매출액	-	숫자	매장 위치, 상품 카테고리	…
		KPI의 시계열 동향에 예상치 못한 변화는 없는지 확인	매출	시계열(연월)	막대그래프	매장 위치, 상품 카테고리	…
			판매량	시계열(연월)	막대그래프	매장 위치, 상품 카테고리	…
			결제 횟수	시계열(연월)	막대그래프	매장 위치, 상품 카테고리	…
			결제 1회당 매출액	시계열(연월)	꺾은선 그래프	매장 위치, 상품 카테고리	…
	상품 판매 상황 분석	잘 팔리는 상품 파악	매출, 판매량, 결제 횟수	상품 카테고리, 상품 이름	가로 막대그래프(매출순)	매장 위치, 상품 카테고리	…
			매출, 판매량, 결제 횟수	상품 카테고리, 상품 이름	가로 막대그래프(매출 순위 상승순)	매장 위치, 상품 카테고리	…
		결제 트렌드 분석	결제 횟수	결제 1회당 매출액 구분	히스토그램	매장 위치, 상품 카테고리, 상품	…
		⋮	⋮	⋮	⋮	⋮	⋮

이처럼 차트의 역할과 사양을 정리하여 목록으로 만들면 대시보드 사용자와 설계자 사이의 인식 차이 없이 정보를 공유할 수 있습니다. 그 밖에도 다음과 같이 효율성 향상이나 실수를 방지할 수 있다는 장점이 있습니다.

- 설계에서 빠진 분석 요건을 발견할 수 있음
- 사용할 데이터를 정의했으므로 어떤 데이터를 사용하는지 확인하지 않아도 됨
- 어떤 형식으로 차트를 만드는지 확인하지 않아도 됨
- 지표 계산 로직을 정의했으므로 계산 실수를 막을 수 있음

대시보드 상세 설계서는 이 장과 함께 대시보드 디자인, 데이터 준비 단계를 진행하면서 추가로 설명합니다. 분석 설계에서는 먼저 대시보드 상세 설계서 항목(그림 4.2.3) 중 ③ 차트 역할, ④ 차트 지표, ⑤ 차트 비교 기준, ⑦ 필터 요소, ⑨ 지표 계산 로직, ⑩ 목표 지표 설정 등의 6가지 항목 정보를 기록합니다.

또한, 실제 분석 요건을 조사할 때 고려해야 하는 내용은 4.4절에서 자세하게 살펴봅니다. 대시보드 상세 설계서를 작성할 때 함께 참고하세요.

그림 4.2.3 | 각 장과 관련된 설계서 항목

●: 요건 정하기
○: 요건 일부만 정하고 이후 추가·수정하기

항목	요건 정의 (3장)	분석 설계 (4장)	디자인 (5장)	데이터 마트 구축 (6장)
① 대시보드 이름	●	-	-	-
② 차트 영역 이름	-	-	●	-
③ 차트 역할	-	●	○	-
④ 차트 지표	○ (주요 지표 목록 작성)	●	-	-
⑤ 차트 비교 기준	○ (주요 지표 목록 작성)	●	-	-
⑥ 차트 형식	-	-	●	-
⑦ 필터 요소	-	●	○	-
⑧ 데이터 마트	-	-	-	●
⑨ 지표 계산 로직	-	○	-	●
⑩ 목표 지표 설정	●	○	-	-

● **와이어프레임이나 목업을 이용하여 구체적인 모습 공유**

대시보드 상세 설계 단계는 설계서를 작성한다고 끝이 아닙니다. 대시보드 사용자와 여러 번에 걸쳐 논의하고 내용을 추가하고 수정합니다.

사용자에 따라서는 대시보드 상세 설계만으로는 대시보드 완성 모습을 구체적으로 떠올리지 못할 수도 있습니다.

　대시보드의 구체적인 모습을 머릿속에 떠올리지 못하면 분석 요건에 대한
의견 역시 떠올릴 수 없습니다. 이럴 때는 와이어프레임이나 목업을 만들어
눈으로 분석 요건을 확인할 수 있도록 합시다(그림 4.2.4). 와이어프레임이나
목업을 만들 때는 5장의 설명을 참조하세요.

그림 4.2.4 │ 분석 요건을 눈으로 볼 수 있는 형태로 만들어 정보 공유

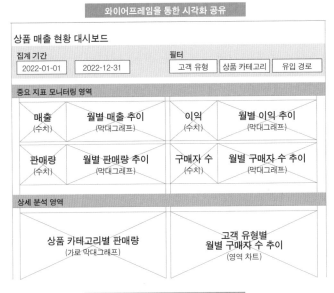

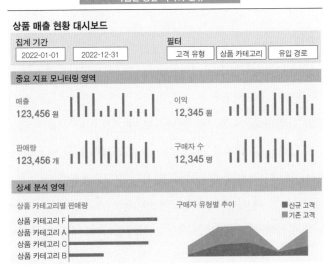

4.3
분석 설계에 필요한 지식

왜 데이터 분석 지식이 필요한가

4.2절에서는 대시보드 분석 요건 정리 방법 중 하나로 대시보드 상세 설계서를 알아봤습니다.

그러나 대시보드 설계 경험이 부족해 하나부터 열까지 설계서를 채우기가 쉽지 않은 사람도 있을 수 있습니다. 이 장 4.3절 이후에서는 이러한 사람을 위해 분석 설계에 도움이 되는 분석 기초 지식이나 설계 사고법(4.4절에서 설명)을 살펴봅니다.

분석 설계에는 데이터 분석에 관한 충분한 지식이 반드시 있어야 합니다. 데이터 분석 지식이 부족하면 업무에서 중요한 지표나 비교 기준을 올바르게 선택할 수 없습니다. 또한, 자신만의 분석 설계 지침을 세울 수 없어 대시보드 완성 모습을 머릿속에 떠올리기가 어렵습니다. 그러다 보니 대시보드 설계가 엉망이라고 느낄 때가 있을 것입니다. 이러한 일이 없도록 이번 절에서는 대시보드 설계자가 알아야 할 데이터 분석 지식을 설명합니다.

차트 구성 요소

데이터 분석에 익숙하지 않은 사람이라도 막대그래프나 꺾은선 그래프 등 데이터 분석에서 자주 사용하는 차트는 본 적이 있을 겁니다. 차트란 결제 단위나 사람 단위와 같이 상세한 정보를 판매 지역이나 상품 카테고리 등의 수준에서 수집하고 그 결과를 크기, 길이, 각도, 좌표 등을 이용하여 시각 정보로 변환(시각화)한 것으로 정의할 수 있습니다(그림 4.3.1).

데이터를 분석할 때 데이터 그대로(원본 데이터 그대로) 해석하기는 쉽지 않으므로 분석 목적에 따라 특정 조건으로 집계합니다. 예를 들어, '2023년 매

출액 크기를 판매 지역별로 비교한다.'와 같이 시사점을 얻고자 적절한 조건
을 정해 집계합니다.

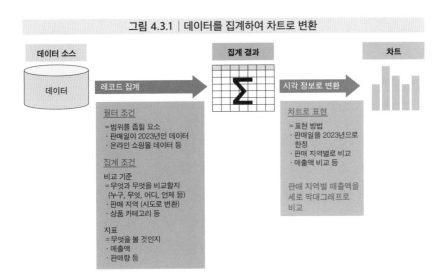

그림 4.3.1 | 데이터를 집계하여 차트로 변환

그리고 막대그래프를 이용하여 집계 결과를 '매출액 크기를 막대 길이'로,
'판매 지역별로 비교하고자 각 막대를 분할'하는 것과 같이 시각 정보=차트
로 변환합니다.

이러한 집계 조건, 필터 조건, 차트 표현이 분석 요건(어떻게 분석할 것인
지?)입니다. 그러므로 <u>분석 설계에서는 분석 요건으로 각 분석의 집계 조건(지
표와 비교 기준)과 필터 조건을 하나의 세트로 하여 대시보드 상세 설계서에 기
록합니다.</u>

| 데이터 분석 목적

데이터 분석에는 데이터 수집, 집계, 시각화, 관찰, 보고서 작성, 보고 등
과정이 많고 몇 주씩 걸릴 때도 흔하며 때에 따라서는 몇 개월이 걸리기도
합니다. 시간과 비용 모두 필요하나 많은 기업에서 데이터를 분석하며 데이
터 활용에 대한 관심은 계속 높아져만 갑니다.

왜 데이터를 분석하는 걸까요? 이는 데이터를 이용하여 상황을 객관적으로 평가하면 가장 바람직한 의사 결정을 내릴 수 있고 더 큰 비즈니스 성과를 얻을 수 있기 때문입니다. **가치 있는 분석이 되려면 바라는 비즈니스 성과와 의사 결정에 필요한 판단 재료를 이용하여 거꾸로 계산하며 분석 요건을 고민해야 합니다.**

의사 결정 패턴과 과정

앞서 데이터 분석은 '최선의 의사 결정을 내려 더 나은 비즈니스 성과를 목표로 한다.'라고 이야기했습니다. 지금부터는 데이터 분석과 의사 결정을 더 깊이 이해하고자 데이터 분석에서의 '의사 결정 패턴과 과정'을 알아봅니다.

비즈니스에서의 의사 결정 패턴에는 크게 4가지가 있으며 ①~④ 과정을 따라 거시적인 의사 결정부터 개별 사안에 대한 구체적인 의사 결정 순으로 검토합니다(그림 4.3.2).

① 현재 상황에 대한 의사 결정: 유지, 중지, 재검토
③ 선택과 집중: 자원(예산, 인재, 상품 등)의 효과적인 배분
④ 새로운 계획 실행: 데이터를 기반으로 새로운 전략과 정책을 입안하고 실행
⑤ 평가와 개선: 실행한 정책 평가와 개선 검토

그림 4.3.2 | 의사 결정 패턴과 과정

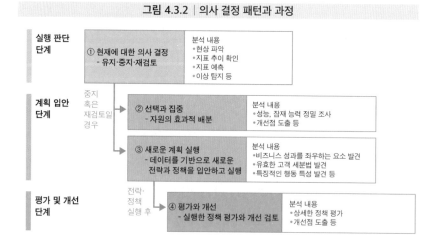

- 현재 상황에 대한 의사 결정: 유지, 중지, 재검토

비즈니스 상황이 계획대로인지, 아니면 계획보다 나쁜 결과를 냈는지를
파악하여 현상 유지, 중지, 또는 계획 재검토를 판단합니다.

의사 결정의 예　① 현재 상황에 대한 의사 결정

- KGI, KPI 모두 목표를 넘었으므로 현상을 유지한다. [현상 유지]
- 목표 판매량을 조기에 달성하리라 예상하므로 추가 광고 정책은 중지한다. [중지]
- 정책 효과가 예상을 밑돌므로 계획을 재검토한다. [재검토]

앞선 의사 결정 패턴에서는 다음과 같이 분석하고 현상 유지, 중지, 재검토
를 판단하는 것이 일반적입니다.

- 현재 상황 파악: 차이를 기반으로 판단
  ✓ 현재 수치가 목표와 비교하여 얼마나 차이가 나는지를 확인

- 지표 추이 확인: 증감의 경향, 트렌드를 기반으로 판단
  ✓ 증가인지 감소인지를 확인하고 원인 분석을 검토

- 지표 예측: 이후 시뮬레이션 결과에 따라 판단
  ✓ 이후 추이와 최종 결과를 예측하고 목표와의 차이를 예상

- 이상 탐지: 이상 상황의 구조를 이해하고 이후 영향을 기반으로 판단
  ✓ 수치 추이에 큰 변동은 있는지 확인하고 원인 분석을 검토

- 선택과 집중: 자원(예산, 인재, 상품 등)의 효과적인 배분

여러 가지 정책을 동시에 진행하거나 다양한 채널, 매장, 매체 등에 비용을
지출하는 경우, 현재 자원 배분이 최적인지를 확인하고 문제가 있다면 배분
변경을 검토합니다.

의사 결정 예　② 선택과 집중

- 비용 대비 효과가 더 큰 광고 정책에 예산을 더 많이 배분한다.
- 방문자 수가 증가하는 매장에 더 많은 인재를 배치한다.

- 경쟁에 뒤진 지역의 매장 수를 늘린다.
- 오르는 재료비를 줄이고자 원재료 공급처를 재검토한다.

앞선 의사 결정 패턴에서는 다음과 같이 분석하고 자원을 분배하는 것이 일반적입니다.

- 성능, 잠재 능력을 정밀하게 조사: 투자 대비 효과, 기댓값으로 판단
  - ✓ 비용에 대한 성과(=성능) 확인
  - ✓ 성장 여지나 비용 회수 효율(=잠재 능력) 확인
  - ✓ 개선점 확인: 개선 실현성과 방법으로 판단
  - ✓ 과제에 대해 궤도를 수정할 수 있는 개선점은 없는지 확인

● 새로운 계획 실행: 데이터를 기반으로 새로운 전략과 정책을 입안하고 실행

  확보한 데이터를 다양한 각도에서 바라보고 비교하여 데이터에 숨겨진 경향이나 요인을 발견합니다. 그리고 이를 발견했다면 취해야 할(현재 상황보다 더 좋은 성과로 이어진다고 예상하는) 전략이나 정책을 실행하고 KGI와 KPI를 향상하여 비즈니스 성공을 목표로 합니다.

의사 결정 예   ③ 새로운 계획 실행
- 잘 팔리는 상품을 분석하여 공통 사항을 찾고 상품 개발에 적용
- 연간 구매 횟수가 많은 소비자와 적은 소비자의 행동을 비교하고 구매 빈도를 올릴 수 있는 정책을 실시
- 해약 고객의 행동을 분석하여 해약할 듯한 고객을 붙들 수 있는 정책 실시
- 동시에 구매하기 쉬운 상품 조합을 자세하게 조사하여 상품 상세 페이지의 추천 상품 코너에 표시

앞선 의사 결정 패턴에서는 다음과 같이 분석하고 새로운 계획을 실행하는 것이 일반적입니다.

- 비즈니스 성과를 좌우하는 특징적인 요소 발견: 영향 정도로 판단

✓ 비즈니스 성과에 영향을 미치는 요소(고객 속성, 구매 상품, 매장 등)를 확인

- 유효한 고객 세분법 발견: 움직여야 할 고객층 검토

  ✓ 비즈니스 성공을 위해 힘을 쏟아야 하는 고객군을 검토

  ✓ 고객층의 추정 고객 수와 시책을 시행했을 때의 비즈니스 충격 시뮬레이션

- 특징적인 행동 특성 발견: 고객층을 움직이는 방법 검토

  ✓ 행동을 일으키는 계기(트리거) 확인

  ✓ 행동 트렌드 확인

● 평가와 개선: 실행한 정책 평가와 개선 검토

데이터 분석에서 얻은 통찰을 기반으로 실시한 정책의 결과가 예상대로인지 확인합니다. 정책 실시와 효과 검증 과정을 반복하여 가장 효과적인 정책을 찾고 고객과 같은 정책 대상에 대한 통찰을 쌓아 나가는 것을 목표로 합니다.

의사 결정 예   ④ 평가와 개선

- 광고 정책 평가와 개선

  ✓ 20~30대 여성 구매자 비율이 높다는 것을 확인

  ✓ 젊은 여성을 대상으로 한 광고 정책 실시

  ✓ 가정한 대상 확보 상황, 비용 대 효과로 정책 평가

  ✓ 일부 광고 매체 효과가 안 좋았으므로 다음번 개선을 검토

- 재구매 고객 확보 정책 평가와 개선

  ✓ 연간 구매 금액이 많은 고객은 첫 번째 구매 후 90일 이내 재구매율이 높다는 것을 확인

  ✓ 첫 구매 고객의 2차 구매를 촉진하는 정책을 여러 번 실시

  ✓ 2차 구매로 이어졌는지를 평가하고, 이후 구매 상황도 확인

  ✓ 2차 구매로 이어진 고객과 그렇지 않은 고객의 차이를 기반으로 새로운 정책 검토

앞선 의사 결정 패턴에서는 다음과 같이 분석하고 정책 평가와 개선을 수

행하는 것이 일반적입니다.

- 정책 상세 평가: 목표나 정책의 목적을 비교하여 평가
  - ✓ 목표(KGI/KPI) 달성 상황 확인
  - ✓ 대상이 예상한 대로 반응했는지 확인
- 개선점 도출: 개선의 실현 가능성과 그 방법을 기반으로 판단
  - ✓ 목표와의 차이 정도에 따라 필요한 개선 규모를 이해
  - ✓ 개선에 필요한 규모를 누구에게, 어떻게 배치할 것인지 검토

4가지 분석 유형

앞선 절에서는 4가지 의사 결정 패턴이 있고, 각각에 대응하는 분석 내용도 다르다는 점을 살펴보았습니다. 이번 절에서는 4가지 분석 유형을 알아봅니다(그림 4.3.3).

그림 4.3.3 | 분석 유형

분석 목적	분석 유형	
사업 현황 파악 및 개선 지점 특정	① 현재 상황 진단형	KGI/KPI 수치와 추이를 파악하고, 비즈니스 상황을 진단한다.
	② 과제 특정형	사업·상품·장소 등으로 나누어 평가하고, 과제를 명확히 한다.
전략·정책 입안에 도움이 되는 특징 혹은 특성의 발견 및 검증	③ 특징·특성 탐색형	정책 성과나 고객 행동 등을 다양한 비교 기준으로 분석하고, 전략이나 정책 입안에 도움이 되는 특징·특성을 찾는다.
	④ 전략·정책 평가형	특징·특성을 기반으로 입안한 전략·정책이 예상했던 성과를 내는지 평가한다.

이들 분석 유형은 앞서 이야기한 의사 결정 패턴에 따라 다양하게 조합하여 이용합니다. 대시보드 상세 설계에서는 어떻게 의사 결정을 진행할 것인지와 해당 의사 결정에 필요한 분석 조합을 고려합니다. 이렇게 하면 대시보드 사용자가 데이터 분석의 가치를 느낄 수 있는 대시보드, 즉 '사용하는

대시보드'에 가까워질 수 있습니다.

● **현재 상황 진단형**

KGI나 KPI의 현재 상황을 확인하면 비즈니스 상태를 파악할 수 있습니다. 대시보드 분석 요건 중 반드시 분석해야 하는 유형입니다. 현재 값과 목표 값 비교, 현재와 과거 동일한 시기의 값 비교, 시계열로 본 KPI 추이를 통한 수치 트렌드 확인 등이 이에 해당합니다.

● **과제 특정형**

과제 특정형은 KGI나 KPI를 사업 단위나 매장 단위 등 업무로 구분하여 비교합니다. 예상한 대로 성과를 내는 사업, 그렇지 못한 사업, 매출이 높은 점포, 낮은 점포 등을 파악하면 비즈니스 성과 과제를 더욱 자세하게 분석할 수 있습니다.

● **특징·특성 탐색형**

대상의 특징이나 경향을 발견하기 위해 비교 기준이나 데이터 조회 조건을 변경해서 시행착오를 거쳐 집계 결과를 분석하고 해석합니다. 과제 특정형은 비즈니스 어디에 과제가 있는지를 분석하지만, 특징·특성 탐색형은 과제의 원인이나 구조를 드러내 이해하는 것이 목적입니다. 예를 들어, '쇼핑몰 사이트에서 상품을 구매하는 사용자는 그렇지 않은 사용자와 비교하여 특정 정보를 중심으로 쇼핑몰을 돌아다니는 경향이 있다.'라는 결과를 얻는 분석이 특징·특성 탐색형에 해당합니다.

특징·특성 탐색형에서는 데이터를 분석할 때 시행착오를 전제로 하므로 미리 분석 요건을 설계하는 대시보드와는 잘 어울리지 않습니다. 그러나 원인이나 구조를 발견할 수 있을 것으로 예상되는 비교 기준을 가설로 세우고 집계 조건이나 필터 조건을 추가할 수 있습니다. 대시보드 분석 요건 측면에서 볼 때도 탐색 요소를 추가하는 편이 분석 경험의 질이 좋아지므로(행동으로 이어지는 새로운 발견이 있을지도 모르므로) 가설을 추가할 여지는 없는지 검토하는 것이 좋습니다.

● 전략·정책 평가형

전략과 정책을 입안할 때 예상한 대로 결과를 얻었는지를 분명히 밝히는 분석이 전략·정책 평가형입니다. 성과를 측정하는 점에서 현재 상황 진단형과 비슷하나 평가 기준이 다릅니다. 현재 상황 진단형에서는 단순히 정책 전체를 평가하지만, 전략·정책 평가형 분석은 '이 상품을 구매한 대부분이 20~30대 여성이므로 여성을 타깃으로 하는 특집 페이지를 만들면 더 큰 반응을 얻을 것이다.'와 같이 고객에 대한 통찰에 따라 설계한 전략과 정책의 성과가 예상대로인지를 분석합니다.

이처럼 전략·정책 평가형 분석은 전략과 정책 설계와 함께 이루어집니다. 분석을 실시하는 팀과 전략과 정책을 설계하고 실행하는 팀이 협력 관계가 아니라면 PDCA 사이클*은 원활하게 작동하지 않습니다. 대시보드에 이런 유형의 분석 요건을 추가할 때는 전략과 정책을 설계하고 실행하는 팀의 요구도 확인하여 협력 체제를 강화할 수 있는 분석 설계나 대시보드 디자인을 주의 깊게 진행해야 합니다.

│ 대시보드 종류와 적절한 분석 유형

대시보드를 크게 '전체 요약 대시보드', '주제별 대시보드', '상세 분석 대시보드' 3가지로 나눌 수 있다는 것을 3장에서 다루었습니다. 대시보드의 요건에 따라 자세한 내용이 달라지므로 한마디로 정리할 수는 없지만, 대시보

---

* PDCA 사이클은 Plan(계획), Do(실행), Check(검토), Act(조치)의 네 가지 단계로 구성된 연속적인 개선 프로세스입니다. 이를 통해 지속적인 품질 향상 및 성과 개선을 이루기 위한 순환 활동이 이루어집니다.

드 종류에 따라 적절한 분석 유형이 있습니다. 이번 절에서는 종류마다 어떤 유형이 적절한지 알아봅니다(그림 4.3.4).

● 전체 요약 대시보드

　전체 요약 대시보드의 목적은 '기업이나 사업 전체의 KGI/KPI 확인'입니다. 그러므로 '현재 상황 진단형' 분석 유형이 적합합니다. KGI/KPI에 미치는 영향이 크거나 중요시하는 비교 기준(주요 사업별, 상품별, 고객 등급별 등)이 있으며 이 비교 기준 수치도 함께 확인하고 싶을 때는 '과제 특정형' 분석 유형을 이에 포함하기도 합니다.

그림 4.3.4 | 대시보드 종류와 적절한 분석 유형

	전체 요약 대시보드	주제별 대시보드	상세 분석 대시보드	애드혹 분석
현재 상황 진단형	◎	◎	△	☆
과제 특정형	△	○~◎	◎	☆
특징·특성 탐색형	×	△	○	☆
전략·정책 평가형	×	○	◎	☆

◎ : 상당히 잘 어울림　　△ : 그리 어울리지 않음
○ : 잘 어울림　　　　　　× : 어울리지 않음
☆ : 분석 요건에 따라 다양

● 주제별 대시보드

　주제별 대시보드는 전체 요약 대시보드와 상세 분석 대시보드의 중간이라 할 수 있습니다. '현재 상황 진단형'이나 '과제 특정형', '전략·정책 평가형' 분석 유형에 어울리며 폭넓은 분석 요건에 대응할 수 있는 대시보드입니다.

　단, '특징·특성 탐색형'은 다양한 지표나 비교 기준을 조합하여 분석해야 하므로 다음 설명할 상세 분석 대시보드 쪽이 더 어울립니다.

● 상세 분석 대시보드

상세 분석 대시보드는 2가지 유형이 있습니다.

첫 번째 유형에서는 주제별 대시보드로는 표시할 수 없는 세밀한 수준의 다양한 비교 기준이 있으므로 자세한 분석을 구현할 수 있습니다. 예를 들어, 매장이 수백 곳 이상이고 각 매장별로 매출을 분석해야 할 때 '과제 특정형' 상세 분석 대시보드를 구축합니다(그림 4.3.5).

그림 4.3.5 │ '과제 특정형' 상세 분석 대시보드의 예

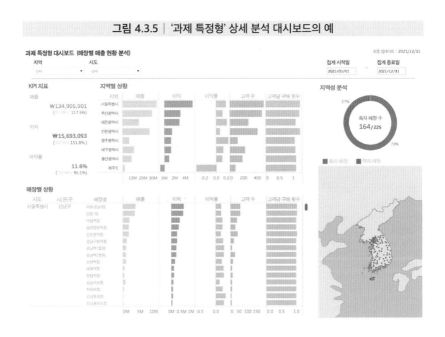

두 번째는 '특징·특성 탐색형', '전략·정책 평가형'을 중심으로 한 유형으로, 이는 여러 필터나 분석용 차트를 조합하여 더 자세하게 분석합니다. 분석하고자 하는 대상이나 그 내용에 따라 개별적인 대시보드를 만듭니다. 시행착오를 거쳐 탐색적으로 분석하고자 할 때, 즉 전략과 정책의 예상 대상, 성과별로 평가를 확인하고 싶을 때 진가를 발휘하는 대시보드입니다(그림 4.3.6).

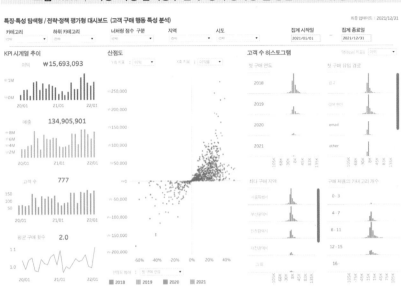

그림 4.3.6 │ '특징·특성 탐색형', '전략·정책 평가형'을 중심으로 한 유형의 예

● 애드혹 분석에 따른 보완도 예상할 것

3가지 서로 다른 대시보드를 조합하면 업무에서 원하는 분석 요건 상당수를 대시보드로 표현할 수는 있습니다. 그러나 '특징·특성 탐색형'처럼 여러가지 비교 기준을 조합하여 수행하는 탐색적 분석에서는 수많은 비교 기준 조합이 생기므로 분석에 사용할 항목 모두를 사전에 분석 요건으로 설계하기는 어렵습니다.

분석을 설계할 때는 생각할 수 있는 모든 분석 요건을 포함하는 것이 아니라 분석 빈도와 우선순위가 높은 것을 대시보드에 싣고 빈도와 우선순위 모두가 낮은 분석은 따로 분석(애드혹 분석)하도록 나누어야 합니다.

대시보드에 많은 분석 요건을 포함할수록 분석 내용은 충실해지나 동시에 대시보드에 꼭 실어야 하는 정보가 늘어납니다. 그 결과, 디자인이 복잡해져 사용하기에는 불편한 대시보드가 됩니다. 이처럼 **충실한 분석 내용과 사용의 편의성은 서로 상충 관계이므로 어떤 분석 요건을 대시보드에 실을 것인가는 설계자의 의사 결정을 통해 정해야 합니다.**

4.4
분석 설계를 위한 사고법

구체적인 분석 요건 사고법을 잘 몰라 대시보드 상세 설계서 작성을 망설이는 사람도 있을 겁니다. 이런 사람을 위해 이 절에서는 필자의 팀이 적용하는 분석 요건을 고려할 때 사용하는 3가지 사고법을 소개합니다.

① 원하는 비즈니스 성과와 의사 결정에 필요한 판단 자료를 기반으로 역추적
② 지표 검토
③ 비교 방법 검토

비즈니스 성과와 의사 결정에서 역추적하기

'비즈니스 성과와 의사 결정'은 각각의 분석 요건, 특히 비교 기준을 고려할 때 중요한 키워드이기도 합니다. 원하는 비즈니스 성과와 의사 결정에 필요한 판단 자료를 기반으로 역추적하는 설계를 고려하는 것은 대시보드 상세 설계의 모든 작업 중 가장 중요한 사고법입니다.

비즈니스 과제와 '질문'

전략이나 정책을 세우고 의사 결정을 내리는 이유 대부분은 비즈니스 성과를 최대화하기 위해서입니다. 그러려면 끊임없이 개선해야 합니다. 즉, 비즈니스 과제를 해결하고 비즈니스 상황이 이상적인 상태에 가까워지도록 하는 전략과 정책을 실시합니다.

과제라 해도 비즈니스 영향력이 큰 과제부터 작은 과제까지 다양하며 처음부터 과제로 인식하지 못하는 것도 있고 원인이 복잡하게 얽혀 미처 알아채지 못하는 숨겨진 과제도 있습니다. 이러한 과제들을 명확하게 파악하고 해결해야 하는 중요한 과제나 특정 과제를 찾기 위한 관점을 찾고 과제 해결을 위한 해결책을 찾아야 합니다. 이를 위해 데이터 분석을 수행합니다. 그

리고 '질문'이란, 이를 위해 실시하는 조사의 대상과 내용을 정의한 것입니다(그림 4.4.1).

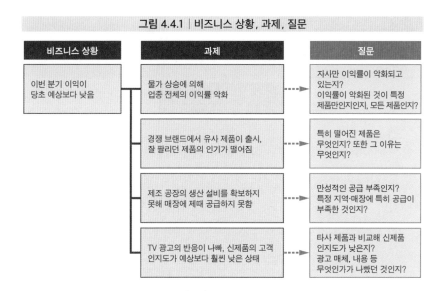

그림 4.4.1 | 비즈니스 상황, 과제, 질문

비즈니스 상황	과제	질문
이번 분기 이익이 당초 예상보다 낮음	물가 상승에 의해 업종 전체의 이익률 악화	자사만 이익률이 악화되고 있는지? 이익률이 악화된 것이 특정 제품만인지, 모든 제품인지?
	경쟁 브랜드에서 유사 제품이 출시, 잘 팔리던 제품의 인기가 떨어짐	특히 떨어진 제품은 무엇인지? 또한 그 이유는 무엇인지?
	제조 공장의 생산 설비를 확보하지 못해 매장에 제때 공급하지 못함	만성적인 공급 부족인지? 특정 지역·매장에 특히 공급이 부족한 것인지?
	TV 광고의 반응이 나빠, 신제품의 고객 인지도가 예상보다 훨씬 낮은 상태	타사 제품과 비교해 신제품 인지도가 낮은지? 광고 매체, 내용 등 무엇인가가 나빴던 것인지?

예를 들어, '이번 분기 이익이 예상보다 낮다.'라는 것은 비즈니스 상황입니다. 이와 달리 '물가 상승 때문에 업종 전체의 이익률이 떨어졌다.', '경쟁 브랜드에서 유사 제품이 출시되어 인기 상품의 인기가 떨어졌다.' 등 비즈니스 상황을 일으킨 이유가 과제입니다. 처음부터 과제를 아는 때는 드물므로 실무에서는 비즈니스 상황을 역추적하여 과제의 가설을 세웁니다.

그리고 가설로 세운 과제가 정말로 존재하는지 또는 비즈니스 상황에 영향을 끼치는 실제 과제는 무엇인지를 찾아야 합니다. 그러려면 가설 검증이나 과제 특정, 원인 특정 질문을 마련하고 데이터를 분석해야 합니다.

질문 예로는 '이익률이 떨어진 것은 특정 상품뿐인지 모든 상품인지?', '특히 더 떨어진 상품은 무엇인지? 그 이유는?' 등을 들 수 있습니다. 당장 해결해야 할 중요 과제와 그 원인을 밝히는 것이 의사 결정에 필요한 데이터 분석의 최종 목표입니다. 주의할 것은 과제가 너무 포괄적이면 올바른 질문을 설계하기 어려울 수 있습니다(그림 4.4.2).

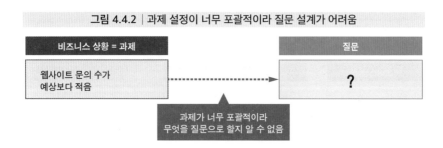

그림 4.4.2 │ 과제 설정이 너무 포괄적이라 질문 설계가 어려움

앞선 예에서는 과제를 '웹 사이트 문의 수가 예상보다 적음'이라 설정했습니다. 그러나 과제를 보는 관점이 너무 포괄적이라 현재 비즈니스 상황을 나타내기만 하므로 분석 설계로 이어지는 질문을 설정할 수 없습니다. 그러므로 그림 4.4.3처럼 과제를 원인 수준까지 분해해야 합니다.

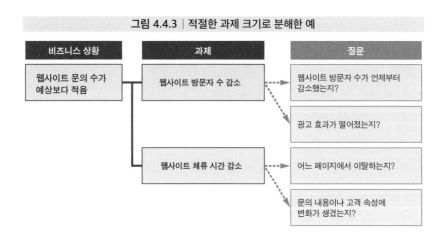

그림 4.4.3 │ 적절한 과제 크기로 분해한 예

대시보드 설계에서 과제와 질문 정리

지금까지는 일반적인 데이터 분석에서 본 비즈니스 상황, 과제, 질문의 위치와 관계를 알아보았습니다. 이는 대시보드 설계 관점에서 보더라도 달라지지 않을 겁니다.

데이터 분석은 지금 현실에서 일어나는 비즈니스 상황의 과제를 특정하고 이를 해결하고자 실시합니다(연구 목적으로 미래를 예측할 때는 제외). 이와 달리 대시보드 설계에서는 앞으로 일어날 과제를 특정하고 그 실태와 원인을 밝히고자 질문을 설정하고 분석 요건을 설계한다는 점에서 다릅니다.

질문을 정리할 때는 '이러한 점을 비교하고 분석할 수 있으면 앞으로 일어날 과제를 특정하거나 원인 분석에 도움이 되지 않을까?'라는 관점에서 떠오르는 대로 아이디어를 내고 분석 요건을 설계하는 것이 좋습니다.

분석 설계용 과제와 질문에 한정한다면 가정해야 하는 비즈니스 범위는 대시보드 목적 범위로 한정됩니다. 예로 쇼핑몰 사이트 매출 분석 대시보드라면 쇼핑몰 사이트의 비즈니스 상황에 한정되고 관련된 과제와 질문을 정합니다(그림 4.4.4).

그림 4.4.4 | 대시보드에는 앞으로의 예상 과제와 질문을 정리

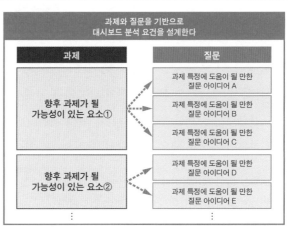

대시보드 분석 요건을 설계할 때 필요한 과제와 질문은 어떤 것이든 다 좋은 것은 아닙니다. 3장 대시보드 요구 사항과 요건 정리에서 설정한 대시보드 목적에 부합해야 합니다. 그러므로 분석 요건을 고려할 때는 3단계로 나누어 요건을 분해합니다.

① 대시보드 목적에 부합하는 과제 후보 고르기

② 이를 질문으로 다시 분해하기

③ 이를 다시 각각의 분석 요건으로 변환하기

그림 4.4.5 | 3가지 분해 작업을 거쳐 분석 요건을 조사

가설 사고를 통해 대시보드의 목적으로부터 분석 요건을 분해한다

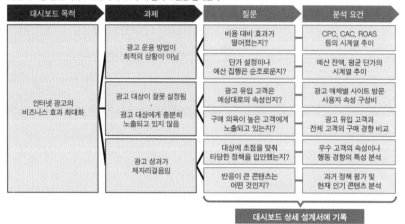

질문의 가설을 세울 때 중요한 점

질문의 질이 나쁘면 분석 요건이 과제의 본질에서 벗어납니다. 이러한 분석 요건으로는 중요한 통찰을 얻는 분석이 어렵습니다. 가치 있는 발견이 되도록 질문의 가설을 세울 때 중요한 점을 알아봅시다.

① 특징·특성 탐색형이나 전략·정책 평가형 분석을 소홀히 하지 않는다.

② 사건 뒤에 숨은 요인까지 고려하여 검토한다.

③ 현장 경험과 직감에 집착하지 않는다.

④ 다양한 관점에서 생각한다.

● 특징·특성 탐색형이나 전략·정책 평가형 분석을 소홀히 하지 않는다.

현재 상황 진단형이나 과제 특정형 분석은 현재 상황을 이해하는 데는 도움이 되나 원인을 특정하거나 구조 정리를 위한 분석이라는 측면에서 보면

분석 요건으로는 조금 부족한 면이 있습니다. 탐색적 분석도 포함하도록 대시보드를 검토하는 등 유연한 관점에서 분석 요건을 구성하도록 합시다.

● 사건 뒤에 숨은 요인까지 고려하여 검토한다.

과제가 생긴 원인에는 데이터를 얻을 수 있는 것과 그렇지 않은 것이 있습니다. 분석 요건을 설계할 때는 데이터 상황과 관계없이 사건 배경에 있는 요인 중 어떤 것이 있는지, 가장 영향을 끼치는 요소 또는 근본적인 요소는 무엇인지 등을 고려하여 봐야 할 지표나 비교 기준을 정합니다.

예를 들어, '지방 매장의 매출이 전년 대비 감소 추세이다.'라는 과제가 있다면, 이것이 인구 변동이나 도시 인프라 또는 기상과 같은 지역 변화가 원인인지, 아니면 지역 단위로 시행되는 정책이나 관리자의 방침 변경에 따른 것인지, 또는 경쟁 업체의 점유율이 그 지역에서만 급증했는지 등 다양한 원인을 떠올릴 수 있습니다. 이처럼 하나의 사건에서도 영향을 끼칠 수 있는 원인 후보는 다양합니다. 봐야 할 지표나 비교 기준을 고려할 때 이런 면을 고려하여 표면적인 상황뿐 아니라 그 뒤에 있는 원인이나 메커니즘을 파악하려는 자세가 필요합니다.

● 현장 경험과 직감에 집착하지 않는다.

경험이나 직감을 기반으로 봐야 할 지표나 비교 기준을 검토하는 것도 효과적인 수단입니다. 현장 경험이 많은 사람의 경험칙은 데이터 분석 결과와 크게 다르지 않을 때가 많습니다. 경험이나 직감도 현장에서 얻은 지식이므로 편견 없이 하나의 정보로 활용해야 합니다.

그러나 현장의 경험이나 직감에 집착하는 바람에 시야가 좁아져 유연하게 발상하지 못하는 일은 없었으면 합니다. 경험칙, 직감, 현장 감각 등은 분석 요건을 고려할 때 발상의 출발점이 되는 정보로 참고하되 너무 집착하지 않도록 적절하게 거리를 두도록 합시다.

● 다양한 관점에서 생각한다.

매일 데이터를 분석하다 보면 무의식적으로 가진 데이터나 회의에서 자주 화제가 되는 관심사 등에만 영향을 받아 사고 범위가 좁아져 한정된 시야로 바라보기 쉽습니다. 그리고 분석 요건을 고려할 때 이것이 발목을 잡아 자유로운 발상을 방해하기도 합니다.

매일매일의 사고 범위나 사고 과정에서 의식적으로 거리를 두어 중립적인 위치에서 자신의 생각이나 실시하는 정책, 비즈니스 상황을 다시 바라보면 지금까지 생각하지 못했던 방향에서 가설을 발견할 수 있습니다. 나름의 방법으로 정기적으로 백지상태에서 사고하는 습관을 기르면 다양한 관점에서 분석 기준을 바라보는 마음의 여유가 생긴다는 점, 꼭 명심하세요.

지표 검토

지금까지 원하는 비즈니스 성과와 의사 결정에 필요한 판단 자료에서 역추적하여 질문을 만드는 방법을 알아보았습니다. 이제는 질문에 필요한 분석을 실시할 때 이용할 지표 선정 방법을 설명합니다.

분석 요건 지표로는 KGI/KPI를 설정하는데, 이때 어디까지 넓고 깊게 KPI를 확인해야 하는지 망설이곤 합니다. 봐야 할 지표는 대시보드의 목적과 종류(전체 요약인지 주제별이나 상세 분석인지), 사용자에 따라 다릅니다. 여기서는 지표 선정 방법 2가지를 소개합니다.

① 구조를 정리하고 중요한 요소를 지표로 설정
② 상태나 행동 변화를 지표로 설정

● 구조를 정리하고 중요한 요소를 지표로 설정

3장에서도 살펴본 KPI 트리나 이 장에서 설명한 질문을 정리하고 그중 중요한 요소를 지표로 설정하는 방법입니다. KPI 트리는 KGI 달성에 필요한 여러 가지 지표이므로 여러 단계로 이루어진 KPI로 구성합니다(그림 4.4.6).

질문에 관해서는 비즈니스 상황, 이와 관련한 비즈니스 과제, 이 비즈니스 과제를 해결하기 위한 질문이라는 구조가 만들어집니다. 이후 구조를 정리하여 대시보드 목적에 맞는 중요 지표를 설정합니다(그림 4.4.7).

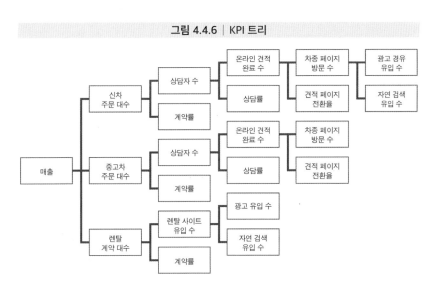

그림 4.4.6 | KPI 트리

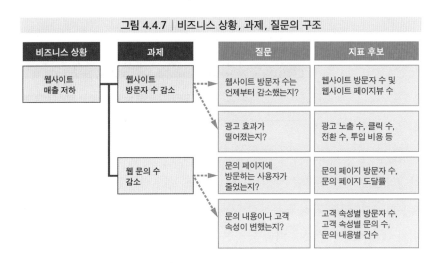

그림 4.4.7 | 비즈니스 상황, 과제, 질문의 구조

● 상태나 행동 변화를 지표로 설정

구매나 회원 등록 등 고객에게 바라는 최종 행동 달성 상황뿐 아니라 이에 이르는 과정도 함께 분석합니다.

예를 들어, 쇼핑몰 사이트의 상품 구매라면 '쇼핑몰 방문 → 상품 페이지 조회 → 장바구니 담기 → 결제 정보 입력 → 구매 완료'처럼 구매까지 행동 과정을 크게 5단계로 나눌 수 있습니다(그림 4.4.8). 사이트를 방문한 고객이 이 5단계 중 어디까지 도달하는지, 각 단계의 중지율이 어느 정도인지 등을 지표화하여 파악함으로써 상품 구매까지의 행동 과정에서 어디에 문제가 있는지를 알 수 있습니다.

그림 4.4.8 │ 행동 과정 지표화

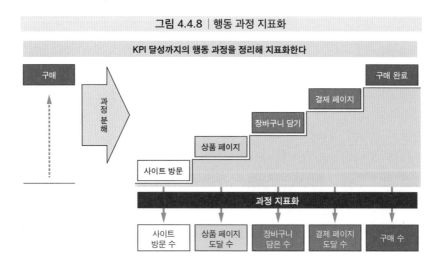

행동 과정을 지표화하여 전환 상황을 분석하면 웹상의 상품 구매 행동뿐 아니라 오프라인 행동인 매장 방문이나 제품 체험 행사 등 다양한 상황에서 유용합니다. 행동 과정을 분해할 때 주의해야 할 점은 가장 적절한 과정 단위가 대시보드의 주제에 따라 달라진다는 점입니다. 웹상의 행동에만 국한된 좁은 업무 영역을 주제로 한 대시보드라면 과정을 세분화하는 것이 좋습니다. 이와 달리 웹상의 행동뿐 아니라 오프라인 행동을 포함한 업무 영역을 알고자 할 때는 각 과정을 크게 나누는 편이 좋습니다. 과정이 많을수록 모든 값을 이해하고 분석하기가 어렵기 때문입니다. 중요한 요소로 범위를 좁혀야 사용자가 분석 결과를 활용하기 쉽습니다.

<u>분석에 사용할 지표를 선정할 때는 그 지표가 개선으로 이어지는 시사점을 드러내는지로 판단합니다.</u> 무턱대고 지표를 추가하는 것이 아니라 의사 결정으로 이어질 만한 지표를 추가하도록 합시다.

비교 방법 검토

매출이나 구매 횟수 합계 등 특정 사건의 값이나 빈도를 분석하는 것은 가장 기초적인 데이터 분석입니다. 대시보드의 목적에 따라서는 이러한 양을 비교하는 것만으로도 충분할 때가 많지만, 이에 더해 '1회당 구매 금액'이나 '구매 금액이 10만 원 이상인 비율'과 같이 행동의 성격이나 경향을 파악하는 데 도움이 되는 단위당 지표나 전체에서 차지하는 비율 지표가 있다면 더 자세하게 상황을 이해할 수 있습니다.

분석 요건을 설계할 때는 비교 기준 선정 못지않게 지표값 비교 방법 선정도 중요합니다. 필자의 팀에서는 수치를 분석할 때 그 값을 평가하고자 반드시 다른 값과 비교합니다. 예를 들어, 단순히 '월 매출이 1억 원이었다.'라는 사실만으로는 좋은지 나쁜지 판단할 수 없습니다. '전년 동월 매출은 8,000만 원이었지만, 이번 달 매출은 1억이었다.'와 같이 비교 기준과 함께 나타내야 비로소 이번 달 비즈니스 상황을 판단할 수 있습니다.

지표값 비교 방법과 그 특성을 이해하는 것은 가치 있는 분석을 설계하기 위해 꼭 필요합니다.

분석을 설계할 때는 데이터 분석 목적에 맞게 최적의 지표 비교 방법을 선택해야 합니다. 그럼 대표적인 지표 비교 방법을 알아봅시다(그림 4.4.9).

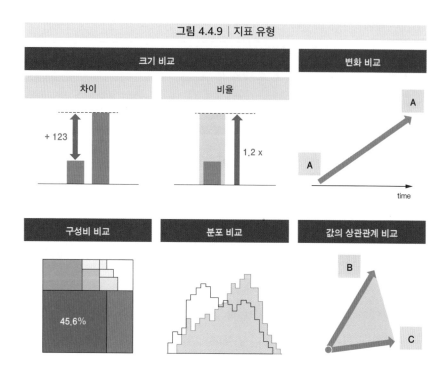

그림 4.4.9 | 지표 유형

● 크기 비교

2가지 값을 비교하면 그 값이 큰지 작은지를 알 수 있습니다. 크기 비교는 비교 방법 중 가장 일반적인 방법으로, 분석에 꼭 필요합니다. 많은 분석은 집계한 값이 큰지 작은지, 긴지 짧은지, 무거운지 가벼운지, 높은지 낮은지 등 비교 대상의 값을 평가하는 것에서 시작합니다.

크기를 비교할 때 지표는 목적에 따라 다음과 같이 다양하게 조합해 사용할 수 있습니다.

- 집계값 대 목푯값
  예: 2022년 매출액과 2022년 매출 목표액
- 집계값 대 기준이 되는 특정 기간의 집계값
  예: 2022년 12월 매출액과 2021년 12월 매출액

- 특정 속성을 가진 레코드의 집계값끼리
  예: 2022년 문구류 매출액과 2022년 가구 매출액

- 특정 속성이 있는 레코드의 집계값과 전체 레코드의 집계값
  예: 문구류 평균 매출액과 전체 상품의 평균 매출액

무엇이 최선의 비교 방법인지는 분석 요건에 따라 다릅니다. 주제가 되는 집계값을 어떻게 비교해야 분석 목표를 달성할지 시행착오를 거치며 비교 대상을 선택합시다.

● 크기 비교 계산 방법 ①: 차이

크기를 비교하는 계산 방법에는 차이와 비율 두 가지 종류가 있습니다. 먼저 차이를 알아봅시다. 차이는 예를 들어 목표에서 실적을 빼는 방법으로 계산한 것으로, 두 값 간의 차이를 이용한 분석으로 '매출 목표를 달성하려면 어느 정도 더 판매해야 하는가?', '상품 A의 매출은 다른 상품의 매출보다 어느 정도 많은가?'와 같이 값의 크기 차이를 수치로 비교하는 방법입니다(그림 4.4.10).

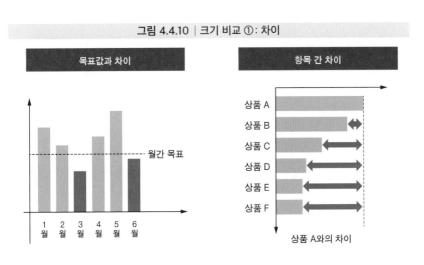

그림 4.4.10 | 크기 비교 ①: 차이

차이를 이용한 비교는 값의 차이 정도를 구체적인 숫자로 표현하므로 간

단하고 이해하기 쉬우며 직관적으로 알 수 있습니다. 이는 숫자로 사람의 행동을 변화시키는 측면에서 매우 중요합니다. 현장에서는 '매출 목표까지 앞으로 10% 부족하다.'보다는 '매출 목표까지 앞으로 3,000만 원 남았다.'라고 표현하는 편이 목표 달성까지 부족한 부분을 구체적으로 느끼게 합니다.

다양한 지표의 계산에서 대부분 숫자로 값을 비교하는 것은 이 비교 방법을 널리 사용하는 것은 물론, 알기 쉽게 전달할 수 있기 때문입니다. 분석 요건을 설계할 때도 먼저 값의 차이를 보는 것부터 시작하면 좋습니다. 다만, 제품이나 서비스 단가, 이익률, 1인당 월간 평균 매출액 등 다양한 지표가 있을 때 각 지표의 규모나 중요도를 이해하지 못하면 차이를 보더라도 어느 지표가 좋은지, 나쁜지를 판단하기 어렵습니다. 그러므로 지표 사이의 목표 달성 정도를 비교할 때나 사용자가 업무와 관련한 숫자 지표를 잘 이해하지 못할 때는 다음에 설명할 비율 비교가 적절합니다.

● 크기 비교 계산 방법 ②: 비율

비율이란 주제가 되는 집계값을 비교 대상의 집계값으로 나눈 값을 나타내며 비율을 이용한 분석은 비교 대상의 값에 대한 집계값의 비율로 평가하는 방법입니다(그림 4.4.11). 비율 비교는 차이 비교와 비교할 때 '지표 A는 목표 달성률이 12.3%이지만, 지표 B는 달성률이 56.7%이다.'처럼 백분율(또는 소수로 나타낸 0.57배와 같이)로 크기를 나타내므로 지표의 배경 지식이 없어도 간단하게 평가할 수 있습니다.

단위가 없는 단순 비율 비교이므로 '매출 달성률, 이익 달성률, 신규 회원 가입 달성률 중 달성률이 가장 높은 것은 어느 쪽인가?'처럼 지표 간 평가도 가능합니다.

그림 4.4.11 | 크기 비교 ②: 비율

목푯값과의 차이

지표 A
123,456원
달성률 : 12.3%

지표 B
12,345명
달성률 : 56.7%

지표에 대한 비율			
	방문자 수	구매자 수	구매율
상품 A	###	###	1.5%
상품 B	###	###	1.0%
상품 C	###	###	1.2%
상품 D	###	###	0.8%
상품 E	###	###	2.0%
상품 F	###	###	1.5%

● 변화 비교

　일별 매출액 추이처럼 지표값의 변화를 시간 경과에 따라 비교하는 방법입니다(그림 4.4.12). 지표값의 추이를 확인하면서 값이 어떻게 변했는지, 현재는 상승 추세인지 감소 추세인지, 지금부터 어떻게 전개될지 등 더 자세하게 상황을 이해할 수 있습니다. 이러한 시계열 추이를 이용한 비교는 대시보드에서도 자주 사용하는 방법입니다.

　변화 비교의 특별한 방법으로는 주기에 따른 비교가 있습니다. '요일별 평균 매출액 비교'나 '시간대별 고객 수 비교'처럼 반복되는 시간을 기준으로 비교하여 주기성을 발견하여 정책을 세우는 일반적인 분석 요건입니다. 예를 들어, '수요일은 다른 요일보다 고객 수가 적은 경향이 있으므로 서비스 날로 지정하여 할인 가격으로 제품을 제공하자.'와 같은 정책을 흔히 볼 수 있습니다.

그림 4.4.12 | 변화 비교

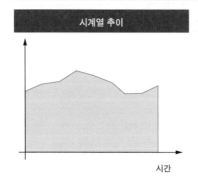

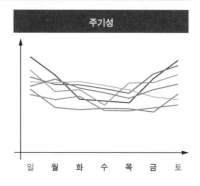

● 구성비 비교

지표 합계에 대해 비교 축마다 값이 어느 정도 비율인지를 구성비로 계산하여 비교하는 방법입니다(그림 4.4.13). 예를 들어, '도서 전체 매출액 대비 비즈니스 도서의 매출 비율은 30%이다.'처럼 특정 부분을 축으로 하여 계산한 집계값이 전체와 비교하여 어느 정도 점유율인지를 알고자 할 때 이 비교 방법을 선택합니다.

전체와 비교한 구성비는 '매출에 대해 각 제품 카테고리가 어느 정도 팔리는지?'나 '여러 광고 매체 중 문의가 많은 것은 무엇인지?'와 같이 어떤 지표의 합계를 결과라 할 때 그 값이 생긴 원인을 추적하기 위해 자주 사용합니다.

집계값 합계를 비교 축에 따라 분해하고 비교 축의 각 부분마다 내용을 확인하면 성과가 없는 정책의 개선을 검토하거나 매출에 가장 도움이 되는 정책에 비용을 더 많이 배분하는 등 정책 개선 아이디어를 얻을 수 있습니다.

그림 4.4.13 | 구성비 비교

전체에서 차지하는 구성비

상품 D
35%

상품 A
40%

상품 B
15%

상품 C
10%

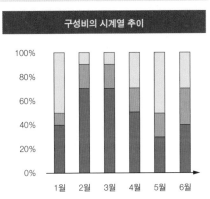

구성비의 시계열 추이

그 밖의 비교 방법

지금까지 소개한 값의 비교 방법으로 가장 일반적인 '크기 비교', '변화 비교', '구성비 비교'를 알아 보았습니다. 이 세 가지 비교 방법을 기반으로 분석 요건을 검토하면 대부분의 분석 요건을 설계할 수 있습니다. 먼저 이 세 가지 관점으로 분석 내용을 바라보고 분석 요건을 설계해 보세요.

지표 비교 방법에는 이 밖에도 다음에 설명할 '분포 비교'와 '값의 상관관계 비교'가 있습니다. 분석 요건으로는 잘 선택하지 않지만, 앞서 이야기한 세 가지 방법을 보완하는 데 도움이 되는 비교 방법입니다.

● 분포 비교

'구매 금액별 고객 수 분포'처럼 어느 정도 분산되었는지를 비교하는 방법입니다. 값의 분포를 보면 합계나 평균과 같이 집계한 정보로는 볼 수 없었던 고객층을 발견하거나 사건의 특성을 알 수 있습니다(그림 4.4.14).

'구매 금액별 고객 수 분포'처럼 숫자 값 크기로 데이터를 분할하는 분석 외에도 '성별 연령별 고객 수'처럼 속성으로 데이터를 분할하여 분포를 비교하는 경우도 있습니다.

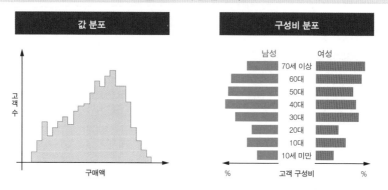

그림 4.4.14 | 값 분포 비교

• 값의 상관관계 비교

산포도를 사용하여 두 가지 지표값으로 데이터를 비교하는 방법입니다. 예를 들어, '기업의 업종별 상담률과 계약률'을 비교합니다(그림 4.4.15).

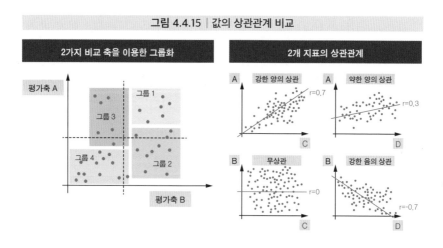

그림 4.4.15 | 값의 상관관계 비교

값의 상관관계를 비교하면 2가지를 발견할 수 있습니다.

첫 번째는 특징이 있는 그룹의 발견입니다. 예를 들어, 비교 축으로 나눈 대상 중 '상담률, 계약률 모두 높은 그룹'이나 '상담률은 높으나 계약률은 낮은 그룹'처럼 2가지 지표값을 비교하여 흥미로운 그룹을 발견할 수도 있습니다.

두 번째는 지표 간의 상호관계를 찾을 수 있습니다. 예를 들어 '고객별 연간 상품 구매 금액과 방문 횟수'와 같이 개별 고객의 구매 금액과 방문 횟수를 비교함으로써 '방문 횟수가 많은 고객일수록 연간 구매 금액이 크다.'와 같은 상관관계를 파악할 수 있습니다. 이러한 상관관계 비교를 통해 고객 행동 경향을 이해할 수 있다는 것도 상관관계 비교의 강점입니다.

| 분석 설계 시 주의점

분석 설계 시의 사고법 설명 마지막으로, 분석 설계 과정에서 조심해야 할 점을 알아봅니다.

● 대시보드 사용자를 배려한 설계

이 장에서 설명하는 대시보드 상세 설계 방법은 조직, 사용자, 비즈니스, 사업 내용 등을 이해하고 있는 것을 전제로 합니다. 충분한 이해가 있기 때문에 사용자에게 적합한 분석 요건을 설계할 수 있으며 사용하는 대시보드를 만들 수 있습니다. 이 전제 조건은 분석 기술이나 BI 도구에 대한 지식이 아무리 많더라도 변하지 않습니다.

대시보드 상세 설계를 담당하는 사람은 주로 데이터 분석가나 데이터 엔지니어 등 전문직에 속하는 사람이 많을 것입니다. 그러다 보니 전문 지식이나 기술에 더 신경을 쓰게 되고 대시보드 사용자가 아닌 데이터 자체나 설계자가 시도하고 싶은 분석 기법을 중심으로 설계하는 경향이 있습니다. 대시보드 프로젝트의 주역은 설계자도 구축자도 아닌 대시보드 사용자임을 잊어서는 안 됩니다.

● 처음부터 완벽한 설계를 목표로 하지 말 것

처음부터 완벽한 대시보드를 만들고자 설계서를 만드는 데 너무 많은 시간을 들이는 일은 없도록 합시다. 7장에서 설명할 테지만, 대시보드 프로젝트는 구축이 목표가 아니라 운용이 목표입니다. 부족한 분석 요건이 있다면 나중에 추가하면 됩니다.

설계자 혼자서 설계서 전부를 작성하지 않아도 됩니다. 주요한 분석 요건을 설계했다면 먼저 대시보드의 사용자를 포함하여 프로젝트 관계자와 공유하고 의견을 교환하면서 다듬도록 합시다.

이렇게 반복하여 설계서를 개선하고 다듬으면서 조금씩 분석 요건을 구체화하는 것이 진행에 도움도 되며, 설계서의 품질도 높아집니다.

● **모든 분석을 대시보드 안에서 완결하려 하지 말 것**

수집한 데이터는 일부 사건만을 기록한 것으로, 반드시 완벽한 데이터라고는 할 수 없습니다. 그러므로 수집한 데이터로 모든 내용을 이해할 수 있다고 생각해서는 안 됩니다. 또한, 대시보드가 있다고 해서 업무에 필요한 모든 것을 분석할 수 있다고 대시보드의 가치를 과대평가해서도 안 됩니다. 앞서도 이야기한 것처럼 분석할 수 있는 것이 늘어날수록 사용하기는 어려워집니다.

대시보드 상에서 분석한 것과 개별적인 애드혹 분석 모두 각각 장단점이 있습니다. 모든 분석을 대시보드로 끝내려 하면 어디선가 무리한 설정이 필요하고 사용하기도 불편해집니다. 여기까지는 대시보드를 이용하고 여기부터는 개별 애드혹 분석을 활용하는 것처럼 미리 분석 요건을 심사숙고하여 적절한 선을 긋도록 합시다.

4.5
분석 설계를 위한 데이터 조사

데이터 조사란?

지금까지는 대시보드 상세 설계를 알아봤습니다. 이 장 마지막으로 데이터 조사를 살펴봅니다. 페이지에 제약이 있으므로 요점만 간추려 설명하겠습니다.

데이터 조사란 데이터의 명세와 특징을 조사하여 분석 요건의 시각화 가능성을 판단하고 대시보드 구축에 필요한 데이터 처리(접속, 가공, 집계) 공정이 어느 정도 필요한지 검토하는 것을 말합니다.

자사 데이터를 분석하는 사람은 평소 분석 업무를 통해 데이터 조사를 이미 해봤을 것입니다. 또한, 필자의 팀처럼 고객을 대상으로 서비스를 제공하는 기업에서는 대시보드 구축이나 개별 주제에 맞춘 데이터 분석을 시작하기 전에 데이터 조사를 수행할 것입니다. 이런 분들에게도 참고가 되기를 바랍니다.

데이터 조사의 장점

데이터 조사의 장점으로는 3가지를 들 수 있습니다.

첫 번째는 사용할 데이터를 기반으로 실현 가능한 설계 내용이 된다는 점입니다. 다음과 같은 내용을 알 수 있습니다.

- 데이터가 있는가: 데이터가 없다면 만들 수 없음
- 데이터가 정확한가: 데이터가 올바르지 않다면 오해가 생김
- 사용 허가나 환경 설정 등의 처리가 필요한가: 사용할 수 없다면 만들 수 없음

분석 요건을 설계하기 전에 데이터 개요나 사용 여부만이라도 알 수 있다면 다시 설계하는 번거로움을 피할 수 있습니다.

두 번째는 데이터 과제가 명확해지면 대시보드 상세 설계를 기다리지 않고도 동시에 데이터 수집이나 처리를 병행할 수 있다는 점입니다. 부족한 데이터가 있다면 사내 어딘가에 해당 데이터가 있는지 조사하고 필요에 따라 수집을 검토할 수 있습니다. 6장에서 설명하겠지만, 대시보드에 사용할 데이터를 미리 정비해 두면 대시보드 설계와 동시에 데이터 준비 작업을 진행할 수 있습니다.

세 번째는 데이터나 관련 업무에 대한 이해도가 높아질수록 업무에 더 잘 맞는 대시보드를 설계할 수 있습니다. 직접 사용할 목적으로 분석하는 사람은 데이터 조사 단계가 없어도 평소 업무를 통해 데이터나 관련 업무에 대한 이해도가 높을 것입니다. 그러나 필자처럼 고객에게 서비스를 제공하는 경우, 다양한 데이터나 주제에 대한 지원 경험은 풍부해도 업무 내용 상세는 프로젝트를 시작하고 나서야 알게 되는 경우가 많습니다. 그러므로 비즈니스와 데이터 이해도를 높이기 위해 데이터를 조사하는 것이 효과적입니다.

데이터 조사 내용

지금부터는 구체적인 데이터 조사 방법을 알아봅니다. 데이터 조사에는 3개 계층이 있습니다.

① 데이터 소스 수준 조사
② 테이블 수준 조사
③ 칼럼 수준 조사

데이터 소스 수준 조사로 업무와 관련한 데이터 전체 모습을 이해하고 테이블 수준 조사로 각 테이블 명세를 자세히 알아봅니다. 마지막으로 테이블의 칼럼 수준 조사로 테이블에 기록된 레코드의 세부 항목을 확인합니다. 이처럼 전체에서 부분 순으로 나누어 조사를 진행합니다(그림 4.5.1).

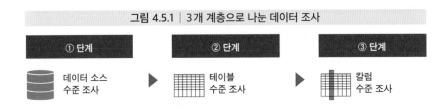

그림 4.5.1 | 3개 계층으로 나눈 데이터 조사

데이터는 대시보드뿐 아니라 개별 주제에 따른 분석, 정책 실행을 위한 데이터 관리 등의 용도로도 사용하므로 전체 관리라는 관점에서 평소에 조사하고 정비하는 것이 좋습니다. 이 책에서는 데이터 관리를 자세하게 설명하지는 않으므로 흥미가 있다면 데이터 관리 관련 서적을 참고하세요. 여기서는 대시보드 프로젝트를 진행할 때 필자의 팀이 주로 진행하는 과정을 소개합니다. 필자의 팀은 대시보드 프로젝트 이외에도 참여하고 있으므로 데이터 조사는 전체 관리 관점에서 실시할 때가 흔합니다. 그러므로 이 책에서는 대시보드 관련 부분만 알아봅니다.

데이터 소스 수준 조사

먼저 보유한 데이터 소스에는 어떤 것이 있는지를 정리합니다(그림 4.5.2, 그림 4.5.3). 필요에 따라 관련된 다른 부서의 관계자도 참여할 수 있습니다. 대시보드와 관련된 데이터에는 어떤 것이 있는지, 사용할 수는 있는지 등을 알면 사용할 수 있는 데이터 소스인지를 판단할 수 있습니다.

그림 4.5.2 │ 데이터 소스의 전체 모습

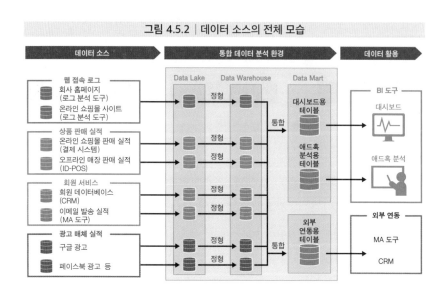

그림 4.5.3 │ 데이터 소스 수준 조사표의 조사 항목

항목	내용	기록 예
① 데이터 소스 이름	데이터 소스 이름	○○ 서비스 웹 접속 로그
② 제공하는 데이터 개요	데이터 소스가 제공하는 데이터 개요	사용자별 웹 사이트 열람 이력 또는 링크 클릭, 페이지 스크롤 등의 화면 조작 행동 이력
③ 데이터를 제공하는 곳	기간 시스템이나 외부 서비스 등 데이터를 제공하는 곳의 정보	○○ 서비스
④ 데이터 기록 시작 일	최대 언제까지의 데이터를 제공할 수 있는지?	2022년 5월 3일
⑤ 데이터 이용 가능 여부 (BI 도구 접속 가능 여부)	BI 도구가 데이터를 자동으로 참조하고 최신 데이터로 업데이트하는 기능이 있는지?	가능 데이터 연동에는 API 키 발행이 필수 관리 부문에 ○○ 서비스 계정 발행 의뢰
⑥ 관리 부문(관리자)	데이터 소스를 제공하는 곳의 시스템, 서비스 관리와 이를 운용하는 부서나 담당자 정보	IT 사업부문 운용자: ○○
⑦ 명세서 위치	데이터 소스가 제공하는 데이터 명세나 제공하는 곳의 서비스 기능 상세를 기록한 자료가 있는지?	수집한 커스텀 이벤트 목록 https://...... 데이터 관계는 다음을 참조 https://......

또한, 해당 데이터가 어떤 방법으로 언제부터 만들어졌는지를 알아 두면 '영업 담당자의 수작업 입력이 중심으로, 각각의 정의가 다르고 정밀도가 부족할 수도 있다', '최근 데이터만 입력되었을 수 있다'와 같은 내용을 알 수 있으므로 사용해야 할 데이터가 어떤지도 판단할 수 있습니다.

모든 사람이 사용하려는 데이터에 대해 전부를 알고 있는 것은 아닙니다. 해당 데이터에 관해 문의할 수 있는 사람이나 데이터의 상세한 내용을 알 수 있는 문서가 있는지 확인합시다.

테이블 수준 조사

데이터 소스 수준 조사 다음은 테이블 수준 조사로 넘어갑니다. 대시보드로 이용할 가능성이 큰 데이터 소스를 골라 테이블을 조사합니다.

테이블 수준 조사를 통해 데이터 소스에 포함된 테이블을 목록으로 만듭니다. 여기서는 그림 4.5.4의 테이블 수준 조사표 중 ③~⑩ 항목을 설명합니다.

그림 4.5.4 | 테이블 수준 조사표

항목	내용	기록 예
① 데이터 소스 이름	데이터 소스 이름	○○ 서비스 웹 접속 로그
② 테이블 이름	데이터 소스가 제공하는 테이블 이름	web_traffic_by_user (사용자별 웹 페이지 방문 로그)
③ 테이블 유형	이력을 기록한 테이블(트랜잭션 데이터) 또는 트랜잭션 데이터에 추가 정보를 더한 테이블(마스터 테이블)	트랜잭션 데이터
④ 고유 키	레코드 1줄 1줄의 값이 다르다(=고유하다)는 조건을 시스템 차원에서 만족하는 칼럼	pageview_id
⑤ 데이터 기록 시작일	최대 언제 데이터까지 거슬러 올라 레코드를 제공할 수 있는지?	2016년 5월 3일
⑥ 레코드 전체 수	현 시점의 전체 레코드 수	2,600만 줄
⑦ 1개월간 레코드 추가	1달 동안 새로이 기록한 레코드 수	50만 줄/월

⑧ 업데이트 빈도	데이터 소스 데이터 업데이트 빈도 데이터베이스로 데이터를 모을 때는 데이터베이스 데이터 업데이트 빈도	매일 (오전 2시 업데이트)
⑨ 업데이트 방법	데이터 업데이트는 자동인지 수동 인지?	자동 업데이트 (증분 업데이트)
⑩ 레코드 생성 조건	테이블 레코드가 새롭게 만들어진 상황을 설명	웹 사이트 페이지를 방 문할 때 자동으로 기록

● ③ 테이블 유형

테이블이 트랜잭션 데이터인지 마스터 데이터인지 등의 테이블 유형 정보
입니다.

- 트랜잭션 데이터: 그때마다 이벤트를 기록한 데이터

  예: 웹 페이지 방문 이력, 상품 구매 이력, 날씨 등
- 마스터 데이터: 고유 키로 테이블에 있는 레코드를 구분할 수 있어 트랜잭션 데이
  터에 추가 정보로 연결할 수 있는 데이터

  예: 회원 정보, 웹 페이지 콘텐츠 정보, 상품 정보 등

예를 들어, 트랜잭션 데이터인 상품 구매 이력에는 상품 ID만 있고 상품
이름은 없을 때가 있습니다. 상품별로 분석을 원하거나 상품 이름을 알고 싶
다면 마스터 데이터와 연결해야 합니다. 대시보드에서 원하는 결과를 얻기
위해 사용할 테이블을 선택하고 테이블 사이의 관계를 정리합시다.

● ④ 고유 키

각 테이블의 고유 키 정보입니다. 고유 키란 해당 테이블의 각 레코드를 특
정할 수 있는 유일한 값이 있는 칼럼입니다. 예를 들어, 회원 등록 이력이라
면 고객 ID, 상품 구매 이력이라면 결제 번호 등이 고유 키가 됩니다.

데이터 마트 작성 과정에서 테이블 집계를 처리할 때는 고유 키를 염두에
두고 집계 처리 내용을 설계할 때가 일반적입니다. 그러므로 데이터 조사 항

목에 포함합니다.

● ⑤ 데이터 기록 시작일

데이터 소스 수준의 조사에서는 데이터 기록이 시작된 시기를 조사하지만, 실제로는 테이블별로 시작 시기가 다를 수 있습니다. 그러므로 테이블 수준에서도 시작 시기를 조사합니다.

● ⑥ 레코드 전체 수, ⑦ 1개월간 레코드 추가

테이블의 데이터양, 특히 레코드 수는 데이터 마트의 구조나 대시보드 설계에 많은 영향을 미칩니다. 모처럼 대시보드를 구축했더라도 데이터 양이 너무 많아 차트를 그리는 데 긴 시간이 걸릴 수 있습니다.

사용자가 인터넷상의 클라우드 환경에서 대시보드를 이용할 때는 클라우드 환경의 서버 성능에 따라 대시보드의 처리 능력이 달라집니다. 서버에 많은 비용을 투자할 수 있는 기업을 제외하면, 대부분의 경우 개인당 제공되는 처리 능력은 그리 크지 않습니다.

이러한 이유로 대시보드 상세 설계나 데이터 마트 설계에서 테이블 데이터 양은 중요한 정보입니다. 레코드 수가 과제가 될 경우, 데이터 마트를 구축할 때 데이터를 줄이는 방법을 고려합니다(특정 조건을 만족하는 레코드만 고르거나, 레코드 정보 세분화, 테이블 분할 등). 또한, 이에 따라 대시보드의 요건을 변경해야 할 수도 있습니다. 자세한 내용은 6장에서 살펴봅니다.

● ⑧ 업데이트 빈도, ⑨ 업데이트 방법, ⑩ 레코드 생성 조건

테이블 업데이트 빈도나 레코드를 생성한 조건에 대한 정보입니다. 실시간이나 날마다 업데이트한다면 매일 최신 데이터를 대시보드와 연동할 수 있습니다. 매주 업데이트라면 대시보드 업데이트가 아무리 빨라도 주 단위입니다. 이용할 수 있는 데이터의 업데이트 빈도와 대시보드의 요건이 서로 맞는지 확인합시다.

또한, 테이블 업데이트 방법도 정리하는 것이 좋습니다. 예를 들어, 최신 데이터에 모든 레코드를 업데이트하는 테이블이 있을 때 과거 데이터를 별도 저장하지 않으면 변화를 추적할 수 없습니다. 데이터의 용도나 사용자는 다양하므로 대시보드 사용 사례를 모두 가정하여 데이터를 관리하기는 어렵습니다. 그러므로 대시보드 프로젝트에 최적인 데이터를 준비해야 합니다.

데이터 생성 조건 정보를 정리할 때는 '누가, 어디서, 어떤 상황에서, 어떤 행동을 하면 레코드가 기록되는지?'를 머릿속에 두고 기록하면 도움이 됩니다. 예를 들어, '쇼핑몰 사이트를 방문한 고객이(누가) 상품 상세 페이지에서 (어디서) 장바구니 담기 버튼을 클릭했을 때(어떤 상황에서, 어떤 행동을) 레코드가 생성된다.'처럼 포괄적으로 정리하면 해당 테이블을 잘 모르는 프로젝트 구성원이라도 큰 어려움 없이 이해할 수 있습니다.

칼럼 수준 조사

마지막으로 칼럼 수준에서 조사합니다. 테이블은 행과 열로 구성되는데, 칼럼은 열을 가리킵니다. 칼럼 수준 조사에서는 크게 나눠 다음 두 종류의 조사를 진행합니다.

① 테이블별 칼럼 목록
② 각 칼럼의 값 목록

어떤 칼럼으로 테이블이 구성되어 있는지 조사하면 테이블 내용을 자세하게 이해할 수 있습니다. 직접 모든 칼럼을 확인하기는 어려우나 정리한 칼럼 목록으로 구성 정도는 알아 두도록 합시다(그림 4.5.5). 다음은 데이터 유형이 숫자와 문자열인 칼럼과 결손값(NULL)을 설명합니다.

그림 4.5.5 | 칼럼 수준 조사표

항목	내용	기록 예
① 데이터 소스 이름	데이터 소스 이름	○○ 서비스 웹 접속 로그
② 테이블 이름	데이터 소스가 제공하는 테이블 이름	web_traffic_by_user (사용자별 웹 페이지 조회 로그)
③ 칼럼 이름	칼럼 이름	page_title (페이지 제목)
④ 데이터 유형	숫자형, 문자형, 날짜형 중 어느 것인지?	숫자(상수)
⑤ 값의 특성	(데이터 유형이 숫자일 때) 최댓값, 최솟값, 중앙값	최대: 10. 최소: 1, 중앙값: 2.1
	(데이터 유형이 문자열일 때) 문자열 종류	252가지
⑥ 결손값 비율	모든 레코드 중 칼럼에 값이 없는 레코드 비율	4.30%

● 데이터 유형이 숫자일 때

데이터 유형이 숫자인 것으로는 KGI, KPI, 주요 모니터링 지표의 칼럼을 들 수 있습니다. 이럴 때는 칼럼의 값 분포 정보인 최댓값, 최솟값, 중앙값을 조사합니다. 이상값은 없는지, 숫자의 값 단위는 무엇인지(표시할 자릿수 설정 때문에 1,000을 1로 기록하지는 않았는지) 등도 확인합니다.

한편, 분류 정보 등을 숫자 형태의 코드로 기록한 칼럼이 있습니다. 코드란 상품 카테고리 정보를 '1=문구, 2=서적, 3=완구'처럼 숫자 등의 대신하는 값으로 기록한 정보를 말합니다. 이때는 데이터 유형은 숫자이나 최댓값 등의 분포 정보는 계산할 수 없으므로 확인하지 않아도 됩니다. 그 대신 코드가 어떤 뜻인지는 알아야 합니다.

● 데이터 유형이 문자열일 때

데이터 분석에서 문자열 칼럼 대부분은 집계 결과를 비교하는 비교 기준이 될 수 있습니다. 예를 들어, 문자열 칼럼에 기업 이름이나 주소가 있다고 합시다. 이 개수를 세면 기업 수나 해당 기업의 소재지가 얼마나 다양한지를 알 수 있습니다. 그러나 기업별로 자세한 정보라면 괜찮으나 업종별이나 기업 규모별, 소재지별 등으로 알고 싶다면 칼럼에 입력된 정보 그대로로는 사용할 수 없을 것입니다.

그러므로 분석할 때 비교 기준이 되는 정보의 정밀도는 꼭 알아야 합니다. 예를 들어, 테이블 칼럼이 자세한 주소 정보라면 테이블을 가공하거나 BI 도구로 값을 조작하여 지역이나 시도 정보만 별도로 추출해야 합니다.

어떤 방법으로 데이터를 가공하든 먼저 데이터 분석 목적에 맞는 정보 정밀도인지 데이터 가공의 필요성부터 확인합니다.

● **결손값 비율**

칼럼 수준 조사의 마지막 항목은 결손값 비율입니다. 결손값이란 다양한 이유로 칼럼에 값을 기록하지 못할 때 입력된 값으로, NULL처럼 특수한 값이나 문자열이라면 ''와 같은 공백일 때가 많습니다. 결손값 비율이란 전체 레코드 중 결손값이 어느 정도 있는지를 나타냅니다.

분석에 이용할 수 있는 칼럼이라 하더라도 결손값 비율이 너무 높으면 사용하기가 어려운 경우가 많습니다. 사용할지 안 할지는 테이블 레코드 수나 분석 목적에 따라 다르므로 그때그때 판단해야 하지만, 결손값 비율을 확인하지 않고 모든 칼럼에 값이 있다고 가정하는 것은 위험합니다. 분석하려 할 때 레코드를 보니 그때서야 대부분 결손값이었음을 아는 일이 생기지 않도록 미리 확인하는 것이 좋습니다.

5장

대시보드 디자인

5

5.1
대시보드 디자인 개요와 전체 모습

이 장에서 살펴볼 내용

대시보드 설계는 크게 '대시보드 분석 설계'와 '대시보드 디자인' 등 2가지 공정으로 나눌 수 있으며 전자는 4장에서 살펴보았습니다(그림 5.1.1). 이 장에서는 '대시보드 디자인'에 대해 다음 5가지를 알아봅니다.

① 대시보드 디자인의 특징과 작업 단계
② 템플릿 디자인
③ 레이아웃 디자인
④ 차트 디자인
⑤ 상호작용 기능 디자인

그림 5.1.1 | 대시보드 구축 프로젝트의 전체 모습(재게재)

대시보드 디자인의 특징

최근 데이터 시각화 관련 서적이 출간되어 많은 사람이 데이터 시각화라는 말을 사용하게 되었습니다. 여러분 중에도 대시보드를 구축할 때 차트 디자인에 신경 쓰는 사람이 많을 겁니다.

데이터 시각화에서 중요한 점은 '데이터를 보는 사람이 표시된 데이터를 올바르게 읽을 수 있는 디자인일 것'입니다. 그러려면 가장 적절한 전달 방법(차트 종류, 색 선택, 글자 크기, 이해하는 데 방해가 될 만한 쓸데없는 장식 없애기 등)을 골라야 합니다. 지면 사정으로 이 책에서는 데이터 시각화 내용은 필요한 부분만 다루도록 합니다. 데이터 시각화에 흥미가 있다면 관련 서적을 참고하세요.

대시보드 역시 데이터 시각화이므로 앞서 이야기한 내용은 공통으로 중요합니다. 대시보드 특유의 요소로는 다음 2가지를 들 수 있습니다.

- 대시보드는 여러 개의 차트로 구성된다.
- 대시보드는 상호작용(동적)한다.

● 대시보드는 여러 개의 차트로 구성된다.

대시보드는 대부분 여러 개의 차트로 구성됩니다. 그러므로 대시보드 디자인에서는 각 차트의 디자인(차트 종류, 크기, 데이터 정밀도 등)뿐 아니라 차트 배치(보일 순서나 차트 사이의 관련성을 드러내는 배열 방법 등)와 같이 다른 차트와의 균형을 생각해야 합니다. 이와 함께 여러 개의 차트를 조합한 '차트 모음' 디자인, 완성할 대시보드 전체 디자인도 고려해야 합니다.

● 대시보드는 상호작용(동적)한다.

대시보드에서는 집계 대상 데이터를 사용자가 원하는 조건으로 조회할 수 있는 필터나 막대그래프 일부나 산점도의 점 등 특정 조건을 만족하는 항목을 강조하는 기능을 이용하여 사용자가 집계 결과나 차트에 그릴 내용을 직접 조작할 수 있습니다(그림 5.1.2). 이 기능을 효과적으로 활용하는 데 필요한 필터나 버튼 디자인 등도 대시보드 디자인에 포함합니다.

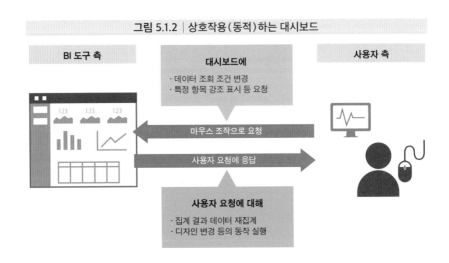

그림 5.1.2 │ 상호작용(동적)하는 대시보드

BI 도구 측

대시보드에
· 데이터 조회 조건 변경
· 특정 항목 강조 표시 등 요청

사용자 측

마우스 조작으로 요청

사용자 요청에 응답

사용자 요청에 대해
· 집계 결과 데이터 재집계
· 디자인 변경 등의 동작 실행

대시보드 디자인의 작업 단계

'데이터를 보는 사람이 표시된 데이터를 올바르게 읽을 수 있는' 대시보드 디자인이란 어떤 상태를 말하는 걸까요? 주요한 4가지를 그림 5.1.3으로 정리했습니다. 또한, 목표 상태를 수행해야 하는 작업 단계도 4가지입니다.

다음 절부터는 작업 단계에 따라 각각 설명합니다.

그림 5.1.3 │ 대시보드 디자인의 목표 상태와 작업 단계

대시보드 디자인이 지향하는 상태		작업 단계	
1	어디에 어떤 정보가 있는지, 정보 구조를 알기 쉬워야 함	1	템플릿 디자인
2	어느 차트를 보면 좋을지 판단이 쉬워야 함	2	레이아웃 디자인
3	알고 싶은 것을 차트에서 읽어내기 쉬워야 함	3	차트 디자인
4	알고 싶은 것을 쉽게 이해할 수 있어야 함	4	상호작용 기능 디자인

5.2
템플릿 디자인

대시보드는 하나가 아니라 여러 개를 만들어 운용할 때가 흔합니다. 처음에는 하나로 시작하더라도 만들어 운용하는 동안 새로운 대시보드 요구가 생겨 추가하곤 합니다.

그러므로 처음부터 모든 대시보드에 공통인 레이아웃이나 디자인 규칙을 정리한 템플릿을 만드는 것이 좋습니다. 템플릿이 있으면 여러 개의 대시보드를 만들 때 효율적일 뿐 아니라 체계나 모양, 배색 등을 통일하여 사용자가 이해하기 쉬운 대시보드를 만들 수 있습니다.

템플릿을 디자인할 때 해야 하는 일은 다음 3가지입니다.

① 대시보드 크기 설정
② 와이어프레임 만들기
③ 배색 규칙 정하기

대시보드 크기 설정

대시보드는 다양한 디지털 기기로 볼 수 있습니다. 사용하는 단말기가 다르면 대시보드에 가장 잘 어울리는 너비와 높이도 다릅니다. 또한, 대시보드에 배치할 차트 개수나 대시보드 사용자가 어떻게 사용할지에 따라서도 최적의 너비와 높이는 다릅니다. 그러므로 대시보드를 운용할 단말기나 대시보드 용도를 고려하여 크기를 정해야 합니다.

대시보드 크기에서 가장 중요한 항목은 '대시보드를 한 화면에 다 넣을 것인지, 더 크게 만들어 스크롤하도록 할 것인지?'입니다(그림 5.2.1).

그림 5.2.1 | 한 화면 대시보드와 세로로 긴 대시보드 모습

한 화면 대시보드

단말기 화면에 맞는 크기의
대시보드

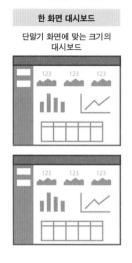

세로로 긴 대시보드

단말기 화면보다 크며
세로로 스크롤하는 대시보드

한 화면 대시보드는 이용할 디지털 단말기 화면 크기와 같거나 조금 작은 대시보드입니다. 그러므로 게시할 수 있는 정보량이 화면의 크기로 제한됩니다. 다양한 주제를 확인해야 한다면 여러 개의 대시보드 사이를 이동하며 분석할 때가 흔합니다.

세로로 긴 대시보드는 세로 스크롤을 전제로 한 대시보드입니다. 이 역시 여러 개의 대시보드 사이를 이동하며 분석할 때도 있으나 한 화면 대시보드와 비교하면 더 많은 정보를 게시할 수 있어 하나의 대시보드로 끝내기도 합니다.

● 한 화면 대시보드

한 화면 대시보드는 화면 크기가 제한되므로 사용자가 볼 수 있는 데이터도 적습니다. 그러므로 일관성이 있어야 하는 대시보드나 짧은 시간에 내용을 이해할 수 있어야 하는 대시보드에 어울립니다. 예를 들어, 전체 요약 대시보

드나 주제별 대시보드의 중요 지표를 중심으로 집약한 모니터링 목적에 적당합니다.

한편, 정보가 적으므로 깊은 분석에는 적합하지 않습니다. 대시보드 개수를 늘리면 어느 정도 대응할 수는 있습니다. 그러나 개수가 많아지면 대시보드 이동이 잦아져 사용하기 불편합니다. 이럴 때는 세로로 긴 대시보드로 만드는 편이 좋습니다.

● 세로로 긴 대시보드

세로로 긴 대시보드는 정보를 늘릴 수 있으므로 분석할 주제와 관련한 내용을 하나의 대시보드에 게시할 수 있습니다. 그러므로 서사(데이터를 읽는 순서)가 있는 대시보드에 어울립니다. 예를 들어, 주제별 대시보드나 상세 분석 대시보드에 적절합니다. 데이터 분석 순서에 따라 위에서 아래로 차트를 배치하면 대시보드 사용자도 순서대로 차트를 읽으므로 데이터 분석에 헤매지 않게 됩니다.

한편, 정보가 많은 점과 한 화면 대시보드와 비교하여 대시보드에 넣을 요소의 자유도가 높다는 점에서 대시보드의 설계와 구축이 복잡해지기 쉽고 사용자가 대시보드의 데이터를 이해하는 데 시간도 걸립니다. 앞서 이야기한 것처럼 주요 데이터만 한눈에 보고 이해하고 싶을 때는 한 화면 대시보드가 좋습니다.

● 세로로 긴 대시보드의 길이 제한

세로로 긴 대시보드의 세로 길이는 BI 도구 성능에 따라 얼마든지 길어질 수 있습니다. 그렇지만, 사용 편의성을 생각하면 사용하는 단말기의 세로 길이를 기준으로 3배 정도로 제한하는 것이 좋습니다.

세로 길이가 너무 길면 사용자는 데이터를 분석하고자 오래 스크롤해야 합니다. 또한, 스크롤할 길이가 길수록 원하는 차트를 찾기 어렵습니다. 분석 요건이 많고 화면 3배 길이를 넘으리라 예상한다면 대시보드 상세 설계서를 다시 검토하여 분석 요건을 줄이거나 여러 개의 대시보드로 나누는 것은 어떨지 검토합시다.

와이어프레임 만들기

대시보드 크기를 정했다면 와이어프레임을 만듭니다. 와이어프레임이란 '화면 어디에 무엇을 배치할 것인가?'를 정리한 설계도 같은 것입니다. 와이어프레임은 프로젝트 관계자와의 대시보드 디자인 검토에 사용하는 것 외에도 대시보드 구축자에게 대시보드 구축을 의뢰할 때에도 디자인 모습을 공유할 수 있습니다.

그림 5.2.2는 완성한 와이어프레임 모습입니다. 템플릿 디자인 단계에서는 다음 절의 설명처럼 전체 윤곽을 와이어프레임으로 만듭니다. 그리고 나서 레이아웃 디자인, 차트 디자인 단계에서 검토한 결과를 추가하고 마지막으로 그림 5.2.2처럼 완성합니다. 와이어프레임에 추가하는 방법은 각 단계에서 설명합니다.

그림 5.2.2 | 와이어프레임 모습

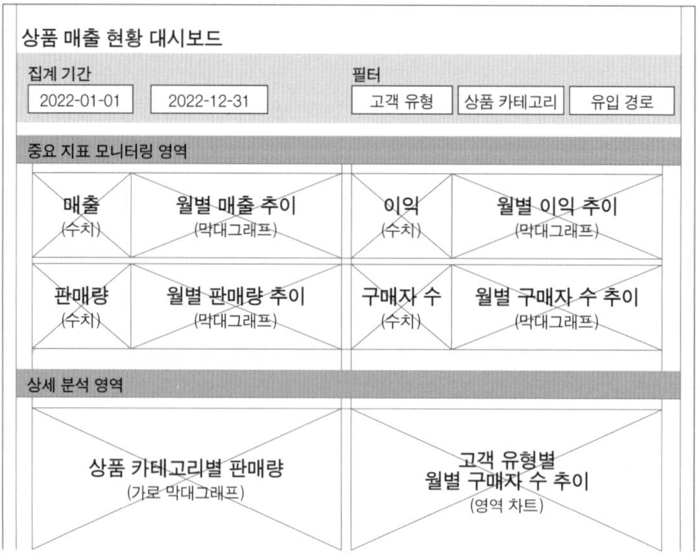

- 화면 구성을 와이어프레임으로 정리

대시보드 화면 구성을 정리하여 와이어프레임으로 만듭니다. 대시보드는 그림 5.2.3처럼 4가지 요소로 나눌 수 있습니다.

이 4가지 요소를 대시보드 사용자가 사용하기 쉽도록 배치합니다. 그림 5.2.4는 예를 든 모습입니다.

그림 5.2.3 | 대시보드 구성 요소

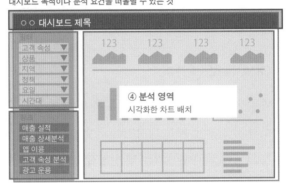

① 대시보드 제목
대시보드 목적이나 분석 요건을 떠올릴 수 있는 것
○○ 대시보드 제목
② 필터 영역
집계할 데이터를 제한하고자 할 때 사용
예: 특정 지역 집계 결과를 볼 때 등
③ 대시보드 링크
관련된 대시보드로 이동할 때 사용
예 : 매출 실적을 보고, 자세한 내용을 알고자 매출 상세분석 대시보드로 이동하는 등
고객 속성
상품
지역
정책
요일
시간대
매출 실적
매출 상세분석
앱 이용
고객 속성 분석
광고 운용
123
123
123
123
④ 분석 영역
시각화한 차트 배치

그림 5.2.4 | 4가지 요소 배치 예

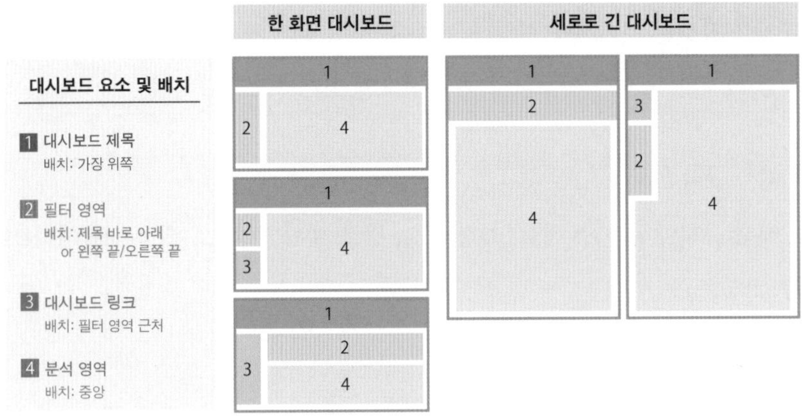

한 화면 대시보드
세로로 긴 대시보드
대시보드 요소 및 배치
1 대시보드 제목
배치: 가장 위쪽
2 필터 영역
배치: 제목 바로 아래
or 왼쪽 끝/오른쪽 끝
3 대시보드 링크
배치: 필터 영역 근처
4 분석 영역
배치: 중앙

대시보드 제목은 기본적으로 대시보드 맨 위에 둡니다. 대시보드를 볼 때 사용자가 가장 먼저 확인할 수 있기 때문입니다.

필터 영역은 분석 영역 근처에 배치합니다. 대시보드 제목 아래나 화면 왼쪽 끝 또는 오른쪽 끝에 둘 때가 많습니다.

대시보드 링크는 데이터 분석과는 직접 관련이 없으므로 분석에 방해되지 않을 곳에 배치합니다. 필터를 왼쪽 끝이나 오른쪽 끝에 두었다면 이와 함께 배치하면 좋습니다.

분석 영역은 가장 중요한 곳으로, 대시보드 가운데에 배치합니다.

배치 관련 자세한 내용은 다음 5.3절을 참고하세요.

배색 규칙 정하기

템플릿 디자인 단계에서 배색 규칙도 함께 정합니다. 배색 규칙에 따라 템플릿의 각 요소나 차트 디자인을 진행하면 대시보드 각 요소의 색상을 맞출 수 있습니다. 색상을 통일하면 사용자가 데이터 분석에 집중할 수 있는 환경을 제공할 수 있습니다. 또한, 차트 배치나 디자인에서 일부러 특정 요소를 기본 배색과 다른 색으로 하면 특별한 의미가 있도록 할 수 있습니다.

깔끔한 디자인이면서도 표현의 폭을 넓히려면 템플릿을 디자인할 때 배색 규칙을 정하는 것이 중요합니다. 페이지 사정으로 자세한 배색 이론은 다루지 못하지만, 필요한 최소한의 내용 정도만 소개하고자 합니다.

● 배색 규칙 정리

배색 규칙에서는 주 색상, 배경 색상, 강조 색상 3가지로 색을 정합니다(그림 5.2.5).

5
장
대
시
보
드
디
자
인

그림 5.2.5 | 배색 규칙과 대시보드 모습

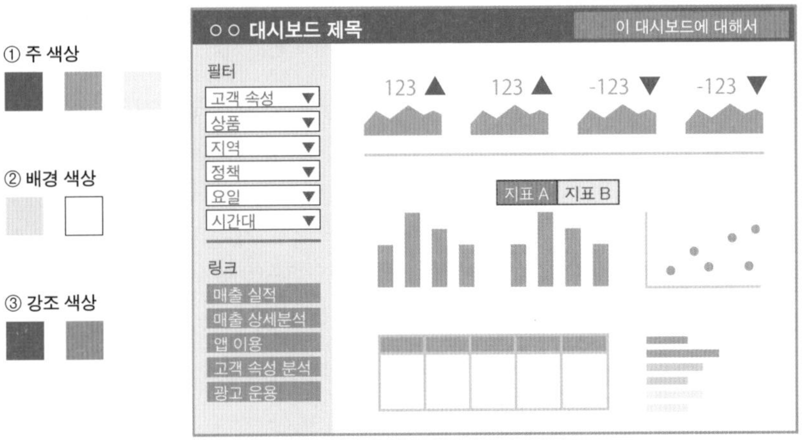

● 주 색상

대시보드 제목이나 차트 제목, 차트 부분 등 많은 대시보드 구성 요소에 사용하는 색입니다. 회사 색상이나 브랜드 색상을 선택할 때가 흔합니다. 단, 주 색상에 빨간색 계열이나 노란색 계열처럼 일반적으로 자극이 강한(뇌가 피로해지기 쉬운) 색을 선택했을 때는 데이터 분석에 집중할 수 없는 디자인이 될 수 있습니다. 그러므로 무조건 회사 색상이나 브랜드 색상을 사용할 필요는 없습니다.

주 색상에는 청색 계열이나 녹색 계열을 추천합니다. 차분한 디자인이 되며 색 균형도 조정하기 쉽습니다.

● 배경 색상

대시보드의 배경에 사용하는 색으로, 옅은 색을 선택할 때가 흔합니다. 배경을 어둡게 하고 글자나 차트를 밝은 색으로 조합할 때도 있으나 색 조정이 어려우므로 옅은 색을 배경 색상으로 하는 것이 좋습니다.

꼭 써야 하는 색이 없다면 주 색상과 어울리는지 살펴본 후 흰색으로 하거나 옅은 회색, 베이지, 물색, 녹색 등을 선택하면 무난합니다.

● 강조 색상

특정 요소를 눈에 띄게 하고 싶을 때 사용합니다. 대시보드에서는 화면 가장자리의 주석이나 참고 자료 링크, 상호작용 버튼이나 차트 제목 등을 눈에 띄게 하고 싶을 때 강조 색상을 사용하곤 합니다.

강조 색상은 주 색상이나 배경 색상과 차이가 큰 색을 골라 전체 디자인에서 두드러지도록 합니다. 주 색상에는 청색 등의 차가운 색을 선택할 때가 흔하므로 강조 색상은 빨간색이나 주황색 등 따뜻한 색을 고르곤 합니다.

강조 색상을 사용하는 곳이 많으면 어디를 봐야 할지 잘 알 수 없습니다. 강조 색상은 필요한 곳에만 사용하되 사용할 곳은 화면 전체 넓이의 몇 % 정도 범위에 머무르는 것이 좋습니다.

● 배색 규칙 조합 예

주 색상은 배경 색상과 색이 충돌하지 않도록(눈에 거슬리지 않도록) 선택합니다. 예를 들어, 배경 색상이 청색 계열일 때 주 색상을 빨간색 계열로 하면 배경과의 색 차이가 너무 크므로 위화감을 느낄 수 있는 디자인이 됩니다.

또한, 주 색상과 배경 색상의 명도나 채도가 너무 비슷하지는 않은지도 주의합니다. 배경 색상이 연한 청색일 때 주 색상도 연한 파랑으로 하면 색 차이가 너무 작아 대시보드 디자인이 흐려 보입니다. 실제로 대시보드를 디자인할 때는 여러 가지 색 조합을 시험해 보면서 적당하게 균형을 이루는 색을 고르도록 합시다(그림 5.2.6).

그림 5.2.7은 배색 예를 나타냅니다. 예로 참고하세요.

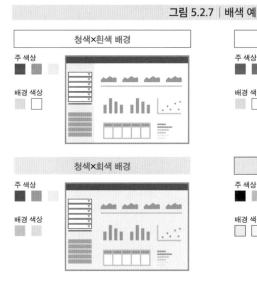

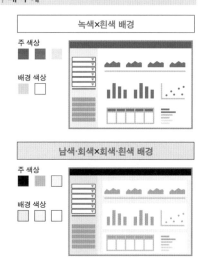

- 비교 기준이나 숫자 상태의 배색 규칙 정하기

뒤에서 살펴볼 차트 디자인에서는 비교 기준마다 색을 사용하거나 값 상태(좋은 상태, 나쁜 상태, 이상값)에 따라 배색 규칙도 추가합니다(그림 5.2.8).

대시보드에 표시한 정보나 차트가 나타내는 내용에 따라 배색을 통일하면 대시보드 사용자가 데이터를 이해하는 데 도움이 됩니다.

그림 5.2.8 예로 생각하면 상품 카테고리의 색 규칙을 통일하면 어떤 차트든 '청색은 가구'로 보고 데이터를 이해합니다. 값이라면 '빨간색은 목푯값보다 작다는 뜻이므로 문제가 무엇인지 생각할 것'처럼 상태를 나타내어 사용자가 집중하도록 할 수 있습니다.

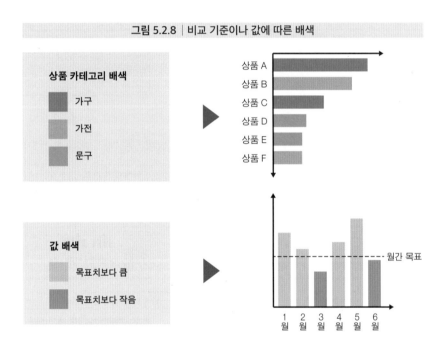

그림 5.2.8 | 비교 기준이나 값에 따른 배색

5.3
레이아웃 디자인

디자인 작업과 함께 상세 설계서 추가·수정하기

템플릿을 만든 다음은 레이아웃(차트 배치)을 정하는 단계입니다. 조금 뒤 설명하겠지만, 이 단계는 디자인 시점은 물론 데이터 분석 시점에서도 최적의 레이아웃을 생각해야 합니다.

레이아웃과 다음 절의 차트 디자인 단계는 4장에서 살펴본 대시보드 상세 설계서를 수정하거나 내용을 추가하면서 진행합니다(그림 5.3.1). 각 단계 작업을 시작하기 전에 분석 요건 설계자와 분석 요건을 어떻게 바라보는지 서로 맞춰봅니다. 레이아웃이나 차트 디자인 작업 중에도 필요한 내용이 생기면 함께 의논합니다.

그림 5.3.1 | 대시보드 상세 설계서 기록 항목

●: 필요한 조건 정하기
○: 필요한 조건 일부만 정하고 이후 추가·수정하기

항목	필요한 조건 정의 (3장)	분석 설계 (4장)	디자인 (5장)	데이터 마트 구축 (6장)
① 대시보드 이름	●	-	-	-
② 차트 영역 이름	-	-	●	-
③ 차트 역할	-	●	○	-
④ 차트 지표	○ (주요 지표 목록 작성)	●	-	-
⑤ 차트 비교 기준	○ (주요 지표 목록 작성)	●	-	-
⑥ 차트 형식	-	-	●	-
⑦ 필터 요소	-	●	○	-
⑧ 데이터 마트	-	-	-	●
⑨ 지표 계산 로직	-	○	-	●
⑩ 목표 지표 설정	●	○	-	-

시선 흐름을 고려한 배치

대시보드를 볼 때 사용자의 시선이 어떻게 움직이는지 알아봅시다. 시선 유도 패턴에는 몇 가지가 있지만, 웹 사이트나 앱 화면 설계에서는 자주 사용하는 Z형이나 F형 시선 유도 방법을 사용합니다(그림 5.3.2).

한 화면 대시보드라면 Z자를 그리듯이 시선을 유도하는 것이 Z형입니다. 이와 달리 세로로 긴 대시보드라면 F자를 그리듯이 시선을 유도하는 것이 F형입니다. 차트 배치를 고려할 때는 이처럼 사용자의 시선 움직임을 따르면 사용하기 쉬운 대시보드를 만들 수 있습니다.

시선 흐름에 따라 차트를 배치하는 규칙은 다음 2가지입니다.

① 중요할수록 우선 인식할 수 있는 위치에 배치(왼쪽 위나 가운데)
② 시선 흐름과 분석 순서가 일치하도록 배치

한 화면 대시보드라면 대부분 이 2가지가 일치합니다. 그러므로 중요한 것부터 Z형으로 차트를 배치합시다(그림 5.3.3).

세로로 긴 대시보드는 크므로 많은 차트를 배치할 수 있습니다. 그러므로 세로로 긴 대시보드는 분석에 필수인 중요도가 높은 차트는 물론, 중요도가 낮은 보조 차트도 배치하곤 합니다.

여기서 문제가 '중요도는 낮으나 분석 순서로 볼 때는 앞에 있는 편이 나은 차트'입니다. 즉, 앞서 '시선 흐름에 따른 차트 배치 규칙' ①과 ②를 동시에 만족할 수는 없습니다.

이럴 때는 중요도가 높은 것과 낮은 것을 섞어 적절한 장소에 두어야 합니다. 이는 F형 배치만을 생각해서는 해결할 수 없습니다. 세로로 긴 대시보드 차트 배치는 다음 절에서 자세히 알아봅니다.

그림 5.3.2 | 시선 흐름

한 화면 대시보드

왼쪽 위에서 오른쪽 아래로
Z자를 그리며 시선이 움직임

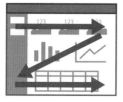

세로로 긴 대시보드

위에서 아래로
F자를 그리며 시선이 움직임

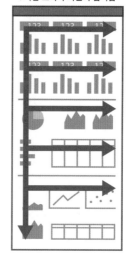

그림 5.3.3 | 한 화면 대시보드의 차트 배치

한 화면 대시보드에서의 시선 흐름

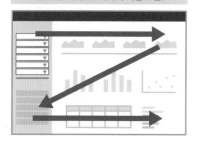

분석 순서와 배치된 차트의 중요도

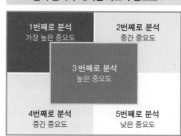

세로로 긴 대시보드의 차트 배치 설계 방법

세로로 긴 대시보드라면 여러 개의 차트를 하나의 그룹으로 묶은 차트 영역을 만들고 '차트 영역은 F자로 배치하고 차트 영역 안의 차트는 Z자로 배치한다.'라는 방법이 좋습니다. 세로로 긴 대시보드의 차트 배치 설계는 3가지 단계로 나눌 수 있습니다.

① 분석 요건을 하나의 차트 영역으로 합치기
② 분석 흐름에 맞게 차트 영역을 F자로 배치하기
③ 차트 영역 안에 둘 차트는 Z자로 배치하기

● 분석 요건을 하나의 차트 영역으로 합치기

차트 영역을 만들 때는 '분석에서 역할이 비슷한 분석 요건을 하나의 그룹으로 묶는 것'이 좋습니다. 데이터 시각화에서 이런 개념을 부르는 명칭은 없지만, 이 책에서 설명하는 대시보드 디자인에서는 편의상 차트 영역이라 부르겠습니다(그림 5.3.4).

각각의 분석 요건을 분류하고 이를 차트 영역으로 정리하면 '점 분석'인 개별 분석 요건을 여러 분석 요건을 이용한 '면 분석'으로 확장할 수 있습니다. 그리고 차트 영역 단위로 배치하면 분석 흐름을 해치지 않고 사용자의 시선도 고려한 대시보드 디자인이 됩니다.

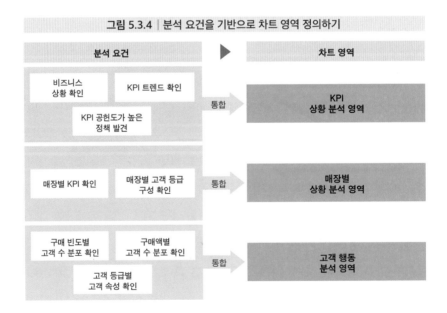

그림 5.3.4 | 분석 요건을 기반으로 차트 영역 정의하기

● 분석 흐름에 맞게 차트 영역을 F자로 배치하기

분석 요건을 기반으로 차트 영역을 정리한 후 대시보드에 이를 배치합니다. 차트 영역은 대시보드의 분석 흐름과 그 순서를 고려하여 배치합니다.

차트 영역 단위로는 추상도가 너무 높아 분석 흐름이 명확하지 않을 때는 일단 차트 영역 단위는 잊고 사용자의 분석 흐름을 그림으로 정리하면 좋습니다. 예를 들어, 분석에서 드러난 질문의 변화를 그림으로 정리한 것이 그림 5.3.5입니다.

그림 5.3.5에서는 먼저 'KPI 수치 현황은 순조로운지?'라는 현상 파악 질문에서 분석을 시작합니다. 그런 다음 '이익률이 낮아졌는데 그 이유는?'이라는 과제 한정 질문으로 이어갑니다. 이때 도심 지역 매장 이익률이 낮아졌기 때문임을 알았다면 '도심부 이익률이 낮아진 이유는?'처럼 더 깊은 분석을 진행합니다. 이처럼 대시보드 사용자의 질문 변화를 정리하고 분석을 시뮬레이션하면 사용자가 대시보드를 어떻게 사용해서 분석하는지 이해할 수 있습니다.

그림 5.3.5 | 분석 흐름을 나타낸 그림

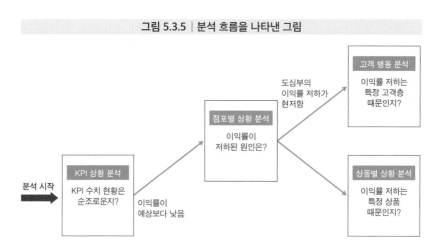

분석 흐름을 그림으로 나타내면 질문이나 그 답에 따른 다양한 패턴을 예상할 수 있습니다. 여유가 있다면 여러 가지 패턴을 통해 폭넓은 관점에서

분석 시뮬레이션을 해보는 것이 좋습니다. 이렇게 하면 분석을 더 잘 이해할 수 있을 뿐 아니라 대시보드 상세 설계서의 부족한 분석 요건도 찾을 수 있습니다.

분석 흐름을 그림으로 만들었다면 그림 내용과 차트 영역 분석 내용 사이의 대응 관계를 확인하며 차트 영역을 F자로 배치합니다(그림 5.3.6).

그림 5.3.6 | 분석 순서를 고려하여 차트 영역 배치하기

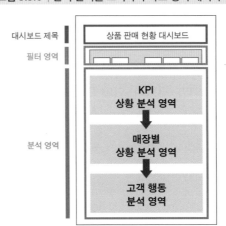

● 차트 영역 안에 넣을 차트는 Z자로 배치하기

차트 영역 배치를 정했다면 각 차트 영역 안에 차트를 배치합니다. 차트 영역 안에 차트를 배치할 때는 분석 순서나 분석 중요도를 고려합니다. 기본적으로는 한 화면 대시보드처럼 Z자로 배하는 것이 좋습니다. 세로로 긴 차트 영역이라면 위에서 아래로, 가로로 긴 차트 영역이라면 왼쪽에서 오른쪽 순서로 차트를 배치합니다(그림 5.3.7).

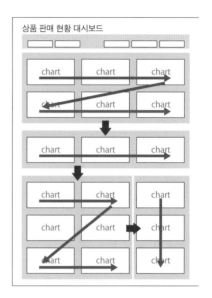

그림 5.3.7 | 차트 영역 안의 차트는 Z자로 배치

● 차트 배치 내용을 와이어프레임에 추가 기록

차트 배치를 결정했다면 템플릿 디자인 단계에서 만든 와이어프레임에 차트 영역과 그 안의 차트 정보를 추가로 기록합니다.

레이아웃과 차트 배치 관련 디자인 요령

지금부터는 더 나은 대시보드 디자인을 만드는 데 필요한 추가 테크닉 몇 가지를 알아봅니다.

● 그리드 레이아웃을 이용한 디자인

차트 영역 배치나 크기를 정할 때 그리드 레이아웃을 이용하여 배치하면 화면 전체의 통일감을 살린 깔끔한 디자인이 됩니다(그림 5.3.8). 그리드 레이아웃은 웹 사이트 디자인이나 잡지, 책 등의 디자인에서 흔히 볼 수 있는 디자인 방법 중 하나입니다.

그림 5.3.8 │ 그리드 레이아웃

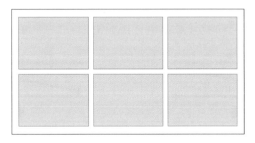

그리드 레이아웃으로 대시보드를 디자인할 때는 앞서 언급한 템플릿의 분석 영역을 몇 개의 열과 행의 그리드로 나눌지 정합니다(그림 5.3.9). 분석 영역을 2열이나 3열로 나누는 등 여러 패턴을 만들어 보고 그중 보기 좋은 레이아웃을 선택합니다. 다만, 그리드의 열이 늘면 레이아웃 자유도는 높지만, 디자인하기는 어려워집니다.

열을 정했다면 분할한 열 사이에 여백을 넣습니다. 더불어 열과 마찬가지로 행 방향으로도 분석 영역을 분할하고 열과 같은 크기의 여백을 넣습니다.

그림 5.3.9 │ 분석 영역을 여러 개의 행과 열로 나누기

이런 방법으로 그리드를 만들고 그리드 한 칸(블록)을 기준으로 차트 영역이나 차트를 배치합니다. 이때 차트는 블록 단위에 맞도록 크기를 조정합니다(그림 5.3.10). 행과 열의 1배, 2배 등 블록 크기의 정수 배로 배치하면 보기 좋습니다.

그림 5.3.10 | 균등한 너비와 높이로 차트 배치하기

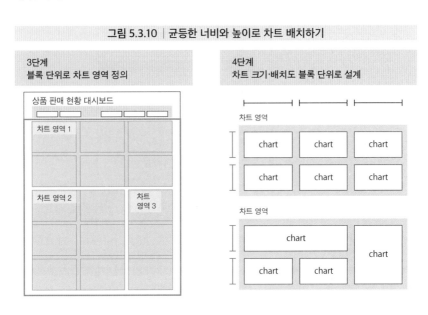

● 영역에 제목 붙이기

제목에 따라 영역을 분할합니다(그림 5.3.11). 이렇게 하면 정보를 쉽게 구분할 수 있으므로 각각이 서로 다른 영역임을 나타낼 수 있습니다. 이와 함께 제목을 통해 해당 영역에 어떤 데이터가 있는지 쉽게 알 수 있습니다.

그림 5.3.11 | 영역에 제목을 붙인 예

대시보드 제목
필터 영역

중요 지표 모니터링 영역

제목+분석 영역①

차트 영역 1

상세분석 영역

제목+분석 영역②

차트 영역 2

차트
영역 3

상품 판매 현황 대시보드

● **디자인으로 영역 경계 명확히 구분하기**

필터나 차트 영역의 경계를 명확히 구분하여 디자인하는 방법으로는 다음 3가지가 있습니다(그림 5.3.12).

　① 충분한 여백 두기
　② 차트 영역 배경 칠하기
　③ 테두리로 구분하기

어느 방법을 선택해도 좋지만, 사용자에게 전달되는 정보량과 구조가 얼마나 명확한지에서 차이가 납니다. 시각적인 정보를 늘리지 않고도 사용자가 쉽게 영역을 구분할 수 있도록 하려면 ① 충분한 여백을 이용하는 방법이 적절합니다. 명확하게 영역이 분리되어 있음을 전달하고 싶다면 ② 차트 영역에 배경을 칠하는 방법이나 ③ 테두리로 구분하는 방법이 좋을 것입니다. 대시보드 전체 화면의 디자인 균형이나 정보량을 고려하여 복잡하지 않으면서도 사용자가 구조를 쉽게 이해할 수 있도록 디자인합시다.

그림 5.3.12 | 차트 영역 구분이 명확한 디자인

여백 없이 배치하기

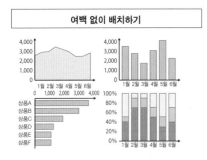

① 충분한 여백 두기

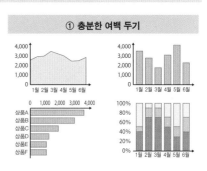

② 차트 영역 배경 칠하기

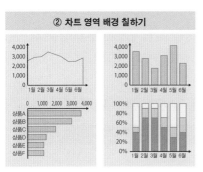

③ 선으로 구분하기

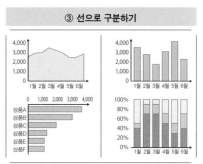

- 요소를 가깝게 배치하여 관련성 표현하기

관련이 있는 요소는 서로 가깝게 배치하여 그룹화합니다. 그룹 구분이 명확해지므로 대시보드 사용자가 정보 관련성을 쉽게 이해할 수 있습니다. 예를 들어, 그림 5.3.13에서는 지표의 수치와 막대그래프를 가깝게 배치하여 하나의 그룹으로 표현했습니다.

그림 5.3.13 | 관련성이 강한 차트는 가깝게 배치

KPI 진척 상황

매출
123,456 원
(전년 동월 대비 +10%)

이익
45,678 원
(전년 동월 대비 +5%)

판매량
6,789 개
(전년 동월 대비 -5%)

구매자 수
1,234 명
(전년 동월 대비 +8%)

● 차트 배치에 구조적인 의미 부여

대시보드에는 지표나 비교 기준은 다르지만, 디자인은 비슷한 여러 개의 차트를 연속으로 배치할 때가 있습니다. 디자인에서 요소를 반복하는 것처럼 대시보드에서도 사용자가 분석하기 쉬운 차트를 반복하면 더 나은 배치가 됩니다.

그림 5.3.14에서는 매출액, 이익, 판매량 등 3가지 지표를 3열로 차트가 배치되어 있습니다. 또한, 가로로 보면 위에는 시계열 추이 차트를, 아래는 상품별 차트 배치라는 규칙을 채택했습니다. 이 그림처럼 요소 배치에 구조적인 규칙을 적용하면 차트가 나타내는 바를 사용자가 쉽게 이해할 수 있습니다.

그림 5.3.14 │ 차트 배치에 구조적인 의미 부여

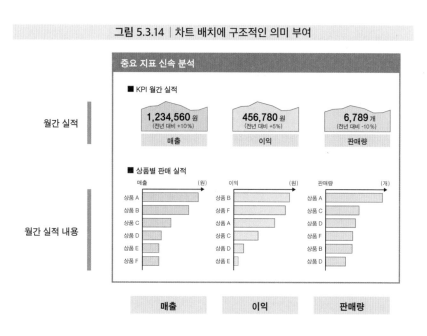

● 글자 크기 달리하여 표현하기

대시보드에는 대시보드 제목, 차트 영역 제목, 차트 제목, 차트 데이터 수준, 주석 등 다양한 텍스트가 있습니다(그림 5.3.15). 이러한 텍스트의 크기를 조절함으로써 대제목, 중제목, 소제목과 같은 디자인 구조를 표현할 수 있습니다.

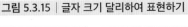

그림 5.3.15 | 글자 크기 달리하여 표현하기

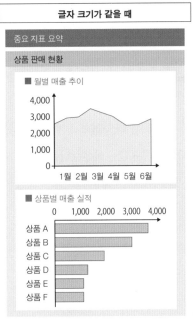
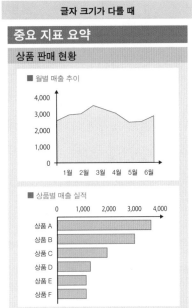

● 차트 크기를 달리하여 표현하기

차트 크기를 달리하면 대시보드 디자인에 강약을 표현할 수 있어 효과적입니다. 큰 차트는 눈에 잘 띄므로 중요한 정보라고 인식할 수 있습니다. 또한, 큰 차트를 먼저 보고 작은 차트를 보도록 시선을 유도할 수도 있습니다. 차트 크기를 달리하는 방법은 그림 5.3.16처럼 주요 지표 차트와 그 외 보충 정보 차트를 세트로 묶어 나타내고자 할 때 효과적입니다.

그림 5.3.16 │ 차트 크기를 달리하여 표현하기

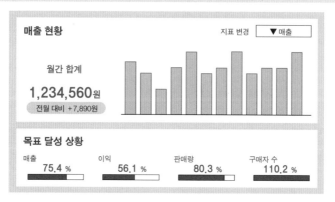

또한, 차트 크기뿐 아니라 차트의 정보 정밀도를 다양하게 변화하는 것도 유용한 디자인을 만드는 데 효과적입니다(그림 5.3.17). 시선 흐름에 따라 차트 정보의 정밀도를 올리면 전체에서 개별적인 세부 내용으로 분석 시점이 깊어지도록 표현할 수 있습니다.

그림 5.3.17 │ 차트 정보의 정밀도 변화

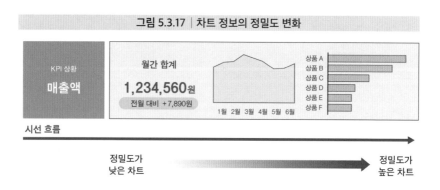

대표적인 차트 유형과 정보 정밀도 기준을 그림 5.3.18로 정리했습니다. 대시보드 목적에 맞게 필요한 정보량에 맞는 정밀도를 검토하고 차트를 선택하여 배치합시다. 예를 들어, 경영진이나 사업 책임자 수준에서 사용하는 KPI 모니터링 대시보드라면 수치를 즉시 파악할 수 있어야 합니다. 그러므로 정보 정밀도가 낮은 차트를 중심으로 배치하는 편이 좋습니다.

또한, 상세 분석 대시보드라면 다양한 관점에서 비교 분석하고자 하므로 정보 정밀도가 낮은 차트뿐 아니라 밀도가 높은 차트도 균형 있게 함께 배치하는 것이 좋습니다.

같은 크기의 차트, 같은 정보 정밀도의 차트를 연속으로 배치한 대시보드가 나쁘다는 뜻은 아닙니다. 그러나 대시보드 디자인의 한 가지 방법으로, 차트 크기나 정보 정밀도에 변화를 주면 사용자가 쉽게 이해할 수 있는 대시보드를 만들 수 있음을 기억해 둡시다.

그림 5.3.18 | 차트 종류와 정보 정밀도

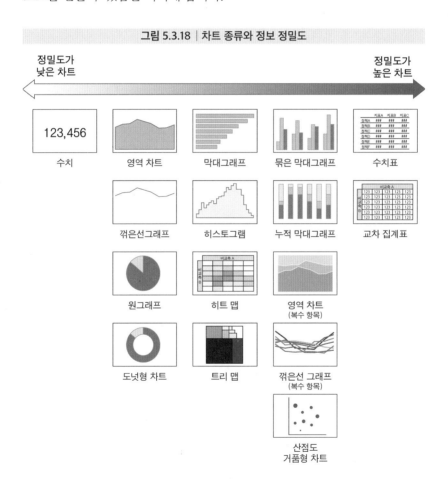

5.4
차트 디자인

대시보드 레이아웃이나 차트 배치를 정했다면 다음은 어떤 차트를 사용할지 정하고 이를 시각화하는 차트 디자인 단계로 넘어갑니다.

차트 디자인은 데이터가 나타내는 정보를 정확하게 이해하도록 하므로 무척 중요합니다. 대시보드는 데이터를 기반으로 한 의사 결정을 수행하고 행동으로 이어지도록 하는 것이 목적이므로 '사용자가 알기 쉬운 형식으로 정확하게 데이터를 시각화'해야 합니다.

이 책은 '비즈니스에 사용할 대시보드에 필요한 차트 디자인'이라는 관점에서 '알기 쉽고 정확한 디자인'에 초점을 둡니다. 그러므로 차트 디자인은 이에 필요한 최소한만 설명합니다.

간단한 차트로 시각화하기

비즈니스에서 사용하는 대시보드는 알기 쉬워야 하므로 데이터를 시각화할 때는 그림 5.4.1에서 예로 든 10가지 차트 중에서 선택할 때가 많습니다.

이 책에서는 주로 수치, 막대그래프, 꺾은선 그래프, 수치표, 영역 차트, 교차 집계표 등 기본 6개 차트를 사용합니다. 6개만으로는 부족하다고 생각하는 분도 있겠지만, 이 6가지 차트로도 비즈니스 대시보드의 분석 요건을 대부분 만족할 수 있습니다.

분석 목적에 따라 산점도, 거품형 차트, 히스토그램, 지도 표현과 같은 4가지 차트를 부가적으로 사용할 수 있습니다. 이러한 도표들은 높은 빈도로 사용되는 것은 아니지만, 데이터의 경향을 이해하는 데 매우 중요한 역할을 합니다.

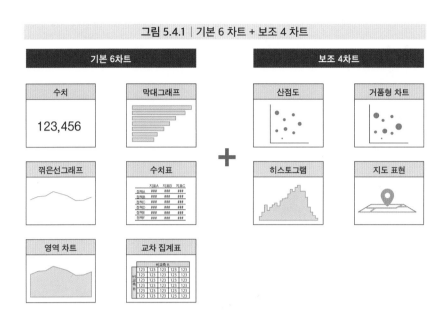

그림 5.4.1 | 기본 6 차트 + 보조 4 차트

그 밖에도 잘 알려진 차트로, 비교적 간단하게 만들 수 있는 차트인 원 그래프, 도넛형 차트, 트리 맵 등이 있습니다. 이 역시도 앞서 이야기한 10가지 차트와 마찬가지로 유용합니다만, 올바르게 사용하려면 몇 가지 주의할 점이 있으므로 시각화하기가 그리 쉽지만은 않습니다. 그러므로 충분한 데이터 시각화 지식을 익힌 다음에 사용할 것을 추천합니다. BI 도구로 차트 만들기 방법을 배울 때는 먼저 **그림 5.4.1**의 10가지 차트 만들기부터 학습하기 바랍니다.

● 간단한 차트로 대시보드를 구성할 때의 장점

막대그래프나 꺾은선 그래프처럼 간단한 차트를 기본으로 하면 다음과 같은 장점이 있습니다. 첫 번째, 대시보드 사용자가 차트를 보는 방법을 배우지 않아도 된다는 점입니다. 막대그래프나 꺾은선 그래프는 일상생활에서 흔히 접하므로 대부분 사용자가 읽고 이해할 수 있습니다. 그러나 평소 잘 보지 못하던 특별한 차트는 읽고 이해하는 방법을 따로 설명해야 합니다. 기본 차트로 분석 요건을 만족할 수 있다면 특별한 차트는 사용하지 않는 편이 좋습니다.

두 번째, BI 도구의 기본 기능 범위에서 차트를 만들 수 있으므로 상대적으로 쉽게 만들고 유지보수할 수 있다는 점입니다. BI 도구 중에는 확장성이 좋은 것도 있고 기본 차트 외에도 실력이 있다면 특별한 차트를 만들 수 있는 것도 있습니다. 그러나 기본 기능이 아니므로 만드는 데 시간이 들고 유지보수 작업도 어렵습니다. 특별한 차트를 만드는 데 시간을 들이기보다는 그 시간을 대시보드 운용이나 개별 분석을 통해 정책을 만드는 데 투자하는 편이 더 효율적입니다. 그러므로 될 수 있으면 기본 차트로만 만드는 것이 바람직합니다. 물론 필요하다면 특별한 차트도 이용하도록 합니다.

가장 알맞은 차트 선택하기

데이터를 시각화할 때는 기본 차트 중에서 선택하면 좋다 이야기했습니다. 지금부터는 분석 목적에 알맞은 최적의 차트 형식을 선택하는 방법을 알아봅니다.

차트 선택은 **그림 5.4.2**처럼 '지표 비교 방법', '비교 기준 개수', '비교 기준에 시간 기준이 포함되는지?' 등의 3가지 조건을 조합하여 가장 알맞은 것을 선택합니다.

그림 5.4.2 | 차트 선택표

	비교 기준 없음	비교 기준 수 = 1		비교 기준 수 = 2		비교 기준 3개 이상
		시간 기준 O	시간 기준 X	시간 기준 O	시간 기준 X	
크기 비교	수치 막대그래프 원그래프 도넛형 차트 지도 표현	꺾은선그래프 영역 차트 막대그래프	막대그래프 수치표	꺾은선그래프 영역 차트 누적 막대그래프 묶은 막대그래프	누적 막대그래프 묶은 막대그래프 수치표 교차 집계표 히트 맵	수치표 교차 집계표 히트 맵
변화 비교						
구성비 비교		누적 막대그래프(구성비) 원그래프 도넛형 차트 트리 맵 지도 표현(구성비)		꺾은선그래프 (구성비) 영역 차트 (구성비) 누적 막대그래프 (구성비)	누적 막대그래프 묶은 막대그래프 수치표 교차 집계표 히트 맵 트리 맵	
분포 비교	히스토그램	히스토그램				
값 상관관계 비교	산점도 거품형 차트	산점도 거품형 차트				

차트 선택에서 가장 중요한 점은 '지표 비교 방법과 차트 형식이 맞는지?'입니다. 예를 들어, 꺾은선 그래프는 추이의 변화, 주기성을 확인할 때 이용하면 좋은 차트입니다. 그러므로 시간 기준을 비교 기준에 포함하지 않는 집계 데이터를 꺾은선 그래프로 표현하면 차트 형식이 일치하지 않으므로 분석할 때 혼란스러울 수 있습니다.

차트를 올바르게 선택하지 못하더라도 실제로 그 영향은 그리 크지 않지만, 바람직하지는 않습니다. 분석을 수행하는 사용자의 관점에서 편하게 분석할 수 있도록 차트를 디자인해야 합니다.

신호와 잡음을 고려한 디자인

차트 디자인은 신호(signal)와 잡음(noise)으로 나눌 수 있습니다. 신호란 '집계값이 가지는 정보나 그 경향을 읽고 이해하는 데 반드시 필요한 요소'입니다. 데이터 분석이란 사용자가 이 신호를 인식하고 해석하는 활동이라 할 수 있습니다.

잡음이란 한마디로 '신호 이외의 차트 구성 요소'입니다. 예를 들어, 차트의 색, 배경, 구분 선 등 차트를 꾸미는 요소는 잡음일 때가 흔합니다.

앞서 차트를 디자인할 때는 가장 알맞은 차트를 선택하는 것이 중요하다고 했는데, 사용자가 분석에 집중할 수 있도록 잡음을 없애는 것도 중요합니다. 사용자가 데이터 분석에 집중할 수 있도록 가능한 한 잡음은 제거하고 신호 비율을 최대화하도록 차트를 디자인하는 것이 데이터 시각화에서 무엇보다 중요합니다(그림 5.4.3).

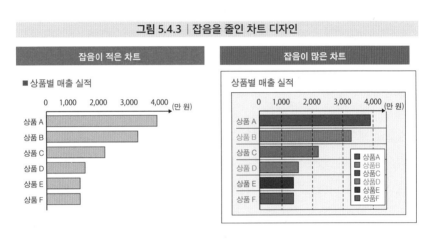

그림 5.4.3 | 잡음을 줄인 차트 디자인

잡음이란 '신호 이외의 차트 구성 요소'라고 했는데, 색이나 보조선 등의 요소 모두가 잡음은 아닙니다. 잡음의 예로는 차트 색을 들 수 있지만, 차트 색은 때에 따라서는 신호가 되기도 합니다. 예를 들어, 누적 막대그래프(그림 5.4.4)에서는 차트 색으로 월별 상품 카테고리별 매출 구성 비율를 구분합니다. 색으로 구분하지 않으면 상품 구성 비율을 구분하기 어려우므로 데이터 분석을 방해합니다. 따라서 누적 막대그래프에서 색은 잡음이 아니라 신호입니다.

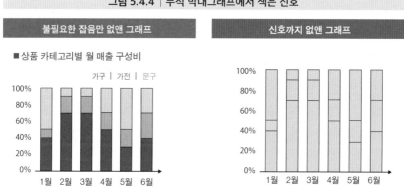

그림 5.4.4 | 누적 막대그래프에서 색은 신호

사용자가 원하는 정보량에 따라서도 무엇이 신호이고 무엇이 잡음인지는 달라집니다. 예를 들어, 그림 5.4.5에서 월별 매출 추이 동향(대소 관계)을 대충 파악하는 것이 목적이라면 구체적인 값 정보는 필요 없는 잡음입니다. 이와 달리 현재 매출액을 구체적인 숫자로 아는 것이 목적이라면 값은 꼭 필요한 정보이므로 신호가 됩니다.

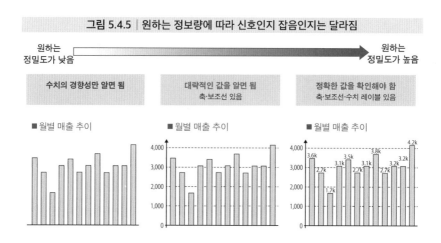

그림 5.4.5 | 원하는 정보량에 따라 신호인지 잡음인지는 달라짐

잡음을 없앨 때 중요한 것은 사용자의 데이터 분석 목적과 차트 역할입니다. 잡음을 없앤 깔끔한 차트를 디자인을 했더라도 이 때문에 분석에 불편이 생긴다면 좋은 디자인이라 할 수 없습니다.

복잡한 차트는 여러 개의 차트로 분리하기

누적 막대그래프나 누적 영역 차트 등은 비교 기준이 여러 개인 자세한 정보를 비교할 때 좋습니다. 그러나 각 항목의 값 크기 관계를 한눈에 알 수 없고 사용자에 따라서는 데이터를 해석하기 어려운 차트입니다. 이처럼 '효과적이나 사용자가 해석하기 어려운 차트'는 한두 개라면 문제없지만, 많다면 데이터는 분석할 수 있어도 데이터 해석에는 많은 노력이 필요한 대시보드가 됩니다.

차트를 디자인할 때는 **데이터 해석에 드는 노력을 줄일 수 없는지 검토합시다.** 예를 들어, 누적 막대그래프를 여러 개의 차트로 나누면 차지하는 대시보드 공간은 늘지만, 값 크기를 쉽게 알 수 있으므로 해석하기 쉬운 디자인이 됩니다(그림 5.4.6).

그림 5.4.6 | 누적 막대그래프 나누기

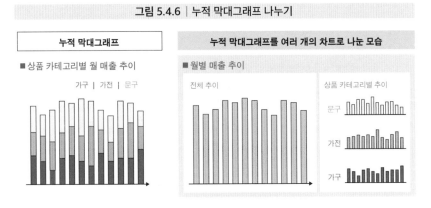

복잡한 차트를 나누어 간단한 여러 개의 차트로 표현하는 방법은 누적 그래프 이외에도 효과적입니다. 예를 들어, 2가지 지표를 조합한 콤보 차트도 데이터를 해석하기 어려운 차트 중 하나입니다. 콤보 차트도 2개 차트로 나누어 나란히 두면 더 쉽게 해석할 수 있는 디자인이 됩니다(그림 5.4.7).

그림 5.4.7 | 콤보 차트 나누기

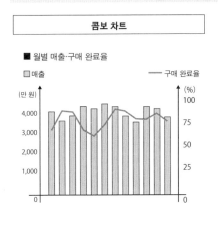

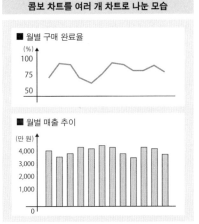

수치표 교차 집계표도 데이터를 해석하기 어려운 형식입니다. 그러므로 필요할 때만 사용하되 중요한 것만 표로 나타내도록 합시다. 또한, 수치표나 교차 집계표의 숫자만으로 값의 추이나 상대적인 크기를 비교하는 것 역시 어렵습니다. 그러므로 막대그래프로 바꾸는 등 값을 쉽게 비교할 수 있는 디자인은 없는지 검토하세요(그림 5.4.8).

그림 5.4.8 | 표를 막대그래프로 바꾸기

지표가 여러 개인 수치표			
	방문자 수	구매자 수	구매율
정책 A	220,000	3,300	1.5%
정책 B	200,000	2,000	1.0%
정책 C	250,000	3,000	1.2%
정책 D	180,000	1,440	0.8%
정책 E	240,000	4,800	2.0%
정책 F	160,000	2,400	1.5%

수치표를 막대그래프로 변환한 모습

막대그래프는 만능 선수

막대그래프는 크기 비교나 구성 비율 비교 등 다양한 용도에 사용하는 범용 차트입니다(그림 5.4.9). 기본 차트에 능숙해진 다음에는 막대그래프 응용 방법을 배우는 것이 좋습니다. 예를 들어, 값 게이지, 여러 개의 막대를 겹친 바인바 차트, 막대를 좌우로 배치한 나비형 차트 등은 자주 사용하는 막대그래프 응용 예입니다.

다양한 막대그래프 응용 방법을 알면 데이터 표현 폭이 넓어지고 더 매력적인 대시보드를 디자인할 수 있습니다.

목업 만들기

차트 디자인 사양이 정해졌다면 대시보드 상세 설계서의 차트 형식 난에 차트 유형을 적고 와이어프레임에 차트 형식을 추가로 기록합니다.

대시보드 상세 설계서나 와이어프레임만으로도 대시보드 구축을 의뢰하거나 프로젝트 관계자 간에 이를 리뷰할 수 있지만, 관계자가 데이터 분석 경험이 없다거나 대시보드 상세 설계서나 와이어프레임만으로는 완성한 모습을 떠올릴 수 없을 때도 있습니다. 이럴 때는 목업을 만듭니다(그림 5.4.10). 목업을 만드는 방법의 예로는 다음을 들 수 있습니다.

- 대략의 모습만 공유해도 충분할 때
  - → 파워포인트나 엑셀 등 오피스 제품으로 빠르게 작성
- 상당히 정교한 모습까지 만들어야 할 때
  - → figma 등 인터페이스 디자인 도구를 사용하여 만들기
- 상호작용 기능을 포함한 목업이 필요할 때
  - → 샘플 데이터를 이용하여 BI 도구로 목업 만들기

목업을 어디까지 만들 것인지, 어떤 도구로 만들 것인지는 정해진 것이 없습니다. 프로젝트 상황, 관계자 경험 등을 고려하여 대시보드 디자인 담당자

가 원하는 방법을 선택하면 됩니다.

그림 5.4.9 | 막대그래프 응용

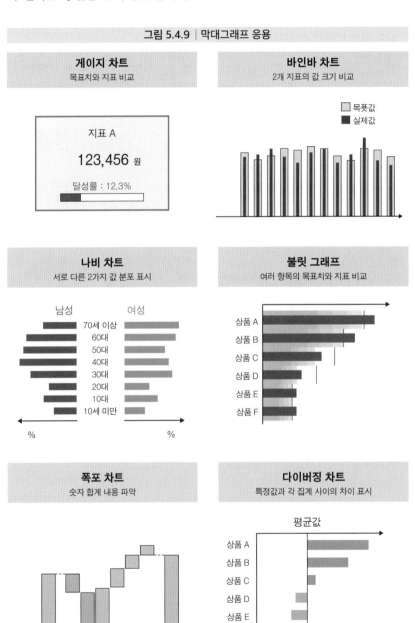

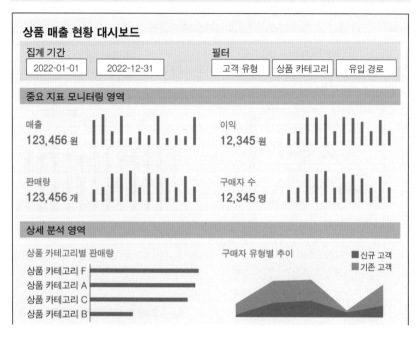

그림 5.4.10 | 목업의 예

5.5
상호작용 기능 디자인

이 장의 마지막에서는 대시보드의 상호작용 기능을 고려한 디자인을 알아봅니다. 상호작용 기능이란 사용자가 원하는 조건으로 집계 대상 데이터를 조회하거나 마우스로 대시보드를 동적으로 조작하는 기능을 말합니다.

BI 도구에 따라 상호작용 기능은 조금씩 다르지만 잘 활용하면 대시보드의 기능성을 높일 수 있습니다. 이 장에서는 상호작용 기능 도입의 장점과 주의점을 간단하게 설명합니다.

상호작용 기능 도입의 장점

상호작용 기능은 데이터 분석에서 반드시 필요한 것은 아닙니다. 그러므로 BI 도구가 상호작용 기능을 제공하더라도 이를 사용하지 않는 사람도 있습니다. 그러나 상호작용 기능은 무척 편리하여, 효과적으로 활용하면 분석 경험의 질을 향상시킬 수 있으므로 적극적으로 활용할 것을 추천합니다.

① 대시보드 크기 제한을 벗어나는 분석 요건을 제공할 수 있음
② 대화 형식으로 데이터 분석 경험을 제공할 수 있음
③ 차트를 조합한 여러 관점의 분석을 지원할 수 있음

이러한 장점을 이해하고자 지금부터 주요 기능을 소개합니다.

● 필터 기능 디자인

필터 기능은 사용자가 원하는 집계 대상 조건을 직접 설정하는 기능입니다. 다음과 같은 장점이 있습니다.

① 대시보드 크기 제한을 벗어나는 분석 요건을 제공할 수 있음
 → 집계 대상마다 대시보드나 차트를 나누지 않아도 됨
② 대화 형식으로 데이터 분석 경험을 제공할 수 있음
 → 원하는 대로 집계 대상을 바꾸면서 데이터를 분석할 수 있음

필터는 상호작용 기능 중에서도 가장 자주 사용하는 것이나 무턱대고 사용하면 오히려 혼란스러울 수도 있으므로 조심해야 합니다.

필터로 집계 대상을 전환할 때 어떤 차트에 필터 기능이 적용되는지 사용자가 시각적으로 확인할 수 없을 경우 헷갈리거나 잘못 해석할 수 있습니다. 아울러 특정 차트에만 필터를 적용해야 할 때는 디자인을 고려해야 합니다. 이럴 때는 그림 5.5.1처럼 필터 적용 범위에 맞게 배치하는 것이 효과적입니다.

5장 대시보드 디자인

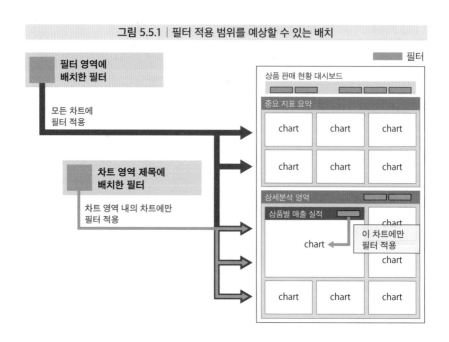

그림 5.5.1 │ 필터 적용 범위를 예상할 수 있는 배치

이 예에서는 차트 전체에 적용할 필터는 대시보드 제목 아래의 필터 영역
에 두고, 차트 영역에만 적용할 필터는 차트 영역 제목 부분에 배치했습니
다. 그리고 단일 차트에 적용할 필터는 차트의 제목 부분에 두었습니다.

● 상호작용 필터 기능 디자인

필터 액션(BI 도구에 따라서는 크로스 필터링이라 부름)은 사용자가 차트의 특
정 요소를 클릭하거나 마우스 커서를 올릴 때(마우스 오버) 자동으로 필터 대
상 차트의 집계 대상으로만 제한하는 기능입니다. 예를 들어, 특정 상품 매
출을 클릭하면 다른 차트가 해당 상품의 데이터로 제한되어 해당 상품의 매
출에 대한 추가 분석을 더욱 깊게 할 수 있습니다. 이 기능을 이용하면 다음
과 같은 작업을 할 수 있습니다.

① 대시보드 크기 제한을 벗어나는 분석 요건을 제공할 수 있음
　→ 집계 대상마다 대시보드나 차트를 쉽게 나눌 수 있음

② 대화 형식으로 데이터 분석 경험을 제공할 수 있음
  → 원하는 대로 집계 대상을 바꾸면서 데이터를 분석할 수 있음

③ 차트를 조합하여 여러 관점의 분석을 지원할 수 있음
  → 차트 내용 중 관심 있는 요소를 발견했을 때, 다른 차트와 함께 더 깊게 분석할 수 있음

필터 액션 기능은 필터 기능과 마찬가지로 데이터 분석에서 매우 유용한 기능이나 필터가 적용되는 차트 범위가 명확하지 않으므로 사용자가 적용 범위를 알 수 있도록 디자인해야 합니다. 가장 간단한 방법으로는 떨어진(위에서 아래로) 차트에는 필터를 적용하지 않는 방법이 있습니다. 필터 액션을 적용하면 차트의 값이 변하는데, 사용자가 이를 보고 알 수 있으면 필터 액션의 적용 범위를 이해할 수 있습니다.

그러나 값 변화는 조작하는 차트와 같은 화면에 있는 차트까지입니다. 차트가 멀리 떨어져 화면 밖에 있다면 필터를 적용할 때, 값의 변화를 알 수 없습니다. 모든 차트에 필터 액션을 적용할 때는 이를 주석 등으로 설명하도록 하며 차트 일부에만 적용할 때는 멀리 떨어진 차트에는 필터를 적용하지 않는 것이 좋습니다.

그러나 대시보드에 필요한 조건 때문에 화면 밖에 있는 차트에도 필터 액션을 적용해야 한다면 **그림 5.5.2**처럼 아이콘 표시나 화면 강조, 차트 디자인 변화 등으로 필터를 적용한 차트를 명확하게 구분하도록 합니다.

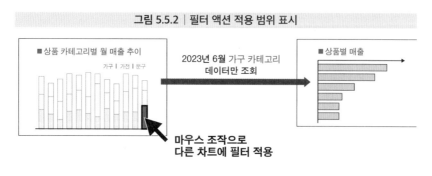

그림 5.5.2 | 필터 액션 적용 범위 표시

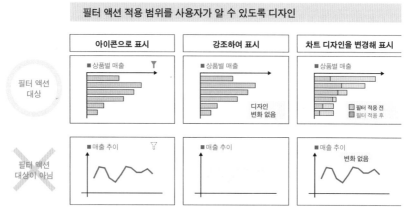

필터 액션 적용 범위를 사용자가 알 수 있도록 디자인

이렇게 아이콘이나 강조를 이용하여 명확하게 필터 액션 적용 범위를 나타내는 방법은 무척 유용합니다. 그러나 이런 표시 기능을 기본으로 지원하는 BI 도구는 그리 많지 않으므로 주의하세요. 또한, 구현할 수 있을 때도 복잡한 설정이 필요하며 어느 정도 인력을 투입해야 할 때가 많습니다. 그러므로 인력을 투입해서라도 화면 밖 차트에도 필터 액션을 적용해야 할지 충분히 검토합시다.

● 버튼을 이용하여 지표나 차트를 바꾸는 기능

디자인이 비슷한 차트를 여러 개 두어야 할 때 이를 나란히 두면 공간을 차지해 사용하기가 불편할 수 있습니다. 이럴 때는 **그림 5.5.3**처럼 표시할 차트 지표를 사용자가 직접 바꿀 수 있는 버튼을 대시보드에 설정하면 공간을 아낄 수 있습니다.

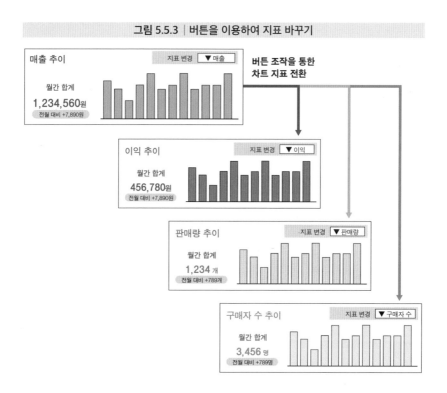

그림 5.5.3 | 버튼을 이용하여 지표 바꾸기

이 기능을 이용하면 다음과 같은 장점이 있습니다.

① 대시보드 크기 제한을 벗어나는 분석 요건을 제공할 수 있음
→ 지표마다 차트를 나누지 않아도 됨

② 대화 형식으로 데이터 분석 경험을 제공할 수 있음
→ 원하는 지표로 바꾸면서 데이터를 분석할 수 있음

BI 도구에 따라서는 버튼 구현이 어려울 수도 있으므로 기능이 있는지를 확인하고 나서 디자인을 시작하세요. 바꾸기 버튼을 이용하면 지표 바꾸기 뿐 아니라 차트나 지표 계산 로직 바꾸기 등 다양한 기능을 만들 수 있습니다. 대시보드에 필요한 조건에 따라 버튼을 이용하기 바랍니다.

● 도구 힌트를 이용하여 자세한 정보 표시하기

차트 요소에 마우스를 올렸을 때 정확한 집계값이나 보충 정보 등을 담은
창을 표시하는 기능이 도구 힌트입니다. 도구 힌트를 사용할 때는 그림 5.5.4
처럼 텍스트 서식을 이용하면 보기 쉽습니다.

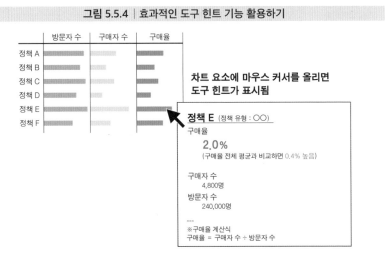

그림 5.5.4 │ 효과적인 도구 힌트 기능 활용하기

이 기능은 다음과 같은 장점이 있습니다.

① 대시보드 크기 제한을 벗어나는 분석 요건을 제공할 수 있음
　→ 도구 힌트로도 충분한 정보라면 대시보드 공간이 필요 없음

② 대화 형식으로 데이터 분석 경험을 제공할 수 있음
　→ 겉으로 드러난 잡음을 줄이고 사용자가 알고 싶을 때만 도구 힌트를 확인=신호
　　의 하나로 정보를 제공할 수 있음

텍스트 서식을 변경할 때의 요령은 다음과 같습니다.

• 중요한 정보와 보충 정보는 텍스트 크기, 색 등으로 구별한다.
• 정보가 많을 때는 텍스트 내용을 구조화하고 제목 등을 추가한다.
• 탭을 이용하여 글자 위치를 조정하는 등 레이아웃을 정리한다.

이를 참고하면서 분석을 더 풍부하게 만들기 위한 정보를 선택하고 도구
힌트를 활용하여 효과적으로 표현하도록 합니다.

6장

데이터 준비와
대시보드 구축

6

6.1
데이터 준비

이 장에서 살펴볼 내용

5장까지 대시보드 설계를 끝냈으므로 다음은 드디어 데이터 준비 단계입니다. 이 장에서는 대시보드에 사용할 데이터를 준비하는 순서나 주의해야 할 사항을 알아봅니다(그림 6.1.1). 또한, 마지막 절에서는 대시보드 구축을 잠시 살펴봅니다.

데이터를 준비하는 일반적인 작업 단계는 다음과 같습니다(그림 6.1.2).

① 요건 확인하기
③ 테이블 설계하기
④ 테이블 생성하기
⑤ 데이터 업데이트 규칙화

이 장에서는 이러한 작업 단계에 따라 설명합니다.

그림 6.1.1 | 대시보드 구축 프로젝트 전체 모습

요구 사항·요건 정의 → 대시보드 설계 → 데이터 준비 → 대시보드 구축 → 운용·검토·지원

이 장에서 다룰 단계

그림 6.1.2 | 데이터 준비 작업 단계

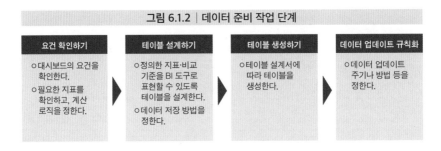

요건 확인하기	테이블 설계하기	테이블 생성하기	데이터 업데이트 규칙화
○대시보드의 요건을 확인한다. ○필요한 지표를 확인하고, 계산 로직을 정한다.	○정의한 지표·비교 기준을 BI 도구로 표현할 수 있도록 테이블을 설계한다. ○데이터 저장 방법을 정한다.	○테이블 설계서에 따라 테이블을 생성한다.	○데이터 업데이트 주기나 방법 등을 정한다.

지면 관계상 이 책에서는 데이터베이스와 관련한 내용을 자세하게 설명하지는 않습니다. 필요하다면 데이터베이스 전문 서적을 참고하세요.

● 요건 확인하기

목적을 달성하는 대시보드를 만들려면 대시보드의 요건을 충족하는 데이터 구성이 필요합니다. 3장~5장에서 정의한 대시보드의 요건과 설계 내용을 확인합니다. 자세한 내용은 6.2절에서 알아봅니다.

● 테이블 설계하기

정의한 지표와 비교 기준을 BI 도구로 만들 수 있도록 테이블을 설계합니다. 최종 성과물에서 역산하여 데이터 소스와 데이터 저장 방법을 검토합니다. 자세한 내용은 6.3절에서 알아봅니다.

● 테이블 생성하기

테이블 설계서에 따라 테이블을 생성합니다. 대시보드 구축 환경에 따라 다릅니다만, 대부분 SQL 과 같은 언어를 이용하여 데이터를 다룹니다. 자세한 내용은 6.4절에서 알아봅니다.

● 데이터 업데이트 규칙화

비즈니스 의사 결정을 올바르게 내리려면 적절한 간격으로 대시보드 데이터를 업데이트해야 합니다. 여기서는 데이터 업데이트 횟수와 방법을 결정합니다. 자세한 내용은 6.5절에서 알아봅니다.

6.2
대시보드에 필요한 요건 확인

지표 확인과 계산 로직 결정

목적을 달성하는 대시보드를 만들려면 먼저 대시보드의 요건을 확인합니다. 대시보드로 집계하고 분석하고 싶은 지표를 자세히 살펴보고 계산 로직을 정합니다. 각 지표의 자세한 내용을 자료로 정리했다면 그 자료를 보고 어떤 지표를 어떤 세부 수준에서 분석하면 좋을지를 확인합니다.

지표 관련 정보를 정리하지 않고 시각화 이미지만 정의했다면 여기서 각 지표를 정리해야 합니다. 예를 들어, 대시보드에서 흔히 보는 지표로 '매출', '회원 수', '매출 중 재구매 비율' 등이 있습니다. 이에 해당하는 계산 로직을 정합니다. 매출이라면 '각 구매 금액 합계', 회원 수라면 '전체 회원의 번호 고윳값 개수' 등입니다(그림 6.2.1).

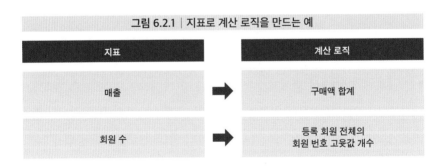

그림 6.2.1 | 지표로 계산 로직을 만드는 예

지표		계산 로직
매출	➡	구매액 합계
회원 수	➡	등록 회원 전체의 회원 번호 고윳값 개수

BI 도구에는 각 계산식에 해당하는 함수가 있으므로 이를 이용하여 계산합니다. 계산 로직을 확인하고 싶을 때가 있습니다. 바로 대시보드 사용자와 데이터 작성자 사이에 정의가 서로 다를 때입니다. 예를 들어, '매출'을 집계하고 싶을 때 상품 가격, 부가 가치세, 수수료, 배송비를 더할 것인지, 아니면 상품 가격만 매출로 할 것인지 등의 차이가 생기곤 합니다.

특히 데이터 작성자와 지표를 정의해야 하는 담당자(비즈니스 담당자)가 따로 존재한다면 작성한 계산 로직이 적절한지 지표를 정의해야 하는 담당자가 확인해야 합니다.

계산 로직을 결정하는 단계에서 어떤 데이터를 사용할지도 고려해야 합니다. 예를 들어, '매출'을 계산하려면 '주문 데이터'가 필요하고, '회원 수'를 계산하려면 '회원 등록 데이터'가 필요할 것입니다. 이 정보는 6.3절에서 자세히 살펴봅니다.

데이터 정밀도 검토

데이터를 준비할 때는 데이터의 '정밀도'를 생각해야 합니다. **데이터 정밀도란 어느 정도로 상세한 데이터를 저장할 것인지를 말합니다.**

예를 들어, 대시보드로 확인하고 싶은 지표가 '○월 매출 합계'라 한다면, 적어도 월별로 저장한 매출 데이터가 있어야 합니다. 마찬가지로 '○월 ○일 매출 합계'를 확인하고 싶다면, 적어도 일별로 저장한 매출 데이터가 필요합니다(그림 6.2.2, 그림 6.2.3).

그림 6.2.2 | 데이터 정밀도 차이(예 1)

개별 매출 (1거래당 1레코드)

주문일	주문 번호	매출
2022/11/1	001	5000
2022/11/1	002	8000
2022/11/1	003	3000

일별 매출 (1일당 1레코드)

주문일	매출
2022/11/1	16000
2022/11/2	21000
2022/11/3	35000

월별 매출 (1개월당 1레코드)

주문월	매출
2022/11	620000
2022/12	780000
2023/1	530000

그림 6.2.3 │ 데이터 정밀도에 따라 대시보드에 표시할 수 있는 데이터가 달라짐 (예 1)

저장 데이터 정밀도	개별 매출	일별 매출	월별 매출	연간 매출
개별 매출(1거래당 1레코드)	표시 가능 ○	표시 가능 ○	표시 가능 ○	표시 가능 ○
일별 매출(1일당 1레코드)	×	표시 가능 ○	표시 가능 ○	표시 가능 ○
월별 매출(1개월당 1레코드)	×	×	표시 가능 ○	표시 가능 ○

또 하나의 예로, 회원 데이터 분석을 들 수 있습니다. 회원 수나 성별, 연령대별 회원 수를 알고 싶을 때는 어떤 데이터가 있어야 분석 목적을 이룰 수 있을까요? 회원별로 한 행에 '성별', '연령' 등의 열이 있는 데이터를 BI 도구에 직접 연결하여 그 데이터를 BI 도구로 집계하면 대시보드에 전체 회원 수, 성별, 연령대별 회원 수를 표시할 수 있습니다.

회원 한 사람 한 사람이 아니라 성별, 연령대별 회원 수를 집계한 테이블을 따로 만들어도 BI 도구로 같은 내용(전체 회원 수, 성별, 연령대별 회원 수)을 표시할 수 있습니다. 단, 더 자세한 데이터나 다른 기준으로 데이터를 보고자 할 때는 BI 도구가 아닌 연결한 데이터 그 자체를 수정해야 합니다(그림 6.2.4, 그림 6.2.5).

그림 6.2.4 │ 데이터 정밀도 차이 (예 2)

회원 목록 (1회원 1레코드)

회원 번호	이름	생년월일	연령	성별	시도	가입일
1	○○	1985/01/01	38	남성	서울시	2019/01/31
2	△△	1973/05/05	49	여성	인천시	2020/06/30
3	□□	1995/03/03	27	남성	경기도	2021/07/15

미리 집계한 회원 데이터 (성별·연령별 1레코드)

연령대	성별	회원 수
20	남성	1500
20	여성	2100
30	남성	2800
30	여성	3500

그림 6.2.5 │ 데이터 정밀도에 따라 대시보드에 표시할 수 있는 데이터가 달라짐(예 2)				
저장 데이터 정밀도	성별 회원 수	연령별 회원 수	성별, 연령별 회원 수	전체 회원 수
회원 목록 (1회원 1레코드)	표시 가능 ○	표시 가능 ○	표시 가능 ○	표시 가능 ○
미리 집계한 회원 데이터 (성별과 연령별 1레코드)	표시 가능 ○	표시 가능 ○	표시 가능 ○	표시 가능 ○

▼ 분석 기준을 바꾸면

저장 데이터 정밀도	연령별 회원 수	시도별 회원 수	가입 월별 회원 수	전체 회원 수
회원 목록 (1회원 1레코드)	표시 가능 ○	표시 가능 ○	표시 가능 ○	표시 가능 ○
미리 집계한 회원 데이터 (성별과 연령별 1레코드)	×	×	×	표시 가능 ○

정밀도가 높은 데이터를 BI 도구로 집계하여 정밀도가 낮은 데이터를 만들 수도 있습니다. 즉, 정밀도가 높을수록 BI 도구로 표시할 데이터 수준을 유연하게 선택할 수 있습니다. 단, 데이터 정밀도가 높을수록 레코드 수가 늘어나므로 BI 도구로 다룰 데이터 크기가 커집니다. 데이터가 커지면 처리 속도 등 성능에 영향을 미치므로 적절한 정밀도의 데이터를 선택해야 합니다.

6.3
테이블 설계하기

이용할 데이터 확인하기

테이블을 설계할 때는 3장과 4장에서 살펴본 대로 이용할 데이터를 확인합니다. 확인해야 할 것은 '데이터 소스', '테이블', '칼럼' 3가지입니다.

데이터 소스란 '어느 데이터를 이용할 것인지?'를 말합니다. 기간 시스템 데이터를 이용할 때도 있고 MA 도구나 CRM 도구 등의 시스템 데이터를 이용할 때도 있습니다. 대시보드 구축에서는 이들 데이터를 우선 데이터 웨어하우스와 같은 분석용 데이터베이스와 연결한 다음, 대시보드용 데이터 마트를 구축할 때가 흔합니다.

보통 데이터 소스에는 여러 개의 테이블이 있습니다. 예를 들어, 쇼핑몰 사이트라면 '매출' 트랜잭션 데이터나 '고객 마스터', '상품 마스터' 등의 마스터 데이터를 저장하는 것이 일반적입니다. 그러므로 여러 개의 테이블 중 대시보드에 필요한 정보는 어느 테이블의 어떤 칼럼에 있는지를 확인합니다.

마트 테이블 생성하기

필요한 정보가 어디 있는지 알았다면 데이터 소스 테이블에서 대시보드 구축에 필요한 데이터를 원하는 정밀도로 정리한 '데이터 마트' 테이블을 생성합니다. 이후 이 책에서는 데이터 마트 테이블을 '마트 테이블'이라 부릅니다.

마트 테이블은 하나의 원본 테이블로 생성할 때도 있고 여러 개의 테이블 데이터를 조인(join)하여 생성하기도 합니다. 대시보드에 표시하고 싶은 내용과 데이터 소스에 저장한 데이터가 완전히 일치하는 경우는 드물기 때문에 보통 데이터 소스의 여러 테이블을 조인하여 마트 테이블을 생성합니다. 또한, 여러 개의 테이블로 마트 테이블을 구성하는 경우도 흔합니다.

데이터 소스의 데이터 중 어떤 테이블의 칼럼을 이용할 것인지를 확인하고 데이터 마트 생성 방침을 검토합니다.

필자의 팀에서는 대시보드 구축 프로젝트를 진행할 때 주로 각 데이터 소스에서 Treasure Data CDP에 저장한 데이터를 사용하여 데이터 마트를 만듭니다(그림 6.3.1).

그림 6.3.1 | 데이터 소스부터 BI까지의 아키텍처 예

각종 데이터 소스

Treasure Data CDP

기간 시스템

MA 도구

웹 접속 로그

데이터 마트

마트 테이블

BI 도구
(대시보드)

데이터 마트 환경 패턴

데이터 마트를 만드는 패턴은 2가지입니다. 여러 개의 데이터 소스에서 가져온 데이터를 하나의 데이터 마트로 모은 통합 테이블을 미리 생성하고 이를 BI 도구에 연결하는 방법과 여러 개의 데이터 소스의 데이터나 마트 테이블을 BI 도구에 연결하여 사용하는 방법입니다(그림 6.3.2).

그림 6.3.2 | 데이터 마트 환경 패턴 2가지

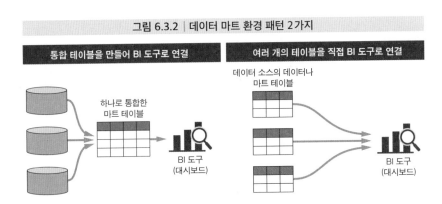

통합 테이블을 만들어 BI 도구로 연결

하나로 통합한
마트 테이블

BI 도구
(대시보드)

여러 개의 테이블을 직접 BI 도구로 연결

데이터 소스의 데이터나
마트 테이블

BI 도구
(대시보드)

● 하나의 통합 테이블을 준비하는 패턴

BI 도구에 연결하기 전에 하나의 통합 테이블을 생성하는 패턴입니다. 원본 데이터 소스의 테이블이 하나뿐일 때도 있지만 여러 개일 때는 BI 도구에 연결하기 전에 하나의 테이블로 통합하여 마트 테이블로 만들 때도 있습니다. 미리 통합한 마트 테이블을 준비하면 BI 도구 쪽의 처리가 간단해지므로 BI 도구로 대시보드를 만들기가 비교적 쉽다는 장점이 있습니다.

● 여러 개의 테이블을 BI 도구에서 직접 사용하는 패턴

필요한 테이블이 여러 개일 때는 여러 개의 테이블을 BI 도구에 연결하여 하나의 대시보드를 만들기도 합니다(그림 6.3.3).

이때 대시보드에서 각 테이블을 독립적으로 사용하면 되는 경우도 있고, 여러 테이블을 특정 조건으로 조인하여 하나로 통합해야 하는 경우도 있습니다. 테이블을 독립적으로 사용할 때는 대시보드에 독립적으로 표시되므로 테이블 간의 상관관계를 신경 쓰지 않아도 됩니다. 이와 달리 BI 도구에서 테이블을 하나로 통합해야 할 때는 테이블 간 관계(테이블 사이의 관계성)에 따라 조인해야 합니다. 테이블을 조인할 때는 의도한 대로 조인했는지, 집계할 때 중복 등은 없는지에 주의해야 합니다.

그림 6.3.3 | BI 도구로 여러 개의 테이블 정리하기

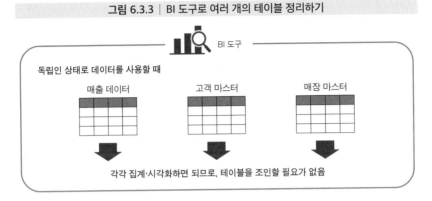

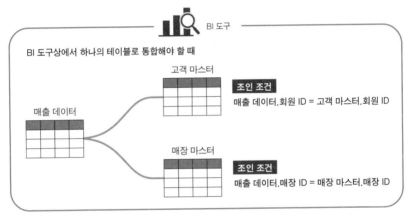

● BI 도구 사양에 맞게 테이블 구조 변환

이용할 BI 도구 사양에 따라서 데이터 사용 방법은 다릅니다. 여러 개의 테이블을 통합하여 사용할 때는 BI 도구 사양에 맞게 테이블을 생성해야 합니다.

테이블 설계하기

데이터 소스에서 이용할 데이터를 결정하고 데이터 마트의 구성을 대략 정했다면 이제는 구체적인 테이블을 설계합니다. **테이블을 어떻게 그룹화할**

지 그 테이블 중에는 어떤 항목이 포함될지, 또한 어느 정도의 정밀도로 데이터를 저장할 것인지를 검토합니다.

● 차트 디자인에서 거꾸로 계산하기

테이블 설계는 성과물인 대시보드 차트 디자인에서 역산하여 진행하는 편이 쉽습니다. 시각화 요건에 따라 어떤 데이터를 어떻게 구성할지를 생각합니다.

차트를 구성하는 요소는 다음과 같습니다.

- 차원
- 측정값
- 필터 조건
- 계산 조건

이에 사용하는 모든 정보를 고려하고 분석 요건을 만족하는 테이블 구조를 만듭니다. 여기서는 아주 간단한 '쇼핑몰 매출 대시보드'(그림 6.3.4)를 예로 들겠습니다.

그림 6.3.4 대시보드로 할 수 있는 일은 다음과 같습니다.

- '주문 연월'을 선택할 수 있음(필터 조건)
- '상품 카테고리'를 선택할 수 있음(필터 조건)
- '고객 유형'을 선택할 수 있음(필터 조건)
- 시도별(차원)로 '매출', '1인당 매출', '이익', '이익률' 등 4가지 지표(측정값)를 확인할 수 있음

이를 대시보드에 구현하려면 어떤 데이터가 필요한지 알아야 합니다.

그림 6.3.4 | 차트 디자인으로 테이블 설계하기

- ● 차원(dimension)

차원이란 '○○별로 보기'에서 ○○ 부분을 말합니다. 4장 분석 설계에서 살펴본 집계 조건의 '비교 조건'에 사용하는 데이터로 생각하면 이해하기 쉽습니다. 예를 들어, '성별', '나이', '지역' 등이 이에 해당합니다.

이번 예에서는 차원은 '지역'이므로 각 주문을 어느 지역 고객이 했는지를 구분해야 합니다. 즉, 마트 테이블에는 '지역' 칼럼이 있어야 합니다. 주문한 고객이 거주하는 시도가 어디인지를 '지역' 칼럼에 저장합니다(그림 6.3.5).

마트 테이블 단계에서 미리 '지역' 칼럼을 만들어도 좋고 BI 도구의 그룹화 기능을 이용하여 시도 등 주소를 이용하여 직접 '지역'별로 나누어도 좋습니다. 여기서는 개수가 한정된 시도로 카테고리를 나눌 것이므로 어느 방법이든 괜찮습니다. 그러나 카테고리로 나눌 대상이 많을 때나 카테고리가 자주

6장 데이터 준비와 대시보드 구축

변경될 때는 BI 도구로 직접 카테고리를 나누기가 번거로우므로 분류 테이블과 조인하여 마트 테이블을 생성하고 이를 결합하여 운용하는 방법이 바람직합니다.

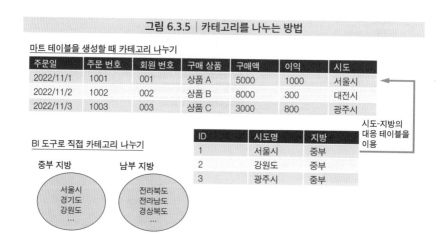

그림 6.3.5 | 카테고리를 나누는 방법

마트 테이블을 생성할 때 카테고리 나누기

주문일	주문 번호	회원 번호	구매 상품	구매액	이익	시도
2022/11/1	1001	001	상품 A	5000	1000	서울시
2022/11/2	1002	002	상품 B	8000	300	대전시
2022/11/3	1003	003	상품 C	3000	800	광주시

시도-지방의 대응 테이블을 이용

ID	시도명	지방
1	서울시	중부
2	강원도	중부
3	광주시	중부

BI 도구로 직접 카테고리 나누기

중부 지방
서울시
경기도
강원도
…

남부 지방
전라북도
전라남도
경상북도
…

● 측정값

확인하고 싶은 지표(수치)를 '측정값'이라 합니다. 이번 예에서는 '매출', '1인당 매출', '이익', '이익률'이 측정값에 해당합니다. 4장 분석 설계에서 살펴본 집계 조건의 '지표'입니다. 각 측정값 계산 로직은 6.2절에서 설명한 '지표 확인과 계산 로직 결정'을 참고로 검토합니다.

이번 예의 4가지 측정값 계산 로직은 다음과 같습니다.

- 매출: 매출 합계
- 이익: 이익 합계
- 1인당 매출: 매출 합계 ÷ 구매자 수
- 이익률: 이익 합계 ÷ 매출 합계

'매출', '이익'은 트랜잭션마다 1개의 칼럼씩이므로 이를 필요한 기간 동안 더하면 됩니다. '1인당 매출'은 매출 합계를 구매자 수로 나눈 것이므로 구매자 수를 계산할 수 있어야 합니다. 구매자 수는 구매한 고객의 회원 번호 고 윳값 개수(예: 같은 사람이 2번 구매하더라도 '1명'으로 취급)이므로 데이터에서 고객을 식별할 수 있어야 합니다. 즉, 고객 ID를 데이터로 저장해야 합니다.

● 필터 조건

집계 대상 데이터에 특정 조회 조건을 추가하는 기능이 '필터'입니다. 이번 예에서는 '주문일자', '상품 카테고리', '고객 유형'별로 필터를 적용할 수 있 습니다. 원하는 조건을 필터링하려면 조건에 맞는지를 구별할 수 있는 데이 터여야 합니다.

매출 데이터에 '주문일' 데이터가 있다면 해당 월 데이터만 집계할 수 있습 니다.

'상품 카테고리', '고객 유형'이라면 이를 매출 데이터에 차원으로 저장하 면 됩니다. 차원은 앞서 이야기한 대로 비교 기준으로 이용할 수도 있고 집 계 대상 데이터를 한정하는 필터 조건으로 사용하기도 합니다. '상품 카테고 리'는 상품과 상품 카테고리 매핑 테이블(카테고리 마스터 등)을 매출 데이터 와 조인하여 '카테고리' 칼럼을 만듭니다. '고객 유형'은 고객 정보가 담긴 고 객 마스터 데이터를 매출 데이터와 조인하여 '고객 유형' 칼럼을 만듭니다(그 림 6.3.6).

그림 6.3.6 | 마스터 테이블과 조인하여 고객 분류하기

매출 데이터

주문일	주문 번호	회원 번호	구매 상품	구매액	이익	시도	지방
2022/11/1	1001	001	상품 A	5000	1000	서울시	중부
2022/11/2	1002	002	상품 B	8000	300	대전시	중부
2022/11/3	1003	003	상품 C	3000	800	광주시	남부

고객 마스터

회원 번호	고객 이름	고객 유형
001	○○ △△	소비자
002	주식회사 ××	대기업
003	□□ 유한회사	중소기업

● 차트 디자인에서 역산한 테이블

지금까지 살펴본 내용을 기반으로 차트 디자인에서 거꾸로 계산하면 그림 6.3.4와 같은 대시보드를 만드는 데 필요한 마트 테이블은 다음과 같습니다 (그림 6.3.7).

그림 6.3.7 | 마트 테이블 모습

주문일	주문 번호	회원 번호	구매 상품	카테고리	구매액	이익	시도	지방	고객 유형
2022/11/1	1001	001	상품 A	가구	5000	1000	서울시	중부	소비자
2022/11/2	1002	002	상품 B	가전	8000	300	부산시	중부	대기업
2022/11/3	1003	003	상품 C	사무용품	3000	800	광주시	남부	중소기업

이 마트 테이블은 어디까지나 하나의 예로, 지역별로 집계하면 되므로 '시도' 칼럼은 그림 6.3.4 대시보드를 만드는 데 필요하지는 않습니다. 또한, 연월별로 집계하고자 하므로 '주문일'도 연월일까지는 필요 없습니다. 단, 추가 분석이 필요할 때(예: 시도별 매출, 일변 매출 등) 마트 테이블에 새로운 데이터를 추가하려면 번거롭습니다. 이럴 때는 데이터 크기에 문제가 없다면 좀 더 자세한 데이터도 포함하는 것이 좋습니다. 지금까지 과정으로 계산 로직과 마트 테이블 설계를 정했다면 4장에서 만들 대시보드 상세 설계서에 이 내용을 추가 기록합니다.

테이블 사이 관계 정리하기

여러 개의 테이블을 마트 테이블로 이용할 때는 BI 도구로 어떻게 조인할 것인지를 정리하고 관련한 정보를 기록합니다. 그림 6.3.8처럼 어느 테이블과 어느 테이블을 어떤 조건으로 조인할지 기록한 자료를 대시보드에 요건 정의 자료에 덧붙이면 좋습니다.

테이블을 조인할 때는 '일대일', '일대다', '다대다' 중 어떤 유형인지를 확인합니다. 보통 '트랜잭션 데이터에 마스터 테이블 정보 추가'와 같은 '일대다' 유형이 흔합니다(그림 6.3.9).

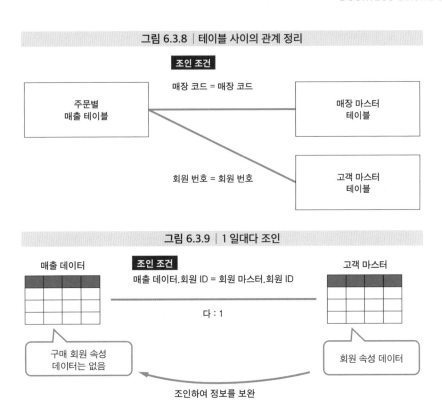

그림 6.3.8 | 테이블 사이의 관계 정리

그림 6.3.9 | 1 일대다 조인

BI 도구는 어떤 관계이든 테이블을 조인할 수 있습니다. 그러나 테이블 관계가 다대다이고 양쪽 모두 트랜잭션 데이터일 때 크기가 큰 테이블을 조인하면 수많은 조합이 발생하므로 대시보드 성능이 떨어질 수 있습니다.

보충: 테이블 유형

마트 테이블에는 크게 3가지 유형이 있습니다. 각각 다음과 같은 특징이 있으므로 목적이나 상황에 따라 적절한 유형의 테이블을 생성하도록 합시다.

● EAV형(Entity-Attribute-Value형)

가장 간단한 테이블 유형입니다. 칼럼은 '차원', '측정값 이름(속성: Attribute)', '측정값(값: Value)'으로 구성합니다. EAV형은 **그림 6.3.10**처럼 차원별로 '측정값 이름', '측정값'을 세로로 쌓은 테이블입니다.

그림 6.3.10 | EAV형 테이블

날짜	매장 이름	측정값 이름	측정값
2022/11/1	신촌점	매출	30000
2022/11/1	신촌점	개수	10
2022/11/1	홍대점	매출	90000
2022/11/1	홍대점	개수	30
2022/11/2	신촌점	매출	60000
2022/11/2	신촌점	개수	20
2022/11/2	홍대점	매출	15000
2022/11/2	홍대점	개수	5

EAV형의 장점으로는 데이터를 쉽게 추가할 수 있다는 점을 들 수 있습니다. 세로로 늘어나는 측정값 이름 덕분에 측정값 이름 종류가 늘어나더라도 측정값이 자동으로 늘어나므로 대시보드를 수정하지 않아도 됩니다. 또한, 나중에 데이터를 추가하는 형태의 데이터(예: 이후 반품 날짜 등을 추가할 때)라도 데이터가 늘어남에 따라 대시보드도 업데이트되므로 간편합니다.

EAV형의 최대 단점은 테이블 구조를 알기 어렵다는 것입니다. 측정값 이름이 테이블의 값 부분에 있으므로 전체 모습을 한눈에 알기 어렵습니다.

● Tidy Data형

가장 사용하기 편리한 테이블 유형입니다. 칼럼은 '차원', '측정값'으로 구성합니다. 차원마다 필요한 측정값을 칼럼으로 추가하고 각 레코드에 각각의 측정값을 저장합니다.

범용성이 높으며 특별한 단점은 없습니다. 사용하기가 편하므로 Tidy Data형이 가장 바람직합니다(그림 6.3.11).

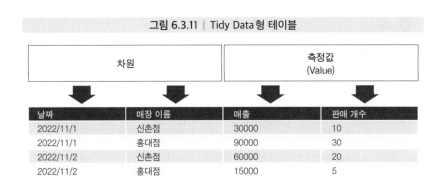

그림 6.3.11 | Tidy Data형 테이블

날짜	매장 이름	매출	판매 개수
2022/11/1	신촌점	30000	10
2022/11/1	홍대점	90000	30
2022/11/2	신촌점	60000	20
2022/11/2	홍대점	15000	5

● Wide Spread형

집계가 끝난 값을 옆으로 나열하는, 가로로 긴 테이블입니다. 특별한 이름이 없으므로 여기서는 'Wide Spread형'이라 부르겠습니다(그림 6.3.12). 칼럼은 '차원'과 집계가 끝난 여러 개의 '측정값'으로 구성합니다.

Wide Spread형의 장점으로는 BI 도구에서의 설정이 아주 간단하다는 점을 들 수 있습니다. BI 도구에 익숙하지 않은 사람이 대시보드를 만들 때나 결정된 집계값을 BI 도구로 표시하기만 하는 간단한 대시보드를 만들 때는 Wide Spread형이 적당합니다.

그러나 확장성이 없다는 것이 단점입니다. 대시보드 쪽에서는 정해진 집계값을 표시하기만 하므로 보고자 하는 지표의 정밀도를 동적으로 변경해야 하는 경우에는 정해진 집계값을 표시하기만 하는 Wide Spread형 테이블로는 대응이 어렵습니다.

그림 6.3.12 | Wide Spread형 테이블

날짜	신촌점 매출	신촌점 판매 개수	홍대점 매출	홍대점 판매 개수
2022/11/1	30000	10	90000	30
2022/11/2	60000	20	15000	5

6.4
테이블 생성하기

테이블 설계를 마쳤다면 드디어 실제 데이터 소스 테이블을 이용하여 마트 테이블을 생성합니다. 조건에 따라 필요한 데이터를 추출하고 때에 따라서는 마스터 테이블이나 매핑 테이블 등을 조인하여 정보를 추가합니다. 또한, 일정한 정밀도로 집계해야 할 때도 있습니다.

Treasure Data CDP에서는 SQL 쿼리로 데이터를 가공하는데, 이용하는 도구에 따라서는 노 코드로 가공할 수도 있습니다. 구체적인 테이블 생성하기 작업은 이용할 도구에 따라 달라지므로 이 책에서는 다루지 않습니다. 다만, 테이블을 생성할 때 주의해야 할 점은 도구와 상관없으므로 이 절에서 몇 가지를 살펴보고자 합니다.

데이터 크기

마트 테이블의 데이터가 너무 많으면 대시보드에서 읽거나 표시하는 데 시간이 걸릴 수 있습니다. 대시보드 쪽에서는 필요한 정보를 볼 수 있어 좋지만, 표시하는 데 시간이 걸리면 대시보드 사용자가 이를 불편해할 수 있습니다. 대시보드 성능에 영향을 끼치지 않도록 데이터 크기에 주의합니다.

● 트랜잭션 데이터는 기간을 한정함

특히 매출 데이터나 웹 방문 로그 등 트랜잭션 데이터는 시간이 지날수록 레코드 수가 늘어납니다. 이러한 데이터를 이용할 때는 기간을 한정하여 마트 테이블을 생성하면 좋습니다.

대부분 월간, 연간 등의 레코드 수는 크게 다르지 않으므로 과거 몇 개월 분, 과거 몇 년 분 등 기간을 한정하여 추출하는 것이 바람직합니다. 데이터 기간은 대시보드 필요 요건과 레코드 개수를 함께 고려하여 정합니다.

● 줄일 수 있는 데이터는 줄임

같은 내용을 표시할 때도 값 형식을 변경하면 데이터 크기를 줄일 수 있습니다. 예를 들어, 일시 데이터는 일시(예: 2023-01-01 00:00:00)가 아닌 Unixtime(예: 1672498800) 형식으로 저장하면 데이터 크기가 줄어듭니다(※ Unixtime이란 세계 협정시(UTC) 1970년 1월 1일 0시 0분 0초부터 지난 시간을 초 단위로 나타낸 것입니다). 마트 테이블 단계에서는 한눈에 알기 어렵지만, BI 도구에서 Unixtime을 연월일로 변환하면 한눈에 알 수 있는 형태로 대시보드에 표시할 수 있습니다.

또한, 데이터 크기를 줄이려면 대시보드에서 이용하지 않는 데이터를 지우는 방법도 있습니다. 예를 들면 다음과 같은 방법입니다.

- 데이터 소스에서는 초 단위로 저장한 일시 데이터를 일 단위 외에는 버린다.
- 상품 이름과 함께 저장한 데이터를 상품 카테고리 단위의 데이터로 만든다.
- 사용자 ID 등 고유 ID 칼럼은 지운다.

데이터를 지울 때 집계에 필요한 데이터까지 지울 때가 있습니다. 예를 들어, 사용자 ID를 지웠다면 고유한 사용자 ID 개수를 셀 수 없습니다. 이러한 단점을 이해하고 필요에 따라 데이터 크기를 줄입시다.

● 필요에 따라 요약함

데이터 크기를 줄이는 방법으로 '요약'이 있습니다. 즉, 데이터를 미리 정리하고 정밀도를 낮추어 레코드 개수를 줄이는 방법입니다.

예)
- 주문별 1레코드 데이터 → 일별 1레코드로 요약
- 페이지 뷰 별 웹 방문 로그 → 방문별로 요약

요약하면 레코드 개수를 줄일 수 있으나 6.2절 '데이터 정밀도 검토' 절에

6장 데이터 준비와 대시보드 구축

서 살펴본 것처럼 데이터 정밀도가 낮아지면 대시보드에 표시할 수 있는 정밀도 유연성이 떨어집니다. 그러므로 데이터 크기와 표시하고 싶은 내용을 함께 고려하여 정밀도를 정하도록 합시다.

어디까지 데이터베이스에서 계산하고 가공할 것인가

마트 테이블을 생성할 때는 데이터베이스에서 어느 정도 계산하고 가공한 데이터를 BI 도구로 연결하는 것이 일반적이나 데이터베이스에서 어느 정도까지 계산하고 가공할 것인지와 BI 도구에서 어느 정도를 계산하고 가공할 것인지가 논란이 되곤 합니다.

예를 들어, 고객별 누계 구매액에 따라 고객 등급을 정한다고 합시다(그림 6.4.1). 마트 테이블 쪽에서 고객별로 '누계 구매액' 칼럼(예: ₩50,000, ₩100,000 등)에 저장할 수도 있고 미리 누계 구매액이 1~50,000원인 고객을 '보통 고객', 100,000원 이상인 고객을 '우수 고객' 등의 카테고리로 나눈 '고객 등급' 칼럼을 가질 수도 있습니다. 마트 테이블에서는 '누계 구매액' 칼럼만 있다면 BI 도구에서는 1~50,000원인 고객을 '보통 고객', 100,000원 이상인 고객을 '우수 고객'으로 나누는 작업을 해야 합니다.

그림 6.4.1 | 데이터베이스와 BI 도구 어느 쪽에서 할지 고민스러운 장면

회원 번호	연령	성별	누계 구매액	고객 등급
001	45	남성	4328	브론즈
002	28	남성	18900	골드
003	39	여성	1390	브론즈

마트 테이블 생성 시에 만들어도 좋고,
BI 도구에서 만들어도 좋음

이처럼 데이터베이스와 BI 도구 어느 쪽에서 계산하고 가공해야 하는지 고민스러울 때가 있습니다. 정해진 규칙은 없지만, 다음 3가지 관점에서 데이터베이스와 BI 도구 어느 쪽에서 계산하고 가공할지를 정합니다.

● 알기 쉬운지?

마트 테이블을 볼 때 눈에 띄는 값이 무슨 뜻인지를 한눈에 알 수 있는지의 관점입니다. 특히 마트 테이블 작성자와 대시보드 구축 담당자가 다르다면 대시보드 구축 담당자가 한눈에 알 수 있는 마트 테이블인 편이 좋습니다.

예를 들어, '시도'라는 칼럼에 1, 2, 3, … 등 숫자보다는 '서울시', '부산시' 등 구체적인 시도 이름이 있는 편이 알기 쉬울 겁니다. 이럴 때는 마트 테이블을 생성할 때 미리 데이터베이스 쪽에서 코드(예: 1, 2, 3, …)를 알기 쉬운 값(예: 서울시, 부산시, …)으로 변환해 두는 편이 좋습니다.

● 동적인지?

대시보드 경험 디자인으로 동적인 요소가 있을 때는 BI 도구에서 이를 계산하여 표시해야 합니다. 예를 들어, '집계 기간 중 특정 행동이 있었는지?'에 따라 이를 표시하는 경우입니다. 대시보드에서 집계 기간을 설정한 다음, 해당 기간에 따라 동적으로 표시(특정 행동 여부)를 변경해야 합니다(그림 6.4.2). 이러한 경우 마트 테이블에는 표시하지 않고 수정이나 가공을 거의 하지 않은 원본 데이터에 가까운 데이터를 유지합니다. 그리고 BI 도구에서 집계를 수행하고 해당 조건이 충족될 때 표시를 설정합니다.

그림 6.4.2 | 동적인 요소가 있을 때

주문일	회원 번호	구매액
2022/11/1	001	5000
2022/11/2	002	8000
2022/11/3	001	6000
2022/12/20	001	4000
2022/12/31	002	10000

표시 조건:
기간 중 구매액이 10만원 이상이면 [1]
10만원 미만이면 [0]

기간 = 2022/11/1 ~ 2022/11/30인 경우
● 회원 001은 [1]로 표시
● 회원 002는 [0]로 표시

기간 = 2022/11/1 ~ 2022/12/31인 경우
● 회원 001은 [1]로 표시
● 회원 002는 [1]로 표시

BI 도구로 집계할 때는 집계가 끝난 데이터가 아니라 원본에 가까운 데이터를 이용해야 하므로 데이터 크기가 너무 커지거나 계산에 부담되는 등 대시보드 표시가 느려지는 문제가 생길 수 있습니다. 이럴 때는 동적인 요소를 포기하고 데이터베이스에서 이를 처리하기도 합니다.

● 범용성

대시보드 이외에도 다른 목적으로 같은 데이터를 사용한다면 데이터베이스에서 먼저 계산하고 가공하는 것이 좋습니다. 같은 데이터를 이용하여 다른 대시보드를 만들 때나 마케팅 정책을 실시할 때가 이에 해당합니다.

예를 들어, 그림 6.4.1의 '브론즈', '골드' 정의를 이용하여 대시보드에 표시하고 고객 등급에 따라 이메일을 보내는 등 대시보드와 정책에서 같은 정의를 사용한다면 데이터베이스에서 미리 계산하고 가공해 두는 것이 좋습니다.

다른 목적으로 매번 같은 변환을 해야 한다면 미리 변환한 범용 테이블을 이용하여 다양한 곳에 활용하는 것이 효율적입니다.

6.5
테이블 업데이트 규칙화

대시보드에서 이용하는 마트 테이블 대부분은 한 번 생성하면 끝이 아니라 매일 데이터를 업데이트합니다. 그러므로 데이터 업데이트 방법이나 횟수를 정해야 합니다.

데이터는 자동 업데이트가 기본입니다. 단, 도구 사양이나 데이터 종류에 따라서는 자동 업데이트를 할 수 없을 때도 있으므로 자동 업데이트 가능과

불가능으로 나누어 이를 규칙으로 만드는 편이 좋습니다.

● 자동 업데이트를 할 수 있을 때

BI 도구에서 데이터 소스와 연동할 수 있고 데이터 소스와 BI 도구 양쪽에서 설정할 수 있을 때는 업데이트 일정을 설정합니다. 당연히 데이터 소스를 업데이트하고 BI 도구 쪽의 데이터를 업데이트하는 순서로 진행하도록 설정합니다. 그리고 시간을 지정할 때는 조금 여유를 두고 일정을 정합니다.

예)
- 데이터 소스: 매일 아침 5시에 업데이트 시작(소요 시간은 1시간 정도)
- BI 도구: 매일 아침 7시에 업데이트

※ 데이터 소스 업데이트는 아침 6시에 끝나는 것으로 가정했으나 데이터 크기 등에 따라 걸리는 시간이 달라질 수 있으므로 BI 도구에서는 여유를 두고 아침 7시에 업데이트하도록 설정

● 자동 업데이트를 할 수 없을 때

자동으로 연동이 되지 않거나 주기적으로 수동 입력해야 하는 데이터(예: 매월 목표 수치, 콘텐츠 마스터, 광고 ID 마스터)는 자동으로 업데이트할 수 없습니다. 이런 데이터는 저장 장소나 횟수 등의 규칙을 정하여 운용해야 합니다.

예를 들어, '매주 월요일에 ○○ 담당자가 △△에서 내려받아 □□ 폴더에 ◇◇이라는 파일 이름으로 저장한다.'라는 규칙을 정해 운용합니다. 이럴 때는 업데이트 방법을 정리한 매뉴얼을 준비하는 것이 좋습니다.

● 업데이트 횟수

데이터 업데이트 횟수를 사전에 결정해야 합니다. 대시보드 데이터를 적절한 주기로 업데이트하지 않으면 대시보드를 보더라도 적절한 의사 결정을

할 수 없습니다. 이렇게 되면 모처럼 만든 대시보드가 점점 쓸모없어집니다.

일반적인 비즈니스 대시보드라면 매일 업데이트가 기본입니다. 매일 업데이트 할 때는 전날의 데이터를 당일 아침(가능하다면 업무 전)에 업데이트하는 것이 좋습니다. 좀 더 실시간으로 해야 한다면 일정 시간 간격(예: 6시간에 1번, 1일 4번)으로 업데이트하는 것도 고려할 수 있습니다.

또한, 대시보드 사용자에게 데이터 업데이트 빈도와 횟수를 알려야 합니다. 많은 사람이 대시보드를 이용할 때 사용자가 언제의 데이터인지를 모른다면 잘못된 해석을 할 염려가 있습니다. 이럴 때는 업데이트 횟수를 기록으로 남기거나 대시보드에 최신 데이터 날짜를 표시해 두면 어느 시점의 데이터인지 알 수 있습니다.

6.6
데이터 준비에 따른 과제와 해결 방법

과제 1: 다시 작업해야 하는 내용이 늘어남

이 절에서는 데이터를 준비할 때 자주 발생하는 과제를 살펴봅니다. 구체적인 것부터 추상적인 것까지 다양한 수준의 데이터를 다룰 때 대시보드 구축 현장에서 일어나는 과제 몇 가지를 살펴봅니다.

'다시 작업해야 하는 내용이 늘어난다.'라는 것은 데이터 작성자와 대시보드 구축 담당자가 다를 때 일어나는 문제입니다. 데이터 준비를 마치고 대시보드 구축을 시작하려는 단계에서 구현할 수 없는 차트나 필터 등이 있다는 것을 알았습니다. 그러면 대시보드 구축 담당자는 데이터 작성자에게 이를 알리고 데이터를 다시 준비하도록 합니다. 이를 반복하면 대시보드 구축에 예정보다 시간이 더 걸리게 됩니다. 게다가 데이터 정밀도나 형식 등이 중간에 변경되면서 진행했던 BI 도구 쪽의 작업도 수정이 발생하게 됩니다(그림 6.6.1).

이러한 번거로움을 덜려면 최종 성과물의 모습을 구체적으로 그리고 예상한 최종 성과물대로 구현할 수 있도록 데이터 요건을 명확히 정의하는 것이 중요합니다.

대시보드 구축 도중에 사양을 변경해야 할 때도 있습니다. 기껏 만들었더니 '이렇게 표현하는 것이 더 보기 좋겠는 걸?'이라는 생각이 들 때입니다. 이럴 때를 대비해서 BI 도구 쪽에서 대시보드 사양을 유연하게 변경할 수 있는 데이터를 준비하는 것도 하나의 방법입니다. 앞서 살펴본 6.4절 '어디까지 데이터베이스에서 계산하고 가공할 것인가' 절을 참고로 생각합시다.

또한, 데이터 작성자가 처음에는 가능한 한 자세하고 폭넓은 데이터를 준비하고 필요 없는 데이터는 나중에 지우도록 함으로써 '필요한 데이터가 부족해서 마트 테이블을 새로 생성해야 하는 상황'을 피할 수 있습니다.

그림 6.6.1 | 다시 작업해야 하는 예

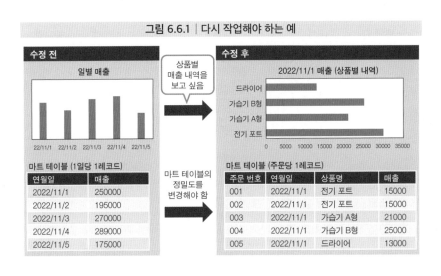

과제 2: 분석하기에는 데이터가 너무 정밀함

차원이 너무 많은, 즉 종류가 너무 다양한 것을 집계할 때 흔히 발생하는 과제입니다. 예를 들어, 홈페이지 방문 로그를 분석할 때 페이지 URL이나 광고 ID 등 차원마다 집계하더라도 페이지 수나 광고 종류가 너무 많으면 '결국 말하고 싶은 것이 무엇인지 모르겠다.'라는 상황이 되곤 합니다.

웹 광고 효과를 측정하고자 광고마다 웹 사이트 방문 수를 집계한다고 했을 때, 광고 디자인도 다양하고 프로모션도 여러 가지라면 종류는 수십, 수백 가지나 됩니다. 이를 종류별로 집계하여 그 결과를 보더라도 무엇을 나타내는지 알기 어렵습니다.

이럴 때는 마스터 데이터를 만드는 것이 효과적입니다. 그림 6.6.2처럼 광고 ID와 광고 매체, 형태 등의 카테고리를 매핑할 수 있는 테이블을 준비합니다. 그리고 마스터 데이터를 조인하면 광고 ID로 집계된 수치가 아니라 카테고리별로 집계한 수치를 보고 대략적인 경향을 알 수 있습니다(그림 6.6.3).

그림 6.6.2 | 광고 프로모션 마스터 데이터 예

광고 ID	매체	형태	캠페인	대상	시작일	종료일
a_2302_new	매체 A	배너	브랜드 인지 캠페인	신규	20230202	20230218
a_2302_new_ijkl	매체 A	동영상	브랜드 인지 캠페인	신규	20230202	20230218
a_2303_mnop	매체 A	동영상	쇼핑몰 방문자 리타깃팅		20230315	20230331
a_2303_new	매체 A	배너	브랜드 인지 캠페인	신규	20230315	20230331
a_2303_rep_abcd	매체 A	배너	재방문 대상 캠페인	재구매	20230315	20230331
a_2304_mnop	매체 A	동영상	쇼핑몰 방문자 리타깃팅		20230401	20230416
b_2301_new_abcd	매체 B	리스팅	상품 A 광고	신규	20230115	20230201
b_2302_new_efgh	매체 B	리스팅	상품 B 광고	신규	20230202	20230218
b_2303_new_ijkl	매체 B	리스팅	상품 C 광고	신규	20230315	20230331
c_2301_new_abcd	매체 C	리스팅	상품 A 광고	신규	20230115	20230201

c_2302_new_efgh	매체 C	리스팅	상품 B 광고	신규	20230202	20230218
c_2303_new_ijkl	매체 C	리스팅	상품 C 광고	신규	20230315	20230331
c_2303_rep_abcd	매체 C	배너	상품 A 재구매 유도	재구매	20230315	20230331
c_2303_rep_efgh	매체 C	배너	상품 B 재구매 유도	재구매	20230315	20230331
c_2303_rep_ijkl	매체 C	배너	상품 C 재구매 유도	재구매	20230315	20230331
ow_2301_new_zzzz	자사 미디어	메일	잠재 고객 대상	신규	20230115	20230201
ow_2301_rep_ijkl	자사 미디어	마이 페이지	상품 C 재구매 유도	재구매	20230115	20230201
ow_2302_new_efgh	자사 미디어	메뉴 옆 배너	상품 B 광고	신규	20230202	20230218
ow_2302_rep_abcd	자사 미디어	메일	상품 A 재구매 유도	재구매	20230202	20230218

그림 6.6.3 | 광고 캠페인 마스터를 이용하면 카테고리별로 나눌 수 있음

광고 ID	노출 수	클릭 수	클릭률	CV수	CV율
a_2302_new	10	0	0.00%	0	
a_2302_new_ijkl	650	50	7.69%	0	0.00%
a_2303_mnop	3,000	40	1.33%	4	10.00%
a_2303_new	30	0	0.00%	0	
a_2303_rep_abcd	2,000	30	1.50%	1	3.33%
a_2304_mnop	5,000	30	0.60%	3	10.00%
b_2301_new_abcd	150	2	1.33%	1	50.00%
b_2302_new_efgh	6,000	10	0.17%	1	10.00%
b_2303_new_ijkl	3,000	80	2.67%	2	2.50%
c_2301_new_abcd	1,000	50	5.00%	3	6.00%
c_2302_new_efgh	2,500	20	0.80%	2	10.00%
c_2303_new_ijkl	300	50	16.67%	1	2.00%
c_2303_rep_abcd	4,000	50	1.25%	5	10.00%
c_2303_rep_efgh	300	3	1.00%	1	33.33%
c_2303_rep_ijkl	50	20	40.00%	3	15.00%
ow_2301_new_zzzz	800	80	10.00%	6	7.50%
ow_2301_rep_ijkl	3,000	150	5.00%	7	4.67%
ow_2302_new_efgh	2,000	50	2.50%	1	2.00%
ow_2302_rep_abcd	1,000	150	15.00%	9	6.00%

매체	형태	노출 수	클릭 수	클릭률	CV수	CV율
매체 A	배너	2,040	30	1.47%	1	3.33%
	동영상	8,650	120	1.39%	7	5.83%
매체 B	리스팅	9,150	92	1.01%	4	4.35%
매체 C	배너	4,350	73	1.68%	9	12.33%
	리스팅	3,800	120	3.16%	6	5.00%
매체 D	마이 페이지	3,000	150	5.00%	7	4.67%
	메뉴 옆 배너	2,000	50	2.50%	1	2.00%
	메일	1,800	230	12.78%	15	6.52%

과제 3: 원본 데이터가 너무 큼

엄청난 양의 트랜잭션 데이터를 시각화할 때 자주 발생하는 과제입니다. 매일매일 데이터가 늘다 보니 몇 개월 만에 대시보드 성능에 문제가 생기곤 합니다.

이에 대처하는 방법은 2가지입니다. 6.4절 '데이터 크기' 절에서 살펴본 것처럼 데이터 기간을 일정한 간격으로 나누거나 정밀도를 낮추어 집계합니다.

6.7
대시보드 구축

데이터 준비가 끝났다면 대시보드 구축을 진행합니다. 데이터 마트를 BI 도구와 연결하고 요구 사항과 요건 정의, 대시보드 설계(분석 설계, 대시보드 디자인) 내용을 기반으로 구축합니다.

이 단계의 작업 내용은 각 BI 도구에 따라 다르고 이를 다룬 서적과 자료도 다양하므로 이 책에서 자세한 설명은 생략합니다. 여기서는 참고로, BI 도구 설정 작업 단계를 간단히 살펴봅니다.

BI 도구 설정에는 다음과 같은 주요 작업 단계가 있습니다.

① 데이터 접속
② 데이터 전처리
③ 함수 작성, 계산 확인
④ 차트 만들기
⑤ 대시보드 레이아웃 작성, 차트 배치
⑥ 필터 같은 동적 기능 설정, 작동 확인
⑦ 성능 확인

● 데이터 접속

데이터베이스나 SaaS 서비스와 같은 데이터베이스 소스 접속을 설정합니다. 접속 설정이라 하니 어려운 작업처럼 들리지만, BI 도구에서는 간단한 조작이면 충분하므로 엔지니어 지식이 없는 사용자라도 쉽게 설정할 수 있습니다.

이뿐만 아니라 BI 도구에 따라서는 표준 기능으로 지원하지 않는 서비스도 간단한 프로그래밍만으로 자유롭게 데이터 소스에 접속할 수 있도록 확장 기능을 제공하는 도구도 있습니다.

● 데이터 전처리

데이터 소스의 테이블을 조인하고 가공합니다. 테이블을 조인하지 않고도 대시보드를 구축할 수 있지만, 차트 구현에 여러 개의 테이블이 필요하면 테이블을 조인해야 합니다.

예를 들어, 쇼핑몰 사이트의 회원 등급별 인기 상품 매출 순위를 알고자 할 때 회원별 상품 매출 실적 테이블과 회원별 등급 테이블 2가지를 조인해야 차트를 구현할 수 있습니다(매출 실적 테이블에 회원별 등급이 연결되지 않았을 때).

이처럼 각각 독립된 테이블 상태에서는 차트를 생성할 수 없기 때문에, 테이블을 조인합니다(그림 6.7.1). 테이블을 생성할 때 조인할 수도 있고 BI 도구에서 조인할 때도 있습니다. 어느 쪽이 더 나은지 정해진 바는 없으므로 6.3절과 6.4절을 참고하기 바랍니다. 테이블 처리에서는 다음과 같은 작업을 수행합니다.

- 수치 계산
- 문자열 처리에 따른 값 변경
- 새로운 열 추가
- 필요하다면 대시보드 구축에 쓰지 않는 행은 제외

특정 행을 제외하는 예로는 상당히 오래된 데이터 소스에 저장된 데이터 중 최근 3년간의 데이터만 보고 싶은 경우입니다. 이 경우는 테이블 날짜 정보에 해당하는 열(구매 월, 결제 월, 상담일, 방문일 등) 값을 이용하여 조건에 해당하는 데이터만 가져옵니다(그림 6.7.2).

그림 6.7.1 | 테이블을 조인해야 하는 예

회원별 상품 매출 실적

구매월	회원 번호	상품	구매액
2022/01	001	AAA	1000
2022/07	001	BBB	2000
2022/11	001	CCC	1500
2022/03	002	DDD	8000
2022/09	002	EEE	10000
2022/08	003	FFF	3000
2022/08	004	EEE	10000

회원별 등급

회원 번호	연령	성별	고객 등급
001	45	남성	브론즈
002	28	남성	골드
003	39	여성	브론즈
004	33	여성	실버

회원 번호를 키로 삼아 매출 실적과 고객 등급을 조인

구매월	회원 번호	상품	구매액	고객 등급
2022/01	001	AAA	1000	브론즈
2022/07	001	BBB	2000	브론즈
2022/11	001	CCC	1500	브론즈
2022/03	002	DDD	8000	골드
2022/09	002	EEE	10000	골드
2022/08	003	FFF	3000	브론즈
2022/08	004	EEE	10000	실버

그림 6.7.2 | 특정 행을 제외해야 하는 예

회원별 매출 실적

구매월	회원 번호	구매액
2019/01	011	5000
2020/04	011	7000
2021/11	011	7000
2022/03	011	4000
2018/04	012	3000
2019/08	012	5000
2020/05	012	5000
2020/07	012	3000
2022/01	012	8000
2020/03	013	4000
2020/09	013	6000
2021/03	013	6000
2021/08	013	6000
2022/05	013	10000
2023/01	013	15000

2023년 7월에 직전 3년분(2020/07-2023/06) 데이터를
사용하고 싶은 경우

o 회원 번호 011의 2019/01, 2020/04
o 회원 번호 012의 2018/04, 2019/08, 2020/05
o 회원 번호 013의 2020/03
이상 매출 실적은 사용하지 않음 = 2020/06 이전 데이터는 제외

● 함수 작성, 계산 확인

이제 차트 작성에 필요한 함수를 만듭니다. 만들 함수는 합계나 평균처럼
기본적인 집계 함수 외에도 특정 값에 따라 고객을 분류하는 분기 함수도 포
함합니다. 특히 대시보드 집계 기간 내 데이터를 대상으로 하는 동적인 분류

는 데이터베이스에서는 할 수 없으므로 BI 도구로 함수를 만들어야 합니다. 예를 들어, 사용자가 임의로 설정한 집계 기간에 3회 이상 상품을 구매한 고객이나 1회 구매 금액이 일정 금액 이상인 고객을 분류할 때, 조건 분기 함수를 이용하여 BI 도구에서 분류합니다.

계산을 확인할 때는 만든 집계 함수의 계산 결과가 데이터베이스에서 직접 집계한 값이나 과거 분석 보고서 등의 수치와 일치하는지를 확인합니다.

정확하게 집계하여 계산하는 것은 매우 중요합니다. 대시보드로 계산한 집계 결과와 대시보드 구축 이전의 보고서 내용 수치가 다르다면 비즈니스에서는 어느 쪽이 올바른 것인지 판단할 수 없어 혼란스러워집니다. 비즈니스에서 올바른 의사 결정을 내리지 못할 위험이 있으므로 집계와 계산이 정확한지 꼭 확인해야 합니다.

대시보드 집계 결과와 대시보드 구축 이전 보고 내용 수치가 다를 때는 대시보드 데이터 소스에 빠진 데이터는 없는지, 데이터 집계 대상은 일치하는지, 집계 함수 등의 지표 계산 로직은 일치하는지 등을 확인하여 가능한 한 계산 결과가 정확하도록 파이프라인 구현 내용이나 BI 도구 설정 내용을 수정합시다.

● 차트 만들기

설계한 지표나 비교 기준, 대시보드 디자인을 기반으로 BI 도구에서 차트를 만듭니다. 차트 만들기 단계는 작업 효율성 측면에서 앞서 이야기한 함수 작성, 계산 확인하기와 동시에 진행하는 것이 일반적입니다. 구체적인 차트 만들기 방법은 도입한 BI 도구 설명서나 공식 도움말을 참고하세요.

● 대시보드 레이아웃 작성, 차트 배치

대시보드 디자인을 기반으로 차트, 필터, 설명 텍스트 등을 배치합니다. 대시보드 크기나 레이아웃 배색, 글자 크기, 각 차트 사이 여백 크기 등 자세한 조정도 이 단계에서 진행하는 것이 효율적입니다.

● 필터 같은 동적 기능 설정, 작동 확인

대시보드 구축 마무리 공정으로 필터 설정, 다른 대시보드로 이동하는 링크 설정, 차트에 마우스를 올렸을 때 나타나는 상세 정보나 서식 등을 조정합니다. 이러한 대시보드 동적 기능은 설정이 잘못되더라도 눈에 잘 띄지 않는 기능이므로 설정이 끝났다면 실제 분석처럼 꼼꼼하게 테스트하며 확인합니다.

● 성능 확인

마지막으로 성능을 확인합니다. 성능을 확인할 때는 대시보드가 차트를 표시하는 데 걸리는 시간이나 필터 처리 시간 등 대시보드를 이용할 때 사용자가 기다려야 하는 시간을 확인합니다. 사용자의 대시보드 이용 빈도에 따라 기준은 다르지만, 매일 사용하는 대시보드임에도 차트 표시에 몇 분씩 걸린다면 이때는 성능을 개선해야 합니다.

성능에 문제가 있다면 대시보드에 이용한 테이블 행 수를 줄이도록 테이블 설계를 재검토하고 테이블 조인 조건이 최선인지, BI 도구 집계 함수 계산에 부하는 없는지 등을 확인하여 수정합니다.

이러한 BI 도구 설정 단계를 거쳐 대시보드를 완성합니다. 물론, BI 도구에 따라 기능이나 조작에 차이는 있으나 기본 작업 방식은 같습니다.

Treasure Data CDP에서의
데이터 마트 환경 정비

이 칼럼에서는 Treasure Data CDP에서 진행하는 데이터 마트 환경 구축 방법을 소개합니다. 6.3절에서 잠시 살펴본 것처럼 필자의 팀은 대시보드 구축 프로젝트에서는 각 데이터 소스에서 Treasure Data CDP로 저장한 데이터를 이용하여 대시보드용 데이터 마트를 만듭니다.

각 데이터 소스에서 가져온 데이터는 처리 상태에 따라 3개 레이어(계층)로 나누어 Treasure Data CDP 안에 보관합니다(그림 6.7.3).

그림 6.7.3 │ 데이터 처리 3가지 단계

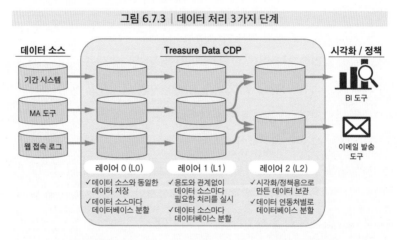

먼저 가져온 데이터를 그대로 저장하는 L0(레이어 0)입니다. L0 데이터베이스에는 가공하지 않은 데이터를 계속 추가합니다.

다음으로, L1 데이터베이스에는 L0 데이터를 1차 가공한 데이터를 저장합니다. 테이블 구조는 변경하지 않고 데이터형 변환이나 정리, 데이터 소스와의 조인 키가 되는 칼럼 이름의 일치 등을 정리합니다.

마지막으로 L2 데이터베이스에는 L1 데이터를 가공하고 집계하여 만든 데이터 시각화나 마케팅 정책 등에 활용할 테이블(마트 테이블)을 저장합니다. 마트 테이블에는 여러 개의 테이블을 조인하여 생성한 테이블이 많습니다. 대시보드용 마트 테이블도 L2 데이터베이스에 저장하고 BI 도구와 연결합니다.

L0, L1까지는 데이터 소스에 저장한 테이블 형태 그대로 만들지만, L2는 이를 사용할 곳의 요구 사항에 맞도록 테이블을 생성합니다.

Treasure Data CDP는 여러 개의 데이터 소스에서 데이터를 가져와 통합할 수 있으므로 다양한 영역에 걸쳐 집계할 수 있습니다. 예를 들어, 쇼핑몰 사이트 주문 데이터, 웹 방문 로그, 이메일 서비스 이력 등 3가지 데이터를 종합하여 이메일을 받은 사용자의 읽음 확인부터 쇼핑몰 방문과 구매까지를 한눈에 볼 수 있습니다. 그 밖에도 하나의 ID로 여러 서비스를 운영하는 회사라면 여러 서비스의 이용 데이터를 통합하여 종합적인 서비스 상황 등을 분석할 수 있습니다.

또한, Treasure Data CDP는 광고 플랫폼이나 MA 도구 등과도 데이터를 연동할 수 있습니다. 통합 데이터 환경을 마련하고 시각화와 분석 결과를 기반으로 정책에 활용할 데이터를 연동할 수 있다는 것도 Treasure Data CDP의 장점입니다.

7장

운용 · 검토 · 지원

7

7.1
구축이 끝난 후부터가 진짜 시작

이 장에서 살펴볼 내용

대시보드를 완성했다면 이제 대시보드를 이용할 차례입니다. 길었던 대시보드 구축 과정도 이것으로 끝이라 생각하겠지만, 진짜 시작은 지금부터입니다. 대시보드를 이용하기 시작하면서 다양한 개선 사항이 나타날 수 있으며 애당초 사용자가 대시보드를 전혀 이용하지 않을 수도 있습니다. 또한, 계속 이용하려면 기능 면에서도 유지보수가 필요합니다(그림 7.1.1).

이 장에서는 대시보드를 계속 이용하도록 하는 방법으로 다음 내용을 설명합니다(그림 7.1.2).

① 검토
② 지원
③ 개선과 유지보수

그림 7.1.1 | 대시보드 구축 프로젝트 전체 모습

요구 사항·요건 정의 → 대시보드 설계 → 데이터 준비 → 대시보드 구축 → 운용·검토·지원

이 장에서 다룰 단계

그림 7.1.2 | 대시보드를 계속 이용하도록 하는 방법

검토	지원	개선·유지 보수
○대시보드 구축 중이나 완성 후에, 해당 대시보드가 목적을 달성할 수 있을지 평가한다.	○대시보드 완성 후에, 사용자가 대시보드를 제대로 활용할 수 있는 환경을 마련한다.	○대시 보드 이용 시작 후, 대시보드가 한층 더 활용될 수 있도록 이용 실태에 따라 대시보드를 개선한다. ○기존 기능을 유지 보수한다.

● 검토

계속 이용할 수 있는 대시보드를 만들려면 구축할 때와 완성 후에 다양한 관점에서 검토해야 합니다. 검토 목적에 따라 검토 시기, 관점, 적절한 검토 담당자는 다를 수 있습니다. 필요한 검토 종류나 내용은 7.2절에서 알아봅니다.

● 지원

대시보드를 계속 이용하도록 하려면 사용자 지원을 빼놓을 수 없습니다. 대시보드 완성 후 사용자를 대상으로 설명회를 여는 등 사용자의 궁금증을 풀 기회를 마련해야 합니다. 필요한 지원은 7.3절에서 자세하게 설명합니다.

● 개선과 유지보수

대시보드를 이용하기 시작했다면 정기적으로 이용 상황을 모니터링하고 필요하다면 이를 개선합니다. 또한, 기존 기능을 유지하도록 관리해야 합니다. 개선과 유지보수는 7.4절에서 알아봅니다.

7.2
검토

검토 단계와 내용

자주 이용하는 대시보드가 되려면 구축 전부터 구축 후에 걸쳐 몇 가지 단계로 검토하는 것이 좋습니다. 이 절에서는 단계별 검토 수행 시기, 적절한 검토 담당자 지정, 검토 관점을 소개합니다. 대시보드 구축 전에 실시하는 검토로는 '기능 검토', '디자인 검토'가 있습니다. 대시보드 구축 후에는 '수치 정확도 검토', '테스트 운영 검토', '도입 후 효과 검토' 등이 있습니다(그림 7.2.1).

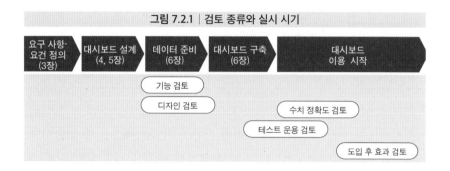

그림 7.2.1 | 검토 종류와 실시 시기

기능 검토

기능 검토에서는 지금부터 만들 대시보드가 필요한 기능을 갖추었는지를 검토합니다.

● 검토 시기

대시보드를 설계하고 구축을 시작하기 전에 수행하는 것이 바람직합니다. 요건을 정리한 문서(3~5장에서 알아본 대시보드에 요건 정리표나 대시보드 상세 설계서)나 와이어프레임, 목업 등을 보면서 대시보드 기능이 충분한지 확인 합니다.

● 검토 담당자

기능이 충분한지는 이용할 사람이 검토해야 하므로 실제 대시보드를 사용 할 사람이 적합합니다.

● 검토 관점

다음과 같은 관점으로 검토합니다.

- 이 대시보드가 분석 요건(지표, 비교 기준, 필터 등)을 모두 갖추었는가?
- 이 대시보드는 예상한 대로 사용할 수 있는가?
- 이 대시보드를 이용하면 행동으로 이어지는 의사 결정이 가능한가?

디자인 검토

디자인 검토에서는 대시보드가 디자인과 사용성 측면에서 쉽게 활용할 수 있는지를 검토합니다. 예를 들어, 어떤 차트를 봐야 사용자가 원하는 정보를 알 수 있는지, 명확한 화면 구성이 되어 있어 알아보기 쉬운지 등을 검토합니다. 색상이나 글꼴 크기 등이 오해를 일으키지 않고 사용자에게 어려움을 주지 않는지, 조작이 복잡하여 사용하기 어렵지는 않는지 등을 확인합니다.

● 검토 시기

기능 검토와 마찬가지로 대시보드 설계 후에 진행하는 것이 바람직합니다.

● 검토 담당자

검토 담당자로는 대시보드 주요 사용자가 적절합니다. 또한, 객관적인 의견을 모으려면 대시보드 구축 프로젝트와 관계자 이외의 동료 검토도 필요합니다. 관계자가 아닐 때는 대시보드 구축에 어느 정도 이해가 있는 사람이 디자인과 관련된 구체적인 피드백을 제공할 수 있습니다.

● 검토 관점

다음의 관점으로 검토합니다.

- 화면 레이아웃 구성이 사용하기 쉬운가?
- 차트 형식이 목적에 맞고 이해하기 쉬운가?

- 톤앤매너(색상 및 스타일)는 적절한가?
- 문체는 적절한가?
- 인지 부하(사용자가 이해하기 위해 처리해야 할 정보 양에 대한 부하)가 높지는 않은가?

  예) 색상, 글꼴 크기, 차트 크기, 차트 형식
- 조작이 어렵지는 않은가?

  예) 필터나 강조(하이라이트) 등 상호작용 기능

수치 정확도 검토

기능이나 디자인이 우수한 대시보드라도 데이터가 정확하지 않다면 믿을 수 없습니다. 수치가 정확한지 검토할 때는 대시보드에 표시한 수치가 실제 데이터와 맞는지를 확인합니다. 이렇게 하면 지표 계산 로직이나 이용할 데이터 추출 조건은 적절한지 다시 확인할 수 있습니다.

● 검토 시기

대시보드 구축 후 실제 데이터를 이용하여 진행하는 것이 바람직합니다.

● 검토 담당자

수치가 올바른지를 알 수 있는 사람이 적절합니다. 비즈니스 측면에서 수치의 뜻을 이해하는 대시보드 사용자나 집계 방법을 잘 아는 데이터 관련 담당자가 적절합니다.

● 검토 관점

다음의 관점에서 검토합니다.

- 각 지표의 수치가 정확한가?

  예) 기간 시스템과 대시보드의 매출과 구매액을 비교하는 방법으로 확인이때 각 지표 수치가 올바르지 않다면 다음을 한 번 더 확인합니다.

- 지표 계산 로직이 올바른가?
- 이용한 데이터(테이블이나 칼럼)가 올바른지?

테스트 운용 검토

다음으로, 실제 대시보드를 시험 운용하면서 부족한 부분이 없는지를 확인하는 테스트 운용 검토를 진행합니다. 검토 내용은 기능 검토, 디자인 검토와 겹치는 부분은 많으나 실제 업무 이용이라는 현실적인 상황에서 부족한 점을 확인합니다.

● 검토 시기

대시보드 구축 후 또는 프로토타입을 만들면서 진행하는 것이 바람직합니다. 구축 후에는 실제 완성한 대시보드를 며칠간 이용하면서 기능이나 디자인 측면에서 부족한 부분을 찾아냅니다. 프로토타입을 만들면서 검토를 진행할 때에는 샘플 데이터이거나 기능이 미완성일 수 있지만, 직접 사용하며 문제점을 찾습니다.

● 검토 담당자

이용할 기능이나 디자인에 부족한 점은 없는지를 확인해야 하므로 대시보드 주요 사용자가 직접 검토하는 것이 좋습니다.

● 검토 관점

다음의 관점에서 검토합니다.

- 실제 업무에서 이용해 보니 부족한 점은 없는가?
  예) 더 필요한 지표나 분석 관점은 없는가?

- 사용하는 데 불편한 점은 없는가?

  예) 쉬운 조작, 표시까지 걸리는 시간

- 기능 검토나 디자인 검토 관점에서도 다시 확인

도입 후 효과 검토

도입 후 효과 검토는 지금까지 설명한 다른 검토와는 성질이 조금 다릅니다. 앞서 4가지 검토에서는 대시보드 자체를 평가했지만, **도입 후 효과 검토는 '대시보드를 이용함으로써 비즈니스나 업무에 어떤 영향을 끼쳤는지?'를 확인합니다.**

● 검토 시기

적절한 실행 시기는 대시보드의 목적과 성격에 따라 다르나 도입 후 어느 정도 시간을 두고 진행하는 것이 바람직합니다. 업무 프로세스 개선(보고서 작성 작업의 효율화나 최적화 등)이 목적이라면 1개월~3개월 후 시점에 효과를 검토하고 반년~1년 후에 2번째 검토를 진행합니다.

한편, 분석을 수행하고 정책을 시행하는 것이 목적이라면 분석, 정책 기획, 정책 실행, 정책 효과 측정 등에 시간이 필요하므로 반년 이상 지난 후에 검토할 때가 흔합니다. 곧바로 할 수도 있지만, 적어도 도입 후 3개월이 지난 후 검토하는 것이 바람직합니다.

요컨대 대시보드 도입 목적과 성질에 따라 적절한 검토 시기를 설정해야 합니다.

● 검토 담당자

대시보드를 이용할 업무 영역과 관련한 사람이 담당합니다. 대시보드를 실제 확인할 사용자도 가능하며 대시보드 데이터를 기반으로 보고서 등을 작성할 때는 해당 보고를 받는 사람도 검토할 수 있습니다. 즉, 대시보드 확인부터 이후의 모든 행동 단계에 관련된 모든 사람이 대상입니다.

● 검토 관점

다음의 관점에서 검토합니다.

- 대시보드 도입에 따른 정량적 효과가 있었는가?

  예) 보고서 작성에 걸리는 시간 줄이기, 정책에 따른 매출 증가

- 대시보드 도입에 따른 정성적 효과가 있었는가?

  예) PDCA 순환이 빨리 빨라짐, 개선 정책의 범위가 확대, 조직 내 수평적 조직 문화가 강화 등

7.3
지원

설명회 열기

대시보드를 이용하도록 하려면 사용자가 대시보드의 사양이나 다루는 방법을 제대로 이해하고 사용할 수 있는 상태를 만들어야 합니다. 그러려면 대시보드를 만든 사람이 사용자를 지원해야 합니다.

구체적으로는 설명회를 열거나 설명 자료를 준비하고 질의응답 코너를 마련하는 것입니다. 자사나 팀에게 맞는 적절한 방법을 검토합시다.

가장 먼저 떠오르는 지원은 사내 설명회입니다. 대시보드 사용자를 대상으로 대시보드 조작 방법이나 화면 구성 등을 설명하고 사용자가 직접 조작할 수 있도록 하는 것이 목적입니다.

설명회에서는 다음과 같은 내용을 준비합니다.

① 대시보드의 목적과 역할

② 대시보드 화면 구성 설명

③ 대시보드 조작 방법 설명

④ 구체적인 분석~의사 결정 시나리오를 이용하여 대시보드 사용 방법 설명

설명회를 여는 방법은 온라인이든 오프라인이든 모두 괜찮지만, 잘 볼 수 있도록 화면을 공유하거나 프로젝터 등을 활용하도록 합시다. 또한, 설명 자료를 준비하거나 설명회 모습을 촬영해 두면 중간에 참가한 사람이나 참가할 수 없었던 사람도 이를 공유할 수 있으므로 유용합니다.

이와 함께 설명회 전에 사용자에게 대시보드 이용 권한을 부여하도록 합시다. 설명회 중에 실제로 대시보드를 조작할 수 있다면 더 현실적인 질의응답이 됩니다.

설명 자료 준비

대시보드 설명 자료를 준비하고 사용자에게 배포하는 것도 중요합니다. 설명회에서 다루지 못했던 자세한 내용을 보충 자료로 제공하여 사용자가 대시보드를 더 잘 이해할 수 있도록 합니다. 또한, 대시보드를 이용하면서 생긴 의문점도 사용자 스스로 설명 자료를 읽고 해결할 수 있습니다.

구체적인 설명 자료의 예로는 다음을 들 수 있습니다.

- 데이터 마트 테이블 정의서
- 지표 계산 로직
- 대시보드 구성 요소를 설명한 자료(차트 영역 설명이나 각 차트 설명)
- 데이터 업데이트 시점

대시보드 구축이 완료되자마자 처음부터 설명 자료를 작성하면 작업 부담이 매우 커질 수 있습니다. 요건 정의부터 구축까지의 과정에서 생산된 문서 내용을 사용자용으로 요약, 정리하면 자료 작성 부담을 줄일 수 있습니다.

설명 자료를 완성했다면 대시보드 사용자가 접근할 수 있는 곳에 저장하고 이를 공지합니다. 많은 사람이 열람할 수 있는 공유 폴더에 저장하되, 업데이트 했다면 이를 다시 공유 폴더로 올리는 방식이 좋습니다.

Q&A 코너 마련

사용자 지원의 한 가지로, Q&A 코너도 마련하도록 합시다. 사용자가 편하게 의문을 해결할 공간이 있다면 대시보드 활용에 큰 도움이 됩니다.

대시보드 관련 질문을 올릴 수 있는 채팅방을 만들거나 정기적인 질문응답 모임을 여는 것도 좋습니다.

채팅방에는 대시보드 사용자와 만든 사람 양쪽이 참가하여 사용자와 만든 사람 사이의 질의응답뿐 아니라 사용자끼리도 의견을 교환할 수 있도록 합니다. 사용자끼리 의문을 해결할 수도 있고 사용 사례나 요령 등을 공유할 수도 있는 등 많은 장점이 있습니다.

질문응답 모임에서는 글로는 전하기 어려운 질문을 직접 전달하거나, 문서로 공유할 정도가 아닌 조그만 팁 등을 주고받을 수 있으므로 나름의 장점이 있습니다.

요컨대 어떤 형식으로 Q&A 코너를 만들 것인가는 자사 사정에 따라 검토하고 실행하면 됩니다.

7.4
개선과 유지보수

대시보드 구축 후 대응

큰 문제없이 대시보드 사용을 시작했다 하더라도 대시보드 구축 프로젝트는 여전히 진행 중입니다. 정기적으로 이용 상태를 모니터링하고 필요하다면 이를 개선하는 것이 중요합니다. 또한, 기존 기능을 유지하는 유지보수도 필요합니다.

● 이용 상황 모니터링과 사용자 인터뷰

대시보드가 사용자에게 유용한지 알기 위해 모니터링하고 사용자 인터뷰를 수행하여 정기적으로 이용 상태를 확인합니다.

먼저 가정한 사용자가 정기적으로 대시보드를 사용하는지 확인합니다. BI 도구에 따라서는 대시보드 사용자나 조회 수를 모니터링하는 기능도 있으므로 이를 사용하여 사용자 이용 현황을 확인하도록 합시다. BI 도구에서 이용 현황을 확인할 수 없다면 다음과 같은 내용을 확인합니다.

- 주(월) 몇 번씩 사용하는지?
- 자주 사용하는 사람은 누군지, 그 사람의 역할은 무엇인지?

또한, 자주 이용하는 사람과 이용하지 않는 사람이 누구인지 알 수 있다면 이 정보는 사용자 인터뷰에도 도움이 됩니다. 자주 이용하는 사람이라면 대시보드의 어떤 기능이 가장 좋은지, 어떤 시점에 어떤 흐름으로 대시보드를 확인하는지 등을 자세하게 물을 수 있습니다.

BI 도구로 이용 현황 확인이 어렵다면 사용자를 대상으로 설문 조사를 실시하는 것도 좋습니다. 대시보드 조회 횟수, 이용하는 기능, 이용하지 않는 기능 및 이용하는 이유, 이용하지 않는 이유 등을 묻도록 합니다.

가능하다면 사용자 인터뷰를 추천합니다. 대시보드를 이용하면서 느낀 불편한 점이나 추가 요구 사항은 없는지를 직접 확인합니다. 이와 함께 대시보드에 추가해야 할 정보는 없는지, 추가하고 싶은 기능이나 반대로 불필요한 기능은 무엇인지와 같은 의견을 수렴합니다.

● 개선

대시보드 이용 현황을 알았다면 필요에 따라 기능을 개선하거나 확장합니다. 설문 조사나 인터뷰로 확인한 개선 요청부터 대처하도록 합시다. 또한, 이용 시작 후 오류가 발생했다면 즉시 수정하도록 합니다. 다양한 개선 요청 중 업무에 꼭 필요한 것부터 처리하는 것이 좋습니다.

● 유지보수

기존 기능을 유지하는 데 필요한 유지보수도 중요합니다. 이용하는 동안 데이터 증가로 대시보드의 성능이 저하되거나 마스터 데이터가 오래되어 현재 상황에 맞지 않는 등의 문제가 발생할 수 있습니다.

대시보드 성능, 즉 데이터 읽기, 계산 처리, 차트 그리기 등의 속도가 저하되지는 않았는지 정기적으로 점검합니다. 성능이 저하되었다면 데이터 크기 때문은 아닌지 데이터 마트 상태를 확인합니다.

데이터를 업데이트하거나 추가해야 할 때도 있습니다. 직접 작성한 데이터(마스터 데이터나 목표 매출 등)가 오래되어 현재 상황을 올바르게 나타내지 못할 때입니다. 다음과 같은 상황이 흔합니다.

- 매장별 매출을 표시하는 대시보드에서 새로운 매장이 생겼음에도 마스터 데이터에 반영되지 않음
- 새롭게 웹 광고 프로모션을 시작했지만, 광고 ID를 업데이트하지 않음
- 월별 목표 매출과 실제 매출을 비교하는데, 연도가 변경되는 시점에 새로운 연도의 목표 매출을 설정하지 않음.

이는 직접 데이터를 입력해서 업데이트해야 할 때 생기곤 하는 일입니다. 이럴 때는 연별, 월별 등 시점을 정해 업데이트 규칙을 마련해야 합니다.

실습

무료로 사용하는
Microsoft Power BI

일러두기

이번 장에 포함된 POWER BI 실습은 원서에는 없는 내용으로 역자이신 김성준 선생님이
대시보드 입문자들의 이해를 돕기 위해 특별히 마련한 추가 학습 자료입니다.
참고하셔서 학습에 도움이 되길 바랍니다.

| 1. Power BI 소개

Power BI는 IT 경험이 없는 사용자도 데이터를 쉽게 다루고 시각화할 수 있는 도구입니다. 사용자는 Power BI를 통해 간편하게 업무 리포트를 생성하고, 팀워크를 강화하며, 데이터 기반의 의사 결정을 쉽게 이끌어낼 수 있습니다. 엑셀의 기능을 확장한 Power BI는 디지털 시대에 많은 회사에서 사용되고 있습니다.

더욱이 Power BI Desktop은 누구나 무료로 사용할 수 있기 때문에 개인이나 업무용으로 쉽게 설치하여 사용할 수 있습니다. 보고서를 Power BI 서비스에 게시하려면 유료 라이선스가 필요하며, 엔터프라이즈급 사용을 위해서는 Pro 또는 Premium 라이선스를 구매해야 합니다. Power BI 라이선스에 대한 자세한 정보는 마이크로소프트 웹 사이트(**https://powerbi.microsoft.com/pricing/**)를 참고하는 것이 좋습니다.

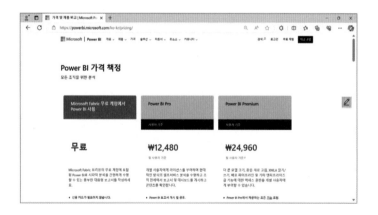

2023년 가트너(글로벌 리서치 기관)의 보고서에 따르면, Power BI는 데이터 분석 및 데이터 통합 플랫폼 분야에서 가장 좋은 평가를 받고 있다는 것을 알 수 있습니다. 태블로(Tableau)와 클릭(Qlik)도 시장에서 많이 사용되고 있습니다.

Power BI는 엑셀과 같은 파일의 데이터를 다양한 시각적 개체를 이용해 직관적이고 효과적으로 분석할 수 있게 해줍니다. 뿐만 아니라, 여러 소스에서 데이터를 가져와 통합할 수 있는 기능도 제공합니다. 엑셀 파일, 데이터베이스, 셰어포인트, 웹 서비스 등에서 가져온 데이터를 하나의 플랫폼에서 통합함으로써 사용자는 업무에 필요한 정보에 더욱 빠르게 접근할 수 있습니다.

Power BI는 다음 3가지 요소로 서비스됩니다.

- Power BI Desktop : 개인 PC에 무료로 설치하는 시각화 툴입니다.

- Power BI Service : Power BI 서비스를 온라인에서 제공하는 서비스입니다. 이 서비스를 사용하면 Power BI Desktop에서 생성한 보고서를 온라인 상에서 공유하고, 협업하며, 업데이트할 수 있습니다.

- Power BI Mobile : Power BI의 모바일 애플리케이션으로, 사용자가 언제 어디서나 데이터 및 비즈니스 인텔리전스 리포트에 액세스하고 시각화된 정보를 확인할 수 있는 편리한 도구입니다. iOS 및 Android 운영 체제에서 사용 가능합니다.

Power BI Desktop, Power BI Service, 그리고 Power BI Mobile은 마치 하나의 큰 퍼즐 조각처럼 서로 조화롭게 연결되어 있습니다. 개인은 Power BI Desktop에서 엑셀과 같은 데이터를 분석하고 시각화를 한 후에 Power BI 서비스에 게시하여 조직 팀원과 데이터를 공유할 수 있습니다. 그리고, Power BI 모바일 앱을 사용하여 게시된 콘텐츠를 확인할 수 있습니다. 즉, 데스크톱에서 시작해 Power BI Service를 통해 정보를 공유하고, 모바일에서도 언제 어디서나 데이터에 손쉽게 접근할 수 있습니다.

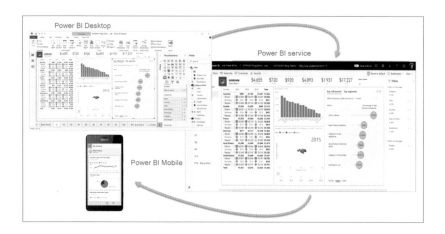

Power BI는 Microsoft Power Platform의 중요한 구성 요소 중 하나로, 데이터 시각화 및 분석을 위한 강력한 도구입니다. Power Platform은 비즈니스 사용자가 소프트웨어 개발이나 프로그래밍 경험이 없어도 애플리케이션을 구축하고 업무 자동화를

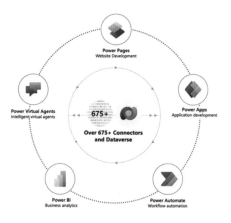

수행하도록 돕는 디지털 도구입니다. 디지털 기술의 혁신적인 진화를 보여주는 Power Platform은 다음 5개 솔루션으로 구성되어 있습니다.

- 파워오토메이트(Power Automate) : **노코드로 업무 자동화 구현**

- 파워 앱스(Power Apps) : **노코드로 업무용 앱 개발**

- 파워 비아이(Power BI) : **기업용 분석 리포트 시각화 개발**

- 파워 페이지(Power Pages) : **노코드로 개방형 웹사이트 개발**

- 파워 버추얼 에이전트(Power Virtual Agents(Chatbot)) : **AI에 기반을 둔 챗봇 개발**

업무 자동화를 위한 툴인 Power Automate Desktop 역시 무료로 사용할 수 있습니다. Power Automate Desktop은 노코드 기반으로, 마치 레고 블록처럼 업무 단계를 조합하여 업무 효율성을 향상시키고 반복적인 업무를 자동화합니다. 무료로 제공되는 이러한 도구들은 디지털 시대에 뛰어난 데이터 분석과 자동화 업무 프로세스의 발전에 큰 기회를 제공하고 있습니다.

| 2. Power BI Desktop 설치하기

Power BI Desktop을 설치하고, 엑셀 파일을 사용한 간단한 시각화 구현 실습을 진행해 보겠습니다.

<u>**01**</u> 마이크로소프트의 Power BI 공식 웹사이트(**https://powerbi.microsoft. com/ko-kr/desktop/**)로 이동하여 [무료 다운로드] 버튼을 클릭합니다.

02 다운로드 버튼을 클릭하면, Microsoft Store로 이동됩니다. Power BI 웹사이트를 통하지 않고 개인 PC에서 Microsoft Store를 바로 열어서 설치해도 됩니다. 설치가 완료되었으면, Power BI Desktop을 실행합니다.

03 [시작] 버튼을 눌러서, 회사 또는 학교 계정으로 로그인합니다. 네이버와 같은 개인 메일 주소는 Power BI 접속이 안됩니다. 로그인하지 않고 테스트만 하려면, [취소] 버튼을 눌러서 진행합니다.

04 Power BI Desktop 화면은 엑셀과 같은 기본적인 리본 메뉴와 시각화를 선택하는 화면으로 구성되어 있습니다.

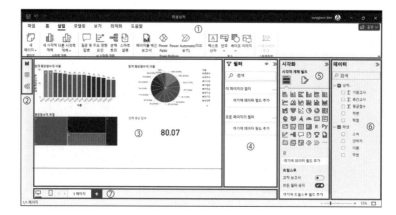

① 리본 메뉴 : 파일, 홈, 삽입, 모델링, 보기, 최적화, 도움말 탭으로 구성되어 있습니다.

② 보고서 형태 : 보고서 보기, 테이블 뷰, 모델 보기를 선택해서 조회할 수 있습니다.

③ 보고서 디자인 창 : 시각화를 디자인하는 영역입니다. 테이블 뷰 및 모델 뷰를 선택하면 각 형태에 해당하는 뷰로 전환됩니다.

④ 필터 창 : 시각적 개체 데이터에 필터를 설정할 수 있습니다.

⑤ 시각화 창 : 다양한 시각적 개체 유형을 선택할 수 있습니다.

⑥ 데이터 창 : 시각적 개체와 연결된 데이터 원본의 테이블과 필드 목록이 표시됩니다.

⑦ 보고서 페이지 : 보고서에 여러 페이지를 추가할 수 있습니다.

| 3. Power BI에서 데이터 가져오기

Power BI에서 사용할 수 있는 데이터 원본은 다양하며, 주요 유형은 다음과 같습니다:

실습 무료로 사용하는 Microsoft Power BI

1. 엑셀 파일 (.xlsx, .xls): 업무에 가장 많이 활용되는 엑셀 파일을 직접 읽어들여 데이터를 분석할 수 있습니다.

2. 텍스트 및 CSV 파일: 텍스트 기반의 텍스트 파일(.txt) 및 CSV 파일(.csv)은 Power BI에서 쉽게 읽을 수 있습니다.

3. 데이터베이스 (SQL Server, MySQL, Oracle, SAP HANA 등): Power BI는 다양한 데이터베이스 시스템과 연결할 수 있습니다.

4. 온라인 서비스 (Azure, SharePoint, Dynamics 365 등): Power BI는 Microsoft Azure, SharePoint, Dynamics 365과 같은 온라인 서비스와 연동할 수 있습니다.

5. 웹 데이터: Power BI는 웹 페이지에서 직접 데이터를 가져올 수 있습니다.

이외 기타 데이터 원본 (Hadoop, Salesforce, LinkedIn 등)과 데이터 연동이 가능합니다.

이번 절에는 Power BI Desktop에서 자주 사용하는 엑셀 파일을 가져오는 방법을 소개합니다. 이 과정에서는 '학생' 시트와 '성적' 시트를 포함하는 엑셀 파일을 데이터 원본으로 사용합니다.

'학생' 시트에는 학과, 이름, 연락처 등의 개인 정보가, '성적' 시트에는 학생의 성적 정보가 있습니다. '성적' 시트에는 학생 이름 없이 학번 정보만 있기 때문에 학생 이름별 성적을 알기 위해서는 '학생' 시트를 참조하여 두 테이블을 연결해야 합니다.

Power BI에서 엑셀 파일을 로드하면, 각 시트는 Power BI 메모리에 테이블로 저장되며, 학번이라는 고유 번호로 서로 연결됩니다. 이렇게 서로 연결된 테이블 구조를 '관계형 데이터베이스'라고 하며, 데이터의 논리적인 관계를 물리적인 데이터베이스 구조로 변환하는 것을 '데이터 모델링'이라고 합니다. 엑셀을 사용해서도 관계형 테이블 구조를 구현할 수 있습니다. 실습에 사용되는 '학생성적.xlsx' 엑셀 파일은 다음 링크를 통해서 내려받을 수 있습니다.

URL: https://cafe.naver.com/msrpa/31016

01 Power BI Desktop의 ① **메뉴** [파일]→[데이터 가져오기] → [Excel 통합 문서]를 선택하거나 [홈]→[데이터 가져오기]→[Excel 통합 문서] 메뉴를 이용할 수 있습니다. 더 다양한 데이터 소스를 선택하려면, ② [시작하려면 데이터 가져오기] 버튼을 누르면 됩니다.

XML, JSON 폴더에 있는 여러 개의 엑셀 파일, PDF, 데이터베이스 등 다양한 데이터 가져오기 방법을 사용할 수 있습니다. ③ [Excel 통합 문서]를 선택하고, ④ [연결] 버튼을 누릅니다.

02 엑셀 파일에 존재하는 ① '성적', '학생' 2개 시트를 선택하고, ② [로드] 버튼을 누릅니다. ③ [데이터 변환] 버튼을 누르면, 데이터를 변환할 수 있는 파워쿼리 편집기가 열립니다. 파워쿼리는 다음 절에서 소개합니다.

만약, 엑셀 파일 하나의 시트에서 2개 데이터를 동시에 관리하기를 원하

면, 엑셀의 [표] 기능을 설정해야 합니다(표를 설정하지 않더라도, Power BI가 2개의 데이터 영역을 인식해서 자동으로 제안하기도 합니다). ① 엑셀 파일의 데이터 영역을 선택한 후에 ② 메뉴: [삽입]→[표]를 누릅니다.

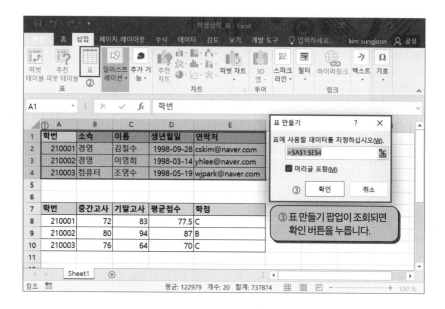

① 선택한 학생 영역의 데이터가 표로 설정되었습니다. ② 메뉴: [디자인]→[표 이름] 항목에서 표 이름을 '학생'으로 변경합니다. ③ 동일한 과정으로 두 번째 성적 데이터 영역도 [표]로 설정하고 이름을 '성적'으로 변경합니다.

그런 후에, Power BI에서 엑셀 파일을 로드하면 2개의 표가 나타납니다.

'학생', '성적'과 같이 개별 시트로 존재하는 엑셀 파일일 때도 각각의 데이터를 [표]로 설정해서 사용하는 것이 좋습니다. ① [표]로 설정하면 ⊞ 아이콘으로도 조회되고, ② 시트는 ⊞ 아이콘으로도 조회가 됩니다.

실습 무료로 사용하는 Microsoft Power BI

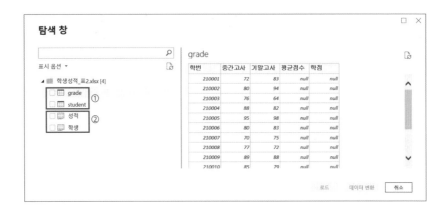

03 데이터 가져오기가 완료되면, ① [테이블 뷰] 보기 탭으로 이동해서 ② 각 시트(테이블)의 데이터를 확인할 수 있습니다. '학생' 시트의 데이터를 확인하려면, ③ 데이터 창에서 '학생' 테이블을 선택하면 됩니다. 다양한 데이터 원본에서 가져온 데이터의 집합을 데이터 세트라고 합니다.

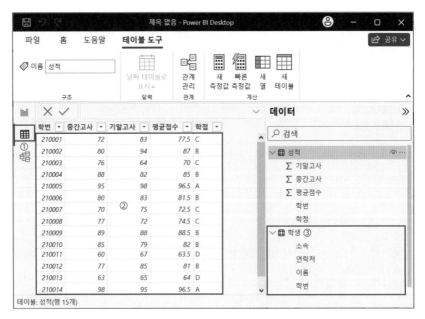

04 이번에는 ① [모델 보기] 버튼을 눌러서, 2개 테이블이 어떠한 조건으

로 연결되어 있는지 확인해 보겠습니다. '학생'과 '성적' 테이블에서 학생을
구분할 수 있는 유일한 값은 학번이기 때문에, ② 2개 테이블이 학번으로 자
동 연결됩니다. 각각의 테이블에는 학번이 1개만 존재하기 때문에, '1:1'로 연
결이 되어 있습니다. 참고로, Power BI의 원본 데이터인 엑셀 파일의 데이터
가 변경되었을 때, ③ 새로 고침 버튼을 누르면 데이터를 다시 가져옵니다.

만약 다음과 같은 엑셀 파일처럼 학기별로 학생 성적이 관리되고 있다면,
'성적' 시트에는 한 학생의 성적이 학기별로 여러 번 존재하게 됩니다. 즉,
'학생' 테이블에는 학생이 한 번만 존재하지만, '성적' 테이블에는 동일한 학
생이 학기별로 여러 번 존재하기 때문에 이 두 테이블은 '1:N' 관계로 연결
됩니다. 관계 설정에 오류가 있을 경우, 데이터를 제대로 가져올 수 없기 때
문에 시각화 그래프가 올바르게 조회되지 않습니다. 학생별 성적을 그래프
로 시각화 하는 방법은 6절에서 자세히 설명합니다.

실습 무료로 사용하는 Microsoft Power BI

자동으로 연결한 두 테이블의 연결이 잘못되었다면 연결을 삭제한 후, 2개 열을 수작업으로 끌어놓기하거나 [관계 관리] 메뉴로 관계를 재설정할 수 있 습니다.

| 4. 파워쿼리 사용해보기

파워 쿼리(Power Query)는 Power BI, 엑셀(2016버전 이후) 및 다른 Microsoft 제품군에서 사용되는 데이터 연결 및 데이터 전처리 기능을 제공하는 도구 입니다. 전처리는 데이터 분석 전에 데이터를 가공하는 모든 과정을 말합니 다. 예를 들어, 열을 추가하거나 제거하는 것, 데이터 형식을 변경하거나 데이터 필터링 등이 이에 해당합니다. 파워쿼리는 여러 파일의 데이터를 통합하고 변환하는 데 유용하며, 엑셀 업무 자동화에도 활용됩니다.

파워쿼리는 엑셀, 웹, 클라우드, 데이터베이스 등 다양한 데이터 소스로부터 데이터를 가져올 수 있습니다. 이를 통해 사용자는 데이터를 변경하고 원하는 형태로 가공하여 필요한 추가 데이터를 만들어 낼 수 있습니다. 예를들어, 학생 성적 파일에서 중간고사와 기말고사의 평균 점수를 구하고, 해당 평균 점수로 학점을 구하는 작업을 수행할 수 있습니다.

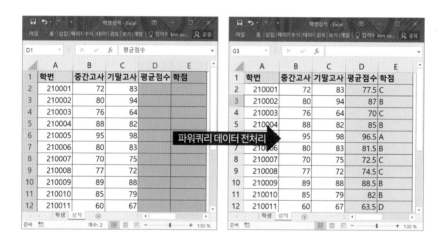

파워쿼리는 다양한 데이터 소스로부터 데이터를 가져올 수 있기 때문에 엑셀 파일에서 데이터를 가져온 뒤, 다른 원본 데이터를 추가할 수 있습니다. 예를 들어, Microsoft365 환경에서 근무하는 직원들은 클라우드에 있는 Sharepoint 목록에도 손쉽게 연결할 수 있습니다.

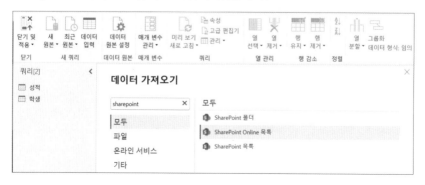

이제 파워쿼리를 이용해서 엑셀 파일에서 데이터를 가져와 평균점수와 학점을 구하는 방법을 알아보겠습니다.

01 Power BI Desktop에서 엑셀 파일 가져오기 작업을 다시 진행합니다. 이번에는 [데이터 변환] 버튼을 누릅니다. 데이터 가져오기 작업은 파워쿼리 편집기에서 데이터를 로드한 후에 Power BI Desktop으로 전달합니다.

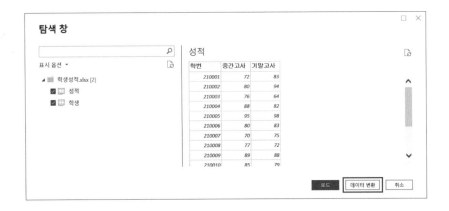

또는 이미 Power BI에서 엑셀 파일을 가져온 상태라면, 메뉴: [홈]→[데이터 변환]→[데이터 변환] 버튼을 눌러 파워쿼리 에디터 화면으로 이동합니다.

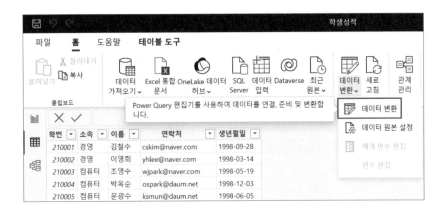

파워쿼리 에디터는 다음과 같이 4개의 창으로 구성되어 있습니다.

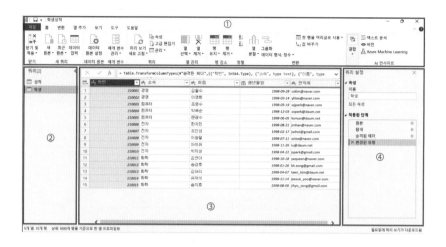

① 리본 메뉴 : 파일, 홈, 변환, 열 추가 등 다양한 메뉴를 선택할 수 있습니다.

② 쿼리 창 : 파워쿼리에 사용되는 쿼리가 조회되며, 삭제하거나 그룹화 할 수 있습니다.

• 파워쿼리에서는 테이블을 쿼리라고 부릅니다.

③ 데이터 창 : 데이터를 직접 확인할 수 있는 영역입니다. 상단에 M 코드를 입력할 수 있는 수식 입력란이 있습니다.

④ 쿼리 설정 창 : 파워쿼리 에디터에서 작업한 모든 과정이 기록되며, 삭제하거나 아이콘을 눌러서 작업을 수정할 수 있습니다.

파워쿼리는 데이터를 가져올 때 자동으로 데이터 타입을 설정합니다. 파워쿼리 에디터에서 학생 쿼리를 확인해보면, ① 각 열의 헤더에 다양한 데이터 타입이 조회됩니다.

• 1^2_3 : 숫자 타입

• A^B_C : 문자 타입

• : 날짜 타입

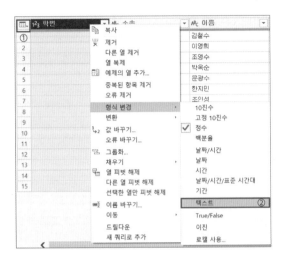

숫자 타입의 학번을 문자 타입으로 변경하려면, 열을 선택하고 ② 메뉴: [형식변경]→[텍스트]를 선택하면 됩니다.

그리고, 파워쿼리에서 ① 열에 있는 필터 아이콘 ▼을 누르면 불필요한 데이터를 제외할 수 있습니다. 예를 들어, 전체 학생 중에서 ② '경영' 또는 '전자' 학과의 학생 리스트를 필터링 할 수 있습니다.

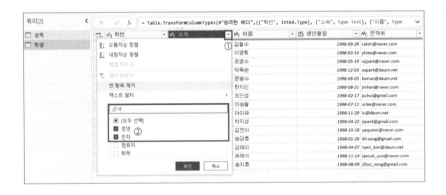

02 엑셀 파일에 존재하는 평균 점수와 학점 열은 파워쿼리에서 새로 계산해서 추가하기 때문에 ① [열 제거] 메뉴로 삭제합니다. 또는 필요한 열을 선택한 후에 ② [다른 열 제거] 메뉴를 누르면 불필요한 열을 일괄 삭제할 수

있습니다.

03 평균 값을 구하기 위해서, ① [중간고사]와 [기말고사] 열을 선택하고 ② 메뉴: [열 추가]→[통계]→[평균]을 선택합니다.

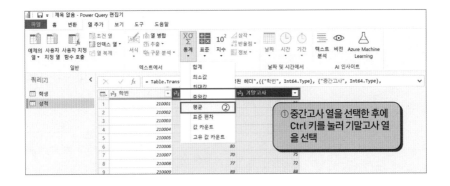

04 두 개 열의 평균 값이 계산된 ① [평균] 열이 생성됩니다. 앞서 설명했듯이, 파워쿼리에서 작업하는 단계는 오른쪽 쿼리 설정 창의 ② [적용된 단계]에 모두 기록됩니다. 이러한 데이터 전처리 작업은 M 코드라는 언어로 구현됩니다. 아이콘을 클릭하면 해당 작업을 취소할 수 있습니다.

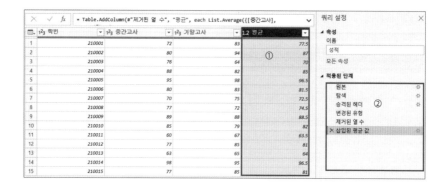

참고로, 평균 열의 소수 자릿수를 조회되지 않게 하려면, 메뉴: [변환]→[데이터형식]→[정수]를 선택하면 됩니다.

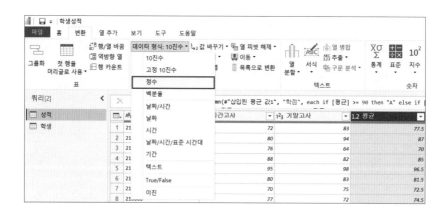

파워쿼리에서 사용되는 데이터 형식은 다음과 같습니다.

구분	데이터 형식	설명
숫자 형식	10진수	64비트 부동 소수점 숫자를 표현합니다.
	고정 10진수	소수 자리가 고정되어 있는 10진수 입니다.
	정수	64비트 소수점이 없는 정수를 표현합니다.
	백분율	기본적으로 10진수 형식과 동일하지만 백분율 서식이 지정됩니다.
날짜/ 시간형식	날짜/시간	날짜 및 시간을 표시합니다.
	날짜	날짜 부분만 표시합니다.
	시간	시간 부분만 표시합니다.
	날짜/시간/표 준시간대	UTC 기준의 날짜/시간을 표시합니다.
	기간	날짜/시간을 10진수 형식으로 표현합니다.

텍스트 형식	텍스트	유니코드 문자열을 표시합니다.
논리 형식	True/False	참 또는 거짓 2개의 부울(Boolean) 값을 표현합니다.

05 이번에는 평균 점수가 90점 이상이면 'A', 80점 이상이면 'B', 70점 이상이면 'C' 이외는 모두 'D' 학점을 저장하는 열을 추가하는 작업을 진행합니다. ① [평균] 열을 선택하고, ② 메뉴: [열 추가]→[조건 열]을 선택합니다.

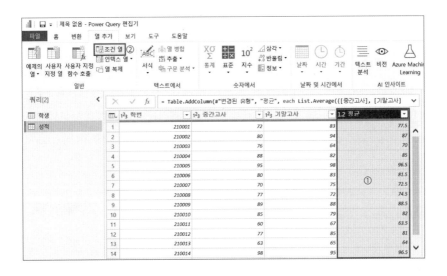

06 새로운 열 이름인 ① '학점'을 입력합니다. 그리고, 조건의 ② 열 이름은 '평균'을 선택하고, ③ 연산자는 '보다 크거나 같음', 값은 90, 출력은 'A'를 입력합니다. ④ [절 추가] 메뉴를 눌러서 이외의 조건들을 모두 입력합니다.

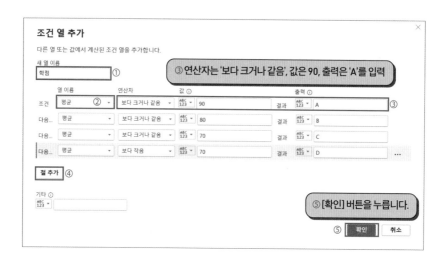

07 이번에는 학생의 생일에서 월을 추출하기 위해서, ① '생년월일' 열을
선택하고, ② 메뉴: [열 추가]→[날짜]→[월]→[월]을 선택합니다. 이외에도
열을 병합하거나 열을 분할하고, 열에서 데이터를 추출하는 등 다양한 데이
터 변환 작업을 추가할 수 있습니다.

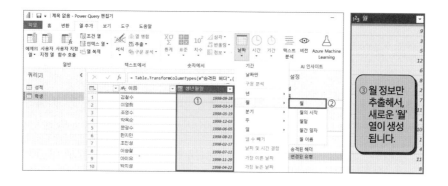

08 평균 점수에 해당하는 학점이 매겨지고, 새로운 열인 '학점'이 생성됩
니다. 메뉴: [파일]→[닫기 및 적용]을 눌러서, 파워쿼리를 종료하면 Power
BI Desktop 화면으로 이동합니다.

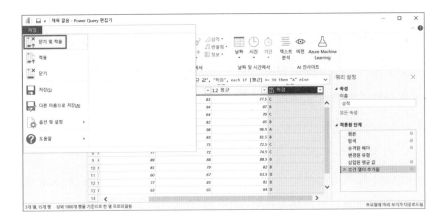

09 Power BI에서 [테이블 뷰] 탭으로 이동하면, '평균'과 '학점' 열이 추가된 것이 확인됩니다. 이제 신규로 추가된 열을 Power BI 시각화의 대상 데이터로 활용할 수 있습니다.

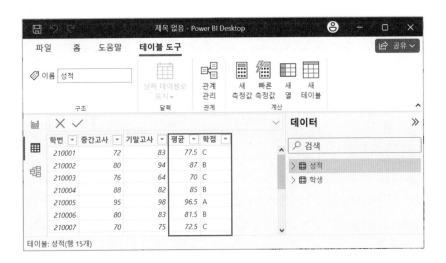

이어서 다음 절에는 DAX를 이용해서 평균점수와 학점을 구하는 방법에 대해 설명하겠습니다.

5. DAX란

DAX는 데이터 분석 표현식(Data Analysis Expressions)의 약자로, Power BI 에서 사용되는 함수 및 수식입니다. DAX는 데이터 전처리, 모델링, 그리고 고급 분석에 사용됩니다. DAX는 엑셀의 함수와 유사하며 수식의 결과는 열 추가, 측정값, 또는 테이블 형태로 추가됩니다. 앞서 소개한 파워쿼리와 유사 하며 DAX를 이용해서도 평균 점수와 학점을 구할 수 있습니다. DAX 문법 에 대한 자세한 사항은 마이크로소프트의 공식 문서(**https://learn.microsoft. com/dax/**)를 통해 참조할 수 있습니다.

01 Power BI Desktop의 ① [테이블 뷰] 탭에서, DAX를 이용해 평균점수와 학점 열을 추가하기 위해 ② 메뉴: [테이블 도구]→[새 열] 버튼을 누릅니다.

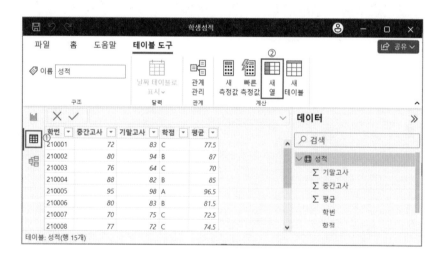

02 새로운 열이 하나 추가됩니다. 수식 입력줄에 [중간고사] 열과 [기말고 사] 열의 평균을 구하는 수식을 입력합니다. DAX에서는 칼럼명을 기술할 때 대괄호[ ]를 사용합니다.

열 = ([**중간고사**] + [**기말고사**]) / 2)

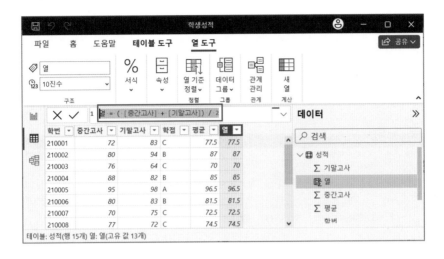

03 칼럼은 테이블에 소속되어 있기 때문에, 테이블명까지 기술하려면, 다음과 같이 작은따옴표로 테이블 이름을 적습니다.

열 = ('성적'[중간고사] + '성적'[기말고사]) / 2

추가한 열 이름을 변경하려면, ① 수식에서 열 이름을 '평균점수'로 바로 기술할 수 있습니다.

평균점수 = ('성적'[중간고사] + '성적'[기말고사]) / 2

또는 데이터 영역에 추가된 열을 선택하고 마우스 오른쪽 버튼을 눌러 ② [이름 바꾸기] 메뉴를 선택합니다.

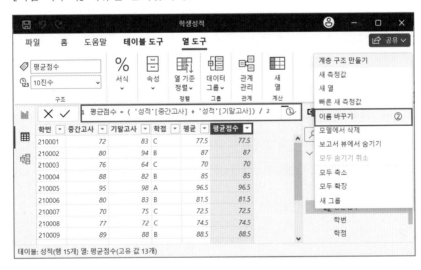

04 평균 점수에 해당하는 학점을 구하기 위해서 다음과 같이 IF 구문으로 DAX 수식을 기술합니다.

열 = If([평균점수] >= 90, "A", If([평균점수] >= 80, "B", If([평균점수] >= 70, "C", "D")))

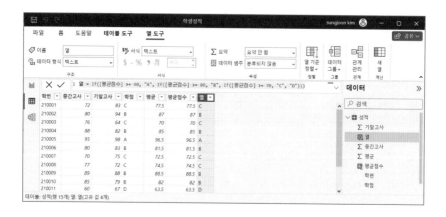

05 새 열을 추가하는 것 이외에 측정값으로 평균 점수를 구하거나 기타 작업을 수행할 수 있습니다. DAX 수식을 사용할 때 일반적으로 열 추가보다는 측정값을 활용하는 것이 효율적입니다. 이번에는 중간고사 점수 대비 기말고사 점수의 비율을 구하는 측정값을 계산하는 방법을 소개합니다.

① 메뉴: [테이블 도구]→[새 측정값] 버튼을 누릅니다. ② 오른쪽 데이터 창의 성적 테이블 아래에 측정값 열이 추가됩니다. ③ 수식 입력란에 DI-VIDE 함수를 사용해서 기말고사 점수를 중간고사 점수로 나눕니다. 측정값은 추가되어도 [테이블 뷰]에서는 보이지 않습니다. 이는 측정값을 정하는 기준이 정해지면, 값을 계산한다는 의미를 내포합니다.

예를 들면, 각 학생별 측정값을 구하거나 소속 학과별로 측정값을 구할 때의 컨텍스트(Context)가 달라지기 때문입니다. 소속 학과별로 측정값을 구할 때는 소속학과 학생들의 기말고사와 중간고사를 각각 합산한 후에 나누기합니다.

측정값 = DIVIDE(SUM('성적'[기말고사]), SUM('성적'[중간고사]))

나누기 결과에 에러가 발생했을 때 0을 반환하려면 다음과 같이 수식을 입력합니다.

측정값 = DIVIDE(SUM('성적'[기말고사]), SUM('성적'[중간고사]), 0)

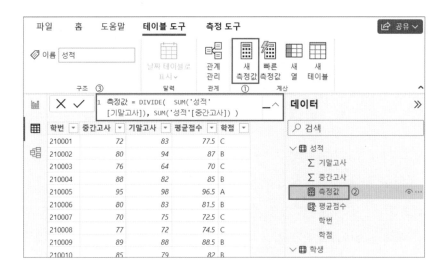

06 측정값이 어떠한 기능을 하는지 쉽게 설명해 보겠습니다. ① [보고서 보기] 탭으로 이동합니다. 중간고사 대비 기말고사 성적 비율을 알아내기 위해, 시각화 창에서 ② ⊞ 아이콘을 눌러서 '테이블' 시각화 개체를 추가합니다. 그리고, ③ 학생 테이블의 '소속' 열과 ④ 성적 테이블의 '측정값'을 열 항목에 끌어옵니다. 그 결과, 소속 학과 별로 측정값이 구해집니다.

실습 무료로 사용하는 Microsoft Power BI

07 학생별로 측정값을 구하려면, 6단계처럼 '테이블' 시각화를 하나 더 추가하거나 앞서 추가한 시각화를 복사해서 붙여넣기한 후에 '소속' 열 대신에 '이름' 열을 추가하면 됩니다. 이처럼, 측정값은 조건(Context)에 따라서 계산값이 동적으로 계산되기 때문에 Power BI에서 아주 효과적으로 활용됩니다.

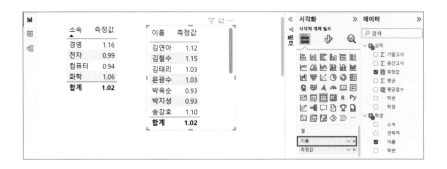

만약에 열 추가 기능을 사용하면, 학생별 기준으로는 문제가 없지만 소속학과 기준으로는 잘못된 값을 계산합니다. 새 열은 학생 별(행 별)로 값을 구한 후에 소속학과의 학생 값을 합산합니다. 다음 예에서, 경영학과의 값이 2.33으로 계산된 이유는 경영학과의 김철수(1.14)와 이영희(1.18) 값을 합산하였기 때문입니다.

그리고, 빠른 측정값은 사용자가 직접 DAX 수식을 작성하지 않고도, 다양한 측정값을 생성할 수 있도록 해줍니다. 메뉴: [홈]→[모델링]→[빠른 측정값]을 눌러서 추가한 후에, 원하는 계산식을 선택하면 됩니다. 중간고사와 기말고사의 합계를 구하려면, 계산식에서 [추가]를 선택합니다. 기준 값은 중간고사, 추가할 값은 기말고사를 선택하면 DAX 수식이 완성됩니다. 필요하면, DAX 수식을 직접 수정할 수 있습니다.

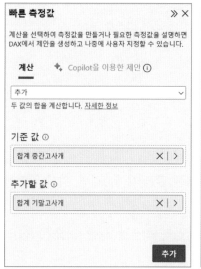
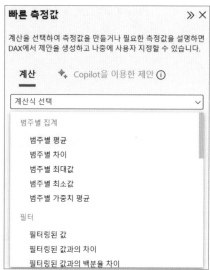

08 이번에는 새로운 테이블을 추가해서, 다음과 같이 각 학점의 개수를 구하는 테이블을 만들어보려고 합니다. 물론, 시각적 개체를 이용해서도 학점별 개수를 쉽게 구할 수 있습니다.

등급	개수
A	2
B	7
C	4
D	2

메뉴: [테이블 도구]→[새 테이블]을 선택합니다. 테이블의 칼럼을 선택하는 SELECTCOLUMNS 함수를 사용하여 '성적' 테이블의 [학점] 열만을 가져오는 수식을 작성합니다. 이 작업을 완료하면 새로운 테이블이 생성되며, [학점] 열 하나만 생성됩니다.

테이블 = SELECTCOLUMNS('성적', "학점", '성적'[학점])

실습 무료로 사용하는 Microsoft Power BI

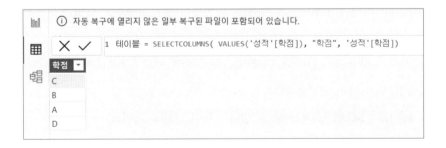

1 테이블 = SELECTCOLUMNS('성적', "학점", '성적'[학점])

학점

C
C

A
D
D

09 추가된 테이블의 학점 열에서 중복된 값을 제거하려면, 다음과 같이 VALUES 함수를 사용하면 됩니다.

테이블 = SELECTCOLUMNS(VALUES('성적'[학점]), "학점", '성적'[학점])

DISTINCT 함수를 사용해도 동일한 효과를 가집니다.

테이블 = SELECTCOLUMNS(DISTINCT('성적'[학점]), "학점", '성적'[학점])

단, VALUE는 BLANK 값도 가져오지만 DISTNCT는 BLANK 값은 무시하는 차이가 있습니다.

1 테이블 = SELECTCOLUMNS(VALUES('성적'[학점]), "학점", '성적'[학점])

학점

C
B
A
D

중복된 값을 제거하고 한 번에 가져오려면 SUMMARZIAE 함수를 이용하는 것도 좋은 방법입니다.

테이블 = SUMMARIZE('성적', '성적'[학점])

10 새 열을 추가해서, 각 학점의 개수를 계산하는 DAX 수식을 알아봅니다. CALCUATE 함수는 DAX 수식에서 자주 활용되는 중요한 함수입니다. CALCULATE 함수와 FILTER 함수를 같이 사용하면, FILTER 조건에 해당하는 계산이 가능합니다.

열 = CALCULATE(COUNT('성적'[학점]), FILTER('성적', '성적'[학점] = '테이블'[학점]))

테이블을 생성하고, 유일한 학점 값을 가져온 후에 개수를 구하는 여러 단계 과정은 다음 SUMMARIZE 함수를 이용하면 한 번에 처리할 수 있습니다.

테이블 = SUMMARIZE('성적', '성적'[학점], "Total cnt", COUNT('성적'[학점]))

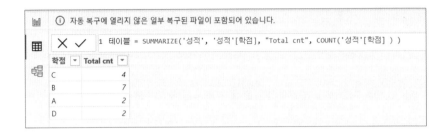

참고로, 인공지능 챗GPT(https://chat.openai.com/)에게 DAX 수식 작성을 도움 받을 수 있습니다.

 DAX에서 A 테이블에 있는 B열을 새로운 테이블의 C 열로 추가하는 수식 알려줘

 DAX에서 A테이블의 B열을 새로운 테이블의 C열로 추가하는 방법은 SUMMARIZE 함수를 사용하여 새로운 테이블을 만들거나, SELECTCOLUMNS 함수를 사용하여 기존 테이블의 열을 선택하고 새로운 열을 추가하는 방법이 있습니다.

1. SUMMARIZE 함수 사용:

SUMMARIZE 함수는 기존 테이블의 칼럼을 그룹화하고 새로운 테이블을 생성하는 데 사용됩니다.

```
                                              Copy code

새로운테이블 =
SUMMARIZE(
        A테이블,
        A테이블[B열],
        "C열", A테이블[B열]
)
```

이 코드에서 SUMMARIZE 함수는 A 테이블을 B 열로 그룹화하고, 각 그룹에서 B 열의 값을 가져와서 "C열"이라는 새로운 열을 생성합니다.

2. SELECTCOLUMNS 함수 사용:

SELECTCOLUMNS 함수를 사용하여 새로운 테이블을 만들 수도 있습니다.

```
                                              Copy code

새로운테이블 =
SELECTCOLUMNS(
        A테이블,
        "C열", A테이블[B열]
)
```

이 코드에서 SELECTCOLUMNS 함수는 A 테이블에서 B 열을 선택하고, 이를 "C 열"이라는 새로운 열로 추가합니다.

두 예제 모두에서 "C열"은 A 테이블의 B 열의 값으로 채워집니다. 사용하시는 상황에 따라 두 함수 중 하나를 선택하실 수 있습니다.

| 6. 다양한 시각적 개체 알아보기

파워쿼리와 DAX를 활용한 데이터 전처리 과정이 완료되었으면, 차트와 같은 시각적 개체를 추가하여 데이터를 보다 쉽게 분석할 수 있습니다. 데이터 시각화는 비즈니스 분석 및 의사결정 과정에서 중요한 역할을 수행합니다. Power BI는 다양한 시각적 개체와 도구를 제공하여 사용자가 데이터를 효과적으로 이해하고 전략적인 의사 결정을 내릴 수 있도록 지원합니다. 이번 절에는 막대 차트, 원형 차트, 카드, 슬라이서 등 Power BI의 주요한 시각화 유형과 특징을 간략하게 소개하겠습니다.

보통 Power BI 첫 페이지는 다양한 시각적 개체를 이용해서 비즈니스에 필요한 통합 대시보드를 구현합니다. 기업의 KPI 특성에 따라, 계획 대비 목표 달성여부를 쉽게 표현할 수 있는 시각적 개체를 조합해 메인 화면을 구성할 수 있습니다. 다음은 필자가 참여하고 있는 KPI 관리 프로젝트에서 생성한 Power BI 메인 화면입니다.

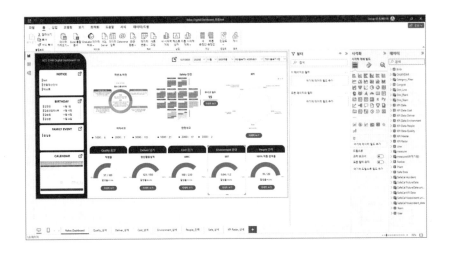

각 항목에 대해 더 자세한 분석이 필요한 경우에는 아이콘으로 상세 페이지를 추가할 수 있습니다. 추가된 페이지에서는 다양한 시각적 개체를 활용하여 여러 관점에서 데이터를 분석할 수 있고, 보다 세부적인 정보를 제공할 수 있습니다.

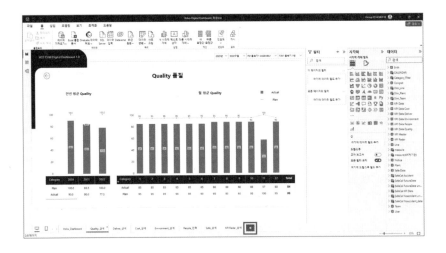

이제 다양한 시각적 개체 중에서 자주 사용되는 유형을 알아봅시다.

Power BI Desktop의 오른쪽 시각화 창에는 다양한 시각적 개체가 존재합니다. ① 더 보기(⋯) 아이콘을 클릭한 후에 ② [더 많은 시각적 개체 가져오기] 메뉴를 누르면, ③ 다양한 시각적 개체를 내려받을 수 있습니다.

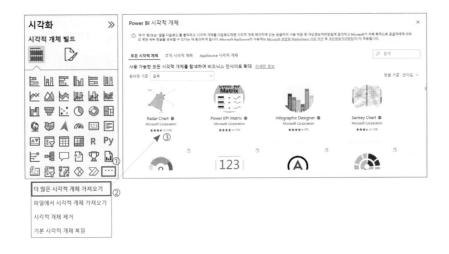

6.1 누적 가로(세로) 막대형 차트

누적 가로(세로) 막대형 시각적 개체는 데이터를 수평(수직) 막대 형태로 표시합니다. 이는 주로 데이터 비교나 분포를 표현하는 데 사용되며, 각 막대는 특정 범주나 항목을 나타냅니다. 각 막대의 길이는 해당 항목의 크기나 값에 비례하며, 가로(세로) 방향으로 배열되어 있습니다.

01 시각화 창에서 가로 막대형 시각적 개체를 선택한 후에 드래그하거나, 메뉴: [삽입]→[새 시각적 개체]를 선택합니다.

02 학생 이름별 평균 점수를 그래프로 표현하기 위해서, ① 학생 테이블의 '이름' 필드를 선택해서 Y축으로 끌어옵니다. ② 성적 테이블의 '평균점수' 필드를 X축으로 가져오면, 가로 막대형 그래프가 완성됩니다. 그리고, ③ 소속 학과별로 구분하기 위해서 '소속' 필드를 범례 항목으로 설정합니다.

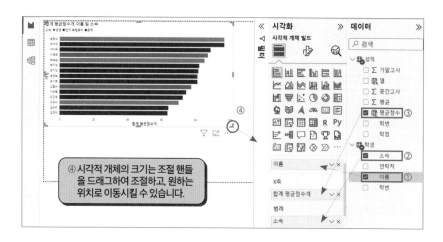

03 이번에는 가로 막대형 차트를 세로 막대형 차트로 변경해 보겠습니다. 보고서에 추가된 시각적 개체를 선택하고, ① 시각화 창에서 세로 막대형 차트를 선택하면 ② 그래프가 자동으로 변경이 됩니다.

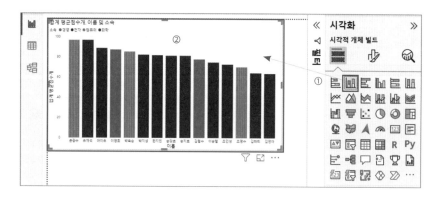

04 시각화 창에서 ① [서식] 탭을 선택하면, 시각화 개체의 서식을 다채롭게 변경할 수 있습니다. ② X축의 텍스트 크기, 폰트, 색상 등을 변경해서 적

용합니다. 이 외 옵션들은 직관적인 메뉴들로 구성되어 있기 때문에 직접 설정해 보면 기능을 쉽게 이해할 수 있습니다.

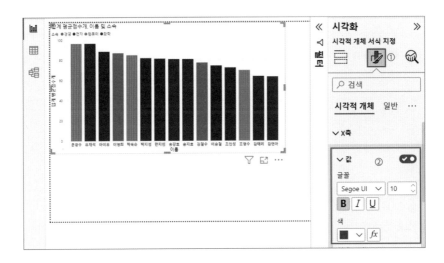

05 시각화 창의 ① [분석] 탭으로 이동하면, 시각화 개체에 동적인 상수 선을 추가할 수 있습니다. ② [+선 추가] 메뉴를 눌러서, ③ 값에 80을 입력하고, ④ 색을 파란색으로 설정하면 시각적 개체에 ⑤ 상수 선이 표시됩니다.

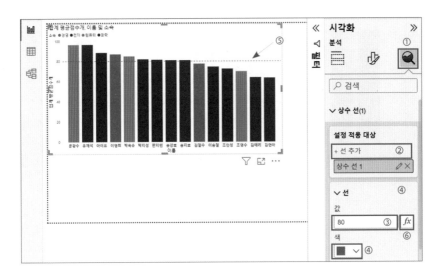

⑥ fx 버튼을 누르면, 선택한 필드값을 기준으로 다양한 선을 추가할 수 있습니다. 예를 들어, 평균을 선택하면 전체 학생의 평균 점수를 선으로 표시합니다.

값 - 설정 적용 대상	×

서식 스타일

필드 값	∨

어떤 필드를 기반으로 해야 하나요?

합계 평균개	∨

요약

합계	∧
합계	
평균	
최소값	
최대값	

06 Power BI의 필터 기능은 데이터를 제한하여 원하는 결과를 얻는 데 중요한 역할을 합니다. 필터를 통해 데이터의 특정 부분만을 시각화하거나 분석할 수 있습니다. 시각화 개체를 선택하고, 해당 개체에 추가된 데이터 필드를 필터링 할 수 있습니다. 또한 필터링할 데이터 필드를 새로 추가하는 것도 가능합니다.

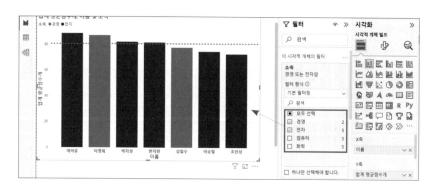

6.2 원형 및 도넛형 차트

원형 및 도넛형 차트는 데이터의 부분-전체 관계를 시각적으로 나타내는 데 유용합니다. 원형 차트는 기업에서 생산하는 제품의 전체 판매량 대비 부서별 또는 개별 판매량을 비교해서 보여주는 데 적합합니다.

실습 예로 ESG(Environment, So-cial, Governance; 환경보호나 봉사 등의 활동) 점수를 부여하는 대학의 경우를 들 수 있습니다. 먼저, '학생성적.xlsx' 엑셀 파일을 열어서 ESG 시트를 추가하고, 학생별 ESG 점수를 기술합니다.

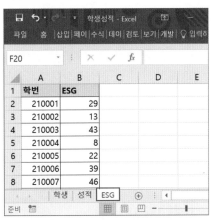

01 신규로 추가된 ESG 시트를 Power BI에서 가져오기 위해서, ① 메뉴: [홈]→[데이터 가져오기]→[Excel 통합문서]를 선택합니다. '학생성적.xlsx' 파일을 선택하고, ② 탐색창에서 ESG 시트를 체크해서 ③ [로드] 버튼을 누릅니다.

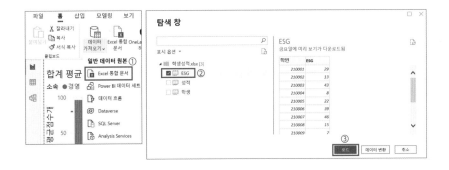

02 ① 모델 보기 탭으로 이동하면, ② ESG 테이블이 추가된 것이 확인할 수 있습니다.

03 보고서의 빈공간을 선택하고, 시각화에서 ① 원형 차트를 끌어 옵니다. ② 범례에는 '이름' 필드를, ③ 값에는 'ESG' 필드를 드래그하면 원형 차트가 완성됩니다.

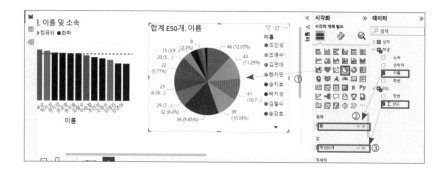

04 원형 차트 시각적 개체를 선택한 상태에서 시각화 창의 도넛형 차트를 선택하면 쉽게 차트를 변경할 수 있습니다. 도넛형 차트는 중앙이 비어 있어서, 텍스트, 아이콘, 이미지 등을 이용해 추가 정보를 표시할 수 있습니다.

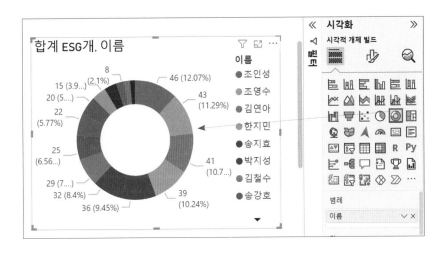

6.3 카드 시각적 개체

카드 시각적 개체는 중요한 단일 값 또는 특정 지표의 집계된 결과를 표시하기 위한 간단하면서도 강력한 시각화 도구입니다. 전체 학생의 평균 점수를 표시하기 위해서, ① 시각화 창의 카드 시각적 개체를 보고서에 드래그합니다. ② 평균 점수 필드를 시각화 데이터에 추가하고, 추가된 필드의 ③ ∨ 아이콘을 눌러서, ④ 평균을 선택합니다.

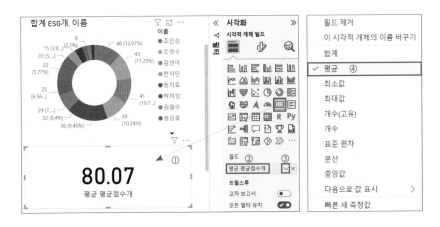

카드 시각적 개체는 사용자가 시각적 개체에서 선택한 값을 표시할 때 사

실습 무료로 사용하는 Microsoft Power BI

용됩니다. 예를 들어, 사용자가 세로 막대형 차트에서 한 학생을 선택했을 때 해당 학생의 이름을 카드에 표시하는 경우입니다. 카드 시각적 개체를 하나 더 추가한 후, ① 새 측정값을 생성합니다. ② SELECTEDVALUE 함수를 이용해서 DAX 수식을 기술합니다. ③ 카드 시각적 개체의 필드에 측정값을 드래그합니다. 필드에 [이름] 필드를 추가해도 선택한 학생 이름이 조회됩니다. 하지만, 전체 학생이 선택된 경우는 처음 또는 마지막 선택된 학생의 이름이 조회되기 때문에 측정값을 이용해야 합니다. ④ 세로 막대형 차트에서 학생을 선택하면 학생 이름이 카드에 조회됩니다.

다음 DAX 수식은 '학생' 테이블의 [이름] 필드에서 선택된 값을 가져오고, 선택한 학생이 없는 경우는 '전체'라고 보여주겠다는 의미입니다.

선택된 학생 = SELECTEDVALUE('학생'[이름], "전체")

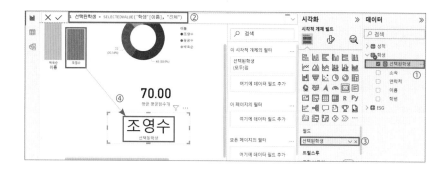

6.4 Treemap 시각적 개체

Treemap(트리맵) 시각적 개체는 사각형들의 집합으로 구성됩니다. Treemap은 일반적으로 데이터의 구조와 그에 따른 크기 또는 값을 시각적으로 나타내는 데 유용합니다.

시각화 창에서 Treepmap을 끌어와 소속 학과별로 학점 분포의 구성을 알아봅니다. ① 범주에는 '학점', ② 자세히는 '소속', ③ 값에는 '학점' 필드를 끌어놓기 합니다.

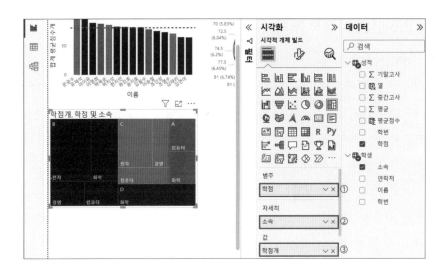

6.5 슬라이서 시각적 개체

슬라이서(Slice)는 대시보드나 보고서에서 데이터를 동적으로 필터링하거나 선택할 수 있는 시각적 개체입니다. 사용자가 슬라이서를 조작하면 해당 필터가 적용되어 다른 시각적 개체에 영향을 미치게 됩니다.

시각화 창에서 ① 슬라이서 시각적 개체를 보고서에 드래그하여 추가합니다. ② 필드에 '소속'을 추가하면, 사용자는 소속 학과별 데이터를 필터링하며 데이터를 동적으로 확인할 수 있습니다.

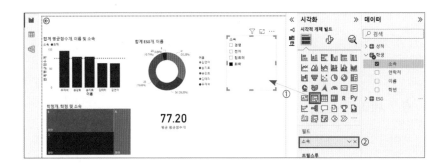

6.6 행렬 시각적 개체

행렬 시각적 개체는 테이블과 유사하며, 계단형 레이아웃을 지원하여 여러 차원에 걸쳐 데이터를 유의미하게 표시할 수 있습니다. 행렬은 자동으로 데이터를 집계하고, 드릴다운을 사용하도록 설정할 수 있습니다. 예를 들어, 소속학과 전체의 평균점수를 보여주고, 소속학과의 학생별 평균 점수를 계층적으로 볼 수 있습니다.

먼저, ① 새 페이지 ➕ 아이콘을 눌러서 두 번째 페이지를 생성합니다. ② 행렬 시각적 개체를 보고서 영역으로 드래그합니다. ③ 행에는 '소속'과 '이름' 필드를, ④ 열에는 '학점' 필드를, ⑤ 값에는 '평균' 필드를 설정합니다. 그 결과, 소속 학과을 드릴다운 하여 학생 리스트의 평균 점수를 학점별로 확인할 수 있습니다.

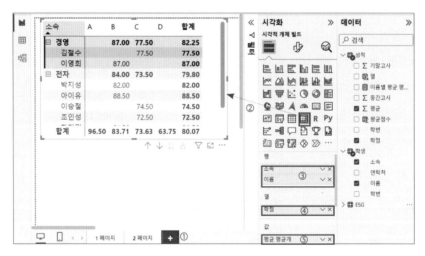

6.7 셰이프 요소

셰이프와 텍스트는 데이터 분석에 관계없이 추가적인 정보를 보여줍니다. 셰이프(도형)는 각 페이지의 헤더를 작성하는데 자주 사용됩니다. ① 메뉴: [삽입]→[셰이프]→[사각형] 도형을 보고서에 드래그하고 보고서 크기에 맞게 조절합니다. ② 서식 창의 [스타일]→[텍스트] 옵션을 이용하면 도형에 텍스트를 추가할 수 있습니다.

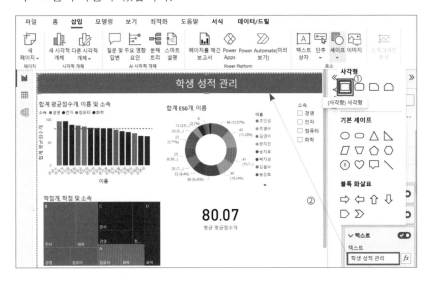

6.8 텍스트 상자 요소

셰이프와 유사하게 ① 텍스트 상자를 추가해서, 카드와 같은 시각적 개체에 제목을 추가할 수 있습니다. 텍스트 서식은 오피스 프로그램에서 폰트, 크기, 색상 등을 설정하는 방법과 유사합니다. 참고로 텍스트 상자의 ② ⊘ 아이콘을 선택하면 하이퍼링크를 삽입할 수 있습니다.

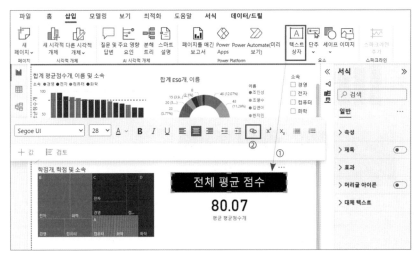

6.9 단추 요소

Power BI의 단추를 사용하면 보고서가 앱처럼 동작하도록 만들 수 있으며, 사용자가 Power BI 콘텐츠와 상호작용하는 환경을 구축할 수 있습니다. 대시보드나 보고서에서 다른 페이지로 이동하거나, 웹 URL 링크로 이동하는 등의 작업을 수행할 수 있습니다. ① 메뉴: [삽입]→[단추]→[비어 있음] 단추를 추가합니다. ② 서식 스타일의 텍스트 옵션에서 단추의 텍스트와 색상을 설정하고, ③ 채우기 옵션에서 단추의 배경색을 설정합니다. ④ 작업 옵션을 선택하면, 단추를 눌렀을 때 동작하는 다양한 작업 유형을 선택할 수 있습니다.

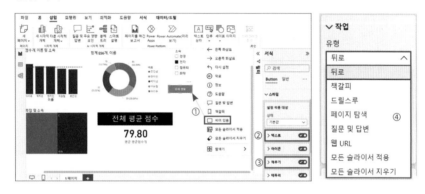

단추를 눌렀을 때 다른 페이지로 이동하는 작업을 실습하기 위해서, 추가한 단추의 유형은 '페이지 탐색'을, ② 대상 페이지는 '2페이지'를 선택합니다. ③ Ctrl 키를 누른 상태에서 '상세 정보' 단추를 누르면 2페이지로 이동합니다.

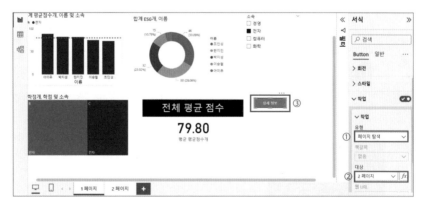

| 7. 시각적 개체 상호작용

보고서에 추가된 시각적 개체들은 다른 시각적 개체와 상호작용합니다. 시각적 개체 간 상호작용은 사용자가 대시보드나 보고서를 동적으로 탐색하고 데이터 간의 관계를 파악하는 데 도움을 줍니다. 이를 통해 사용자는 선택한 데이터에 기반하여 여러 시각적 개체의 동작을 조정하고 연결된 정보를 쉽게 파악할 수 있습니다.

예를 들어, 가로 막대 시각적 개체에서 '문광수' 학생의 막대를 클릭하면, 다른 모든 시각적 개체도 해당 학생의 정보를 강조하거나 필터링합니다. 원상태로 돌아가려면, '문광수' 학생 막대를 다시 클릭하면 됩니다.

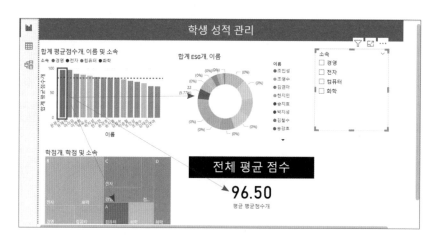

01 상호작용을 편집하기 하기 위해서, ① 세로 막대형 차트를 선택하고 ② 메뉴: [서식]→[상호 작용 편집]을 누릅니다. 그 결과, 다른 시각적 개체의 오른쪽 상단에 ③ 상호 작용 편집 아이콘이 표시됩니다.

[lo쥬]: 필터링 기능입니다.

[ll]: 강조 기능입니다.

[◌]: 상호작용을 하지 않습니다.

실습 무료로 사용하는 Microsoft Power BI

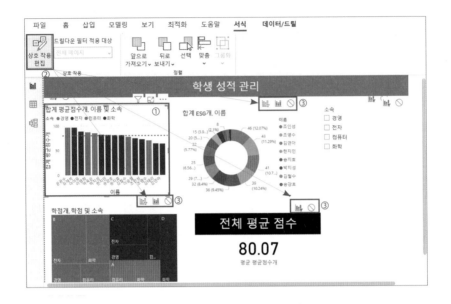

02 도넛형 차트의 상호작용 ① 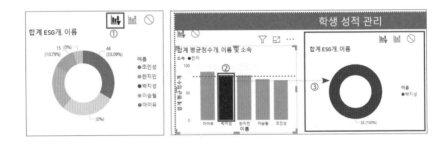 아이콘을 눌러 필터를 켜면, ② 막대 그래프에서 선택한 학생의 정보만 ③ 필터링 되어서 조회됩니다.

03 도넛형 차트의 상호 작용 ① 아이콘을 눌러 강조 표시를 활성화하면, ② 막대그래프에서 선택한 학생의 정보만 ③ 도넛형 차트에서 강조 표시됩니다.

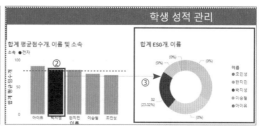

04 도넛형 차트에서 상호작용 ① 아이콘을 눌러 상호 작용 없음을 선택하면, ②
막대그래프에서 학생을 선택하더라도 ③ 도넛형 차트에는 아무런 변화가 없습니다.

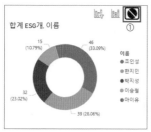
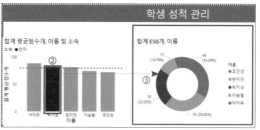

| 8. 보고서 게시 및 공유

Power BI 게시는 Power BI Desktop에서 생성한 보고서나 대시보드를
Power BI Service에 업로드하여 공유하고 웹 브라우저를 통해 액세스할 수
있게 하는 과정입니다. Power BI Service는 다른 사용자와의 협업, 데이터의
정기적 갱신 등 다양한 기능을 제공합니다.

01 Power BI에 게시하기 위해서, ① 메뉴: [홈]→[게시]를 클릭합니다. ②
내 작업 영역을 선택하고, ③ [선택] 버튼을 누릅니다.

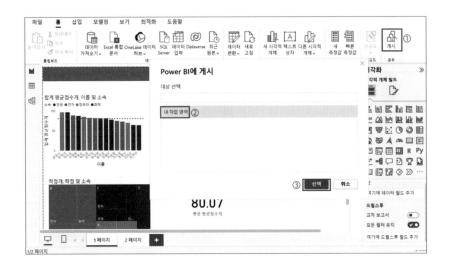

02 회사 및 학교 소속의 이메일 주소를 입력하고, [제출] 버튼을 누릅니다. 다음 화면에서 패스워드를 입력하고 Power BI 웹사이트에 로그인 합니다.

03 Power BI 게시가 성공하였다면, 열기 링크를 눌러서 Power BI 웹 사이트로 이동합니다.

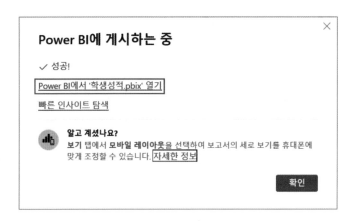

04 개인 PC에서 생성한 Power BI Desktop 보고서가 웹에서 조회되는 것을 확인할 수 있습니다.

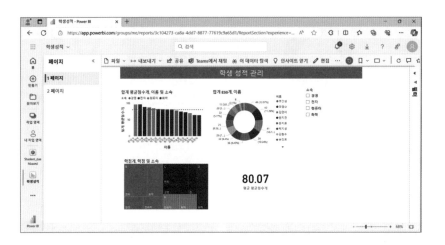

05 대시보드에 추가하고 싶은 시각적 개체를 선택하고, 📌 고정 아이콘을 선택하면 대시보드에 고정할 수 있습니다. 여러 보고서에 존재하는 시각적 개체를 대시보드에 모아서 한 번에 조회하는 기능입니다.

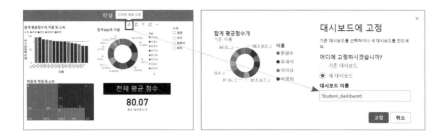

06 생성된 ① 대시보드를 선택하고, ② [편집]→[모바일 레이아웃] 메뉴를 선택하면 ③ 모바일 레이아웃을 설정할 수 있습니다.

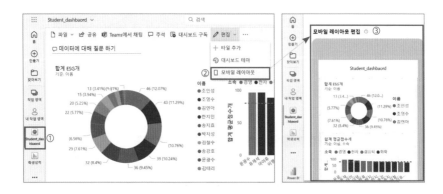

07 태블릿 또는 스마트폰과 같은 모바일 디바이스에서 Power BI 앱을 설치하고, 본인 메일 계정으로 로그인하면 모바일 레이아웃의 대시보드가 조회됩니다.

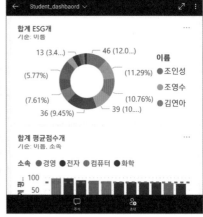

부록

체크시트

대시보드 구축 프로젝트 포인트

2장~7장에서 살펴본 내용 중 중요한 점을 체크시트로 정리했습니다. 프로젝트를 진행할 때 참고 자료는 물론, 자신의 지식을 확인하는 자료로도 활용하기 바랍니다.

이 체크시트는 출판사 홈페이지에서 내려받을 수 있습니다. 자세한 내용은 '제공 데이터 안내'를 참고하세요.

● 2장 대시보드 구축 프로젝트 전체 모습

참조 항목	주제	내용
2.3	체계도	각 역할에 필요한 기술 모두를 망라한 체계가 되도록 프로젝트 구성원 할당하기
2.4	프로젝트 진행 방법	프로젝트 특징(기간, 규모 사양 변경 가능성, 체계 등)에 따라 진행 방법 결정하기
2.4	로드맵	프로젝트 목표를 위한 공정과 중간 목표, 성과물 정리하기
2.4	일정 관리표	일 단위, 주 단위로 언제까지 무엇을 끝내야 하는지 정리하기
2.4	업무 관리표	업무 내용, 업무 담당자, 업무 예상 종료일 등 정보 기록하고 정기적으로 업데이트 하기
2.4	과제 관리표	어떤 업무에 어떤 영향을 끼치는 과제인지. 무엇을 의논하고자 하는지를 구체적으로 기록하기
2.4	각종 회의	목적에 따라 횟수와 참가자 정하기 정기 개최 회의는 사전에 예정 확보하기
2.4	BI 도구 계약	구축하려는 대시보드에 필요한 기능이나 비용, 학습 용이성, 자사 IT 환경과의 호환성이나 확장성 등을 고려하여 선정하기

● 3장 대시보드 요구 사항과 필요한 요건 정의

참조 항목	주제	내용
3.2	사용자 비즈니스 정보 정리	자사, 경쟁사, 고객 관점에서 비즈니스 상황 정리하기
3.2	사용자 비즈니스 정보 정리	외부 요인(정치, 경제, 사회, 기술 등) 정리하기
3.2	사용자 업무 정보 정리	목표에 추가하여 목표를 달성하고자 어떤 노력을 하고 있는지/ 앞으로 어떤 계획을 세울지 정리하기
3.2	사용자 업무 정보 정리	목표 달성에 필요한 과제나 지금까지의 대처로 알게 된 것(결과나 개선점 등) 정리하기
3.2	KPI 트리	KGI·CSF·KPI를 트리로 정리하기 주요 요소가 빠지지 않고 들어 있는지, 중복은 없는지 확인하기
3.2	As-Is/To-Be와 차이	KGI·KPI의 현재 상황과 목표를 정리하고 그 차이 평가하기
3.2	과제 정의	As-Is/To-Be 분석으로 알게 된 차이 중 어떤 것을 메우고 싶은지 검토하기
3.2	과제 구조 정리	과제 구조를 누가, 무엇이, 왜, 언제, 어디서, 어떻게, 얼마나 등 다양한 관점으로 정리하기
3.2	과제 우선순위	대처할 과제의 우선순위 검토하기. 이때 비즈니스 충격, 필요한 비용, 과제 긴급성 등을 고려하기
3.3	사용 사례 가정	구체적인 행동을 가정하고 누가, 왜, 어떻게 사용할 것인지, 어떤 정보가 필요한지 정리하기
3.3	대시보드 전체 구성 정리	대시보드 목적과 특징에 맞게 구성(전체 요약, 주제별, 상세 분석) 정리하기
3.3	대시보드에 필요한 요건 정리표	대시보드마다 목적, 가정 사용자, KGI·KPI나 관련 데이터 소스 정리하기

부록

● 4장 대시보드 설계

참조 항목	주제	내용
4.5	데이터 조사	분석 설계를 실시하기 전에 데이터 소스 수준의 데이터 조사 진행하기
4.5	데이터 조사	분석 설계를 실시하기 전에 테이블 수준의 데이터 조사 진행하기
4.5	데이터 조사	분석 설계를 실시하기 전에 칼럼 수준의 데이터 조사 진행하기
4.3	분석 설계 준비	의사 결정 패턴을 기반으로 각 대시보드로 실행할 의사 결정 내용 정리하기
4.3	분석 설계 준비	의사 결정 내용을 이용하여 각 대시보드에 어떤 분석 유형의 분석 요건이 필요한지 정리하기
4.4	분석 설계 준비	대시보드 요건 정리표와 의사 결정, 분석 유형 내용을 기반으로 대시보드 목적 다시 정리하기
4.4	분석 설계 준비	대시보드 목적을 분해하고 대시보드 대상이 될 비즈니스 과제와 질문 정리하기
4.4	분석 설계	비즈니스 과제와 질문을 이용하여 분석 요건(지표와 비교 기준 등) 정리하기
4.4	분석 설계	분석 요건을 정리하며 KPI 트리를 참고로 지표 선정하기
4.4	분석 설계	지표는 KPI뿐 아니라 목표에 도달하는 과정에서의 행동도 측정할지 검토하기
4.4	분석 설계	지표를 정할 때는 지표 비교 방법(크기, 변화, 구성비, 분포, 값 상관관계)을 염두에 두고 최적 방법 선택하기
4.2	대시보드 상세 설계서 준비	'대시보드 이름'을 기록한 대시보드 상세 설계서 만들기
4.2	대시보드 상세 설계서 기록	정리한 분석 요건을 대시보드 상세 설계서에 기록하기 (차트 역할, 지표, 비교 기준, 필터 요소)
4.2	대시보드 상세 설계서 기록	지표 계산 로직, 목표 지표 설정 중 분석 설계 단계에서 확인한 정보 기록하기

● 5장 대시보드 디자인

참조 항목	주제	내용
5.2	템플릿 디자인	대시보드를 이용할 단말기나 대시보드의 용도를 고려하여 대시보드 크기 결정하기
5.2	템플릿 디자인	대시보드 크기는 한 화면 대시보드와 세로로 긴 대시보드의 특징을 고려하여 결정하기
5.2	와이어프레임 만들기	대시보드 크기를 반영한 와이어프레임 만들기(이후 디자인 작업을 진행하면서 수정)
5.2	템플릿 디자인	대시보드 화면 구성을 와이어프레임으로 정리하기
5.2	템플릿 디자인	배색 규칙으로 주 색상, 배경 색상, 강조 색상 정하기
5.2	템플릿 디자인	비교 기준의 값이나 수치 상태(한계점을 넘었는지 아닌지) 등에 따라 차트 배색 규칙 정하기
5.3	레이아웃 디자인	대시보드 상세 설계의 분석 요건을 통합하여 차트 영역을 결정하고 각 분석 요건의 차트 영역 나누기
5.3	레이아웃 디자인	분석 흐름을 고려하여 대시보드의 차트 영역 배치 정하기
5.3	레이아웃 디자인	대시보드를 이용할 때 예정한 분석 순서를 그림으로 나타내고 이를 차트 영역 배치에 참고하기
5.3	레이아웃 디자인	차트 영역마다 차트를 배치하고 와이어프레임에 기록하기(시선 흐름에 따른 배치)
5.4	차트 디자인	기본 6가지 차트를 기본으로 분석 목적에 따라 적절한 차트 형식 정하기
5.4	차트 디자인	결정한 차트 형식을 와이어프레임에 기록하기
5.5	상호작용 기능 디자인	대시보드에 구현할 상호작용 기능을 정하고 필터나 버튼을 와이어프레임에 추가하기
5.2	대시보드 상서 설계서에 기록	대시보드 상세 설계서 수정하기(차트 영역 이름, 각 차트의 역할, 차트 형식, 필터 요소)
5.4	목업 만들기	대시보드 상세 설계서와 와이어프레임을 이용해도 전체 모습을 관계자가 떠올리기 어려울 때는 목업 만들기

부록

● 6장 데이터 준비와 대시보드 구축

참조 항목	주제	내용
6.2	필요한 요건 확인	대시보드 분석 요건(지표, 비교 기준 등) 확인하기
6.2	필요한 요건 확인	각 지표의 계산 로직 확인하기
6.2	필요한 요건 확인	대시보드 구축에 필요한 데이터 정밀도 확인하기
6.3	테이블 설계	데이터 마트의 테이블(마트 테이블)을 생성할 때 이용할 데이터 소스, 테이블, 칼럼이 어디 있는지 확인하기
6.3	테이블 설계	마트 테이블을 BI 도구에 연결할 때의 아키텍처 결정하기
6.3	테이블 설계	차트 디자인에서 역산하여 분석 요건을 만족하는 마트 테이블 요건을 자세히 조사하고 테이블 설계하기
6.3	테이블 설계	BI 도구에 연결할 데이터 소스나 마트 테이블의 테이블 결합 조건(관계) 정리하기
6.4	테이블 생성	테이블 설계에 따라 SQL 등으로 마트 테이블 생성하기(지표 계산, 조건 판단, 문자열 가공 등)
6.4	테이블 생성	마트 테이블을 생성할 때 분석 요건을 만족하는 최적의 데이터 정밀도로 집약하도록 노력함
6.5	테이블 업데이트의 규칙화	마트 테이블의 업데이트 방법, 업데이트 횟수 등을 결정하고 데이터 파이프라인 구축하기
6.7	대시보드 구축	BI 도구에 데이터 소스, 데이터 마트에 데이터 접속하기
6.7	대시보드 구축	BI 도구에 연결한 데이터에 전처리(테이블 조인, 수치 계산, 칼럼 가공 처리 등) 진행하기
6.7	대시보드 구축	차트를 작성하는 데 필요한 함수나 계산 지표를 만들고 그 계산 결과가 올바른지 확인하기
6.7	대시보드 구축	대시보드 디자인에 따라 차트 만들기
6.7	대시보드 구축	대시보드 디자인에 따라 대시보드 레이아웃 만들고 차트 배치하기
6.7	대시보드 구축	필요하다면 필터 기능 등 동적 기능 설정하기(버튼, 다른 대시보드로 링크 추가 등)
6.7	대시보드 구축	대시보드 성능(데이터 읽기 속도, 차트 표시에 필요한 시간 등) 확인하기
6.7	대시보드 구축	성능이 나쁘다면 마트 테이블 설계, 데이터 접속 설정, 함수나 계산 지표 설정 다시 검토하기

● 7장 운용·검토·지원

참조 항목	주제	내용
7.2	검토	대시보드 구축 전에 기능 검토와 디자인 검토 진행하기
7.2	검토	대시보드 구축 후에 계산 정확성, 테스트 운용, 도입 후 효과 등 검토하기
7.3	지원	구축한 대시보드의 사용 방법을 교육하는 설명회 열기
7.3	지원	대시보드 설명 자료를 만들고 사용자에게 배포하기
7.3	지원	대시보드에 관해 물을 수 있는 채팅방을 개설하거나 정기 질문 모임을 여는 등 Q&A 코너 마련하기
7.4	개선과 유지보수	대시보드 이용 상황 모니터링과 사용자 인터뷰를 정기적으로 실시하기
7.4	개선과 유지보수	사용자 인터뷰에서는 불편한 점이나 기능 추가 요청 등 듣기
7.4	개선과 유지보수	설문 조사나 인터뷰에서 나온 개선 요청 사항을 우선하여 대시보드 개선하기
7.4	개선과 유지보수	대시보드 성능 확인이나 직접 작성한 마스터 데이터는 정기적으로 관리하기

에필로그

이 책은 비즈니스 대시보드를 만들 때 알아야 할 내용을 대시보드 구축 경험이 얕은 독자도 쉽게 읽을 수 있도록 설명한 안내서입니다. 이는 필자가 몇 년 전 처음으로 BI 도구를 접하고 데이터 분석가로서 고객에게 대시보드를 구축, 제공하려 했을 때 '이런 책이 있으면 좋았을 텐데…'라고 생각했던 내용을 실현한 것입니다.

누군가가 BI 도구로 대시보드를 만드는 과정을 보면 대시보드 구축이 간단해 보일지도 모릅니다. 그러나 실제 대시보드 구축은 프로젝트 구성원의 소프트 스킬 수준에 따라 완성도가 크게 달라지는 무척 어려운 작업입니다.

이 책을 읽어보면 이해하리라 생각합니다만, 대시보드 구축은 단순히 BI 도구를 능숙히 다룰 줄 안다고 해서 끝이 아닙니다. 대시보드 구축 프로젝트가 성공하려면 컨설팅, 문제 해결 사고, 데이터 분석, 대시보드 디자인, 데이터 시각화, 데이터 엔지니어링 등 다양한 기술과 지식이 있어야 합니다.

필자가 BI 도구를 배우기 시작했을 무렵에는 이런 사실을 몰랐던 탓에 '사용하지 않는 대시보드'를 만들었고 결국 사용자가 이용하지 않는 대시보드를 납품한 경험을 몇 번이나 겪었습니다. 지금은 대시보드 구축 노하우가 쌓여 '사용하는 대시보드'를 만들 수 있지만, 이는 BI 도구 다루기나 데이터 시각화 기술뿐만 아니라 다양한 분야를 경험한 결과로, 지금까지 겪은 과정은 결코 효율적이 아니었습니다.

그렇기에 이 책이 대시보드 구축 프로젝트를 진행할 때 많은 사람이 '사용하는 대시보드'를 만들 수 있도록 하는 효율적인 나침반 역할을 했으면 하는 바람입니다.

이 책은 필자 혼자만의 힘으로는 결코 빛을 보지 못했을 겁니다. 마지막으로 이 책 집필에 도움을 준 많은 분에게 고마움을 전합니다.

공동 집필자인 후지이 아츠코 님, 사쿠라이 마사노부 님, 하나오카 아키라 님. 바쁜 업무와 함께한 집필 작업이 결코 쉽지는 않았을 겁니다. 그 수고를 떠올리면 고개가 숙여집니다.

이 책에서 소개한 몇 가지 대시보드 예를 작성한 사사키 토모히로 님. 대시보드 예를 이용한 덕분에 더 이해하기 쉬운 책이 되었습니다. 고맙습니다.

각 장의 구성 작업을 도와주신 토미타 교헤이 님, 오오시로 유메카와 님. 두 분의 도움이 없었다면 이 책은 지금과 달리 읽기 어려운 책이 되었을 겁니다. 책을 함께 쓴 공저자라 생각합니다.

이 책을 제삼자 관점에서 검토해 주신 미우라 타카시 님, 타이 요시키 님, 사카모토 노보루 님, 네마 아야 님. 귀중한 의견 정말 고맙습니다.

이 책을 집필할 때 보이지 않게 도움을 주신 이케우치 세이코 님, 쿠마타니 히로코 님. 집필과 관련한 계약 절차와 사진 촬영을 도와주셔서 고맙습니다.

이 책이 많은 분에게 비즈니스 대시보드를 만드는 데 도움이 되기를 진심으로 바랍니다.

2023년 5월 Treasure Data 주식회사

이케다 슌스케(池田 俊介)

제공 데이터 안내

제공 데이터 내려받기

이 책이 제공하는 데이터는 프리렉 홈페이지에서 내려받을 수 있습니다.
다음 URL에 접속하여 안내에 따라 내려받기 바랍니다.

https://freelec.co.kr/datacenter/

이 책에서 설명한 설계서, 체크시트 등의 템플릿

정리표나 설계서, 체크시트 등 표 형식으로 정보를 정리할 수 있도록 한 템
플릿 파일로, 형식은 엑셀 파일입니다.

- 일정 관리표(2.4)
- 업무 관리표(2.4)
- 과제 관리표(2.4)
- 비즈니스 업무 정보 정리 시트(3.2)
- 사용 사례 가정 시트(3.3)
- 대시보드 요건 정리표(3.3)
- 대시보드 상세 설계서(4.2)
- 지표 계산 로직표(6.2)
- 테이블 설계서(6.3)
- 테이블 관계도(6.3)

이 중 '지표 계산 로직표', '테이블 설계서', '테이블 관계도'는 각 절에서 설
명한 내용의 구체적인 정리 방법을 소개한 자료입니다. 책에는 싣지 않았습
니다.

저자 소개

Treasure Data

Treasure Data 주식회사는 Treasure Data, Inc.의 일본 내 사업과 기술 개발의 거점으로, 2012년 11월 설립했습니다. 클라우드형 고객 데이터 활용 서비스 Treasure Data CDP를 제공하여 기업이 가진 고객 데이터를 활용하는 협력 업체로, 일관성 있는 고객 경험을 제공하고자 노력합니다. 전 세계 450개 이상의 기업이 이를 도입하는 등 업계를 이끄는 CDP(Customer Data Platform)로, 여러 방면에서 좋은 평가를 얻고 있습니다.

https://www.treasuredata.com

이케다 슌스케(池田 俊介)

프로페셔널 서비스팀

데이터 분석가, 선임 분석 엔지니어

대학과 대학원에서 통계학과 데이터 시각화 기초를 배우고 2014년 글로벌 디지털 에이전시 입사. 데이터 분석을 주축으로 한 디지털 미디어를 중심으로 음료, 식품, 가전, 의류, 주택, 담배, 의약품, 자동차, 중기, 정보통신, IT 서비스, 스포츠 등 다양한 업종과 업태의 기업에 마케팅 활동 지원. 2016년부터 BI 도구를 이용한 대시보드 구축 지원 업무 시작.

그 후 빅 데이터를 분석하고 가시화하는 기술을 익히고자 2019년 Treasure Data 입사. 지금까지 데이터 분석, 대시보드 구축을 중심으로 Treasure Data CDP 도입 기업의 데이터 활용 지원 담당.

후지이 아츠코(藤井 温子)

프로페셔널 서비스팀

데이터 관리, 솔루션 아키텍트

대학원 졸업 후 디지털 마케팅 지원 기업 입사. UX 디자인 컨설턴트로서 보험사, 식품 제조사, 기기 제조사 등 사용자 조사와 웹 사이트의 UX, UI 개선 프로젝트 담당. 이후 동사의 웹 접속 분석 SaaS 사업에서 고객 성공 담당으로 도입 기업의 도구 활용 지원 업무 담당. 더 전문적인 영역을 다루고 싶어 2020년 Treasure Data 입사 후 국내 외 Treasure Data CDP 도입 기업 활동 지원 업무 담당. 주로 데이터에 기반을 둔 설계, 개발, 운용 지원과 함께 BI 도구를 이용한 대시보드 구축 담당.

사쿠라이 마사노부(櫻井 将允)

프로페셔널 서비스팀

데이터 분석, 선임 매니저

2006년 마케팅 조사 회사 입사. 이후 마케팅 조사 회사, 사업 회사에서 다양한 과제를 조사하고 분석하는 일을 담당. 15년 이상 많은 프로젝트를 이끌며 다양한 업계(자동차, 정보통신, 가전, 화장품, 의약품, 게임 등)의 조사와 분석을 지원. 전 직장이었던 광고 대행사에서는 DMP 개발과 활용 지원 업무도 담당.

2019년 Treasure Data에 입사. 자동차 제조사 등 다양한 클라이언트에 고객 이해, 유망 고객 특정, 시책 입안과 효과 검증 등 데이터 이용과 활용을 지원. 또한, BI 도구를 이용한 대시보드 구축 프로젝트의 요구 사항과 필요한 조건 정의~구축, 운용 지원도 담당.

하나오카 아키라(花岡 明)

프로페셔널 서비스팀

데이터 분석, 선임 마케팅 컨설턴트

2014년 DSP 벤더 입사 후 같은 그룹의 트레이딩 데스크 회사로 이동. 제안부터 시책 설계, 기획부터 웹 광고 운용과 성과 검토까지 폭넓은 경험을 거침.

그 후 일본 오라클에서 CX 계열 SaaS 솔루션 도입을 경험.

2019년 Treasure Data 입사. 지금은 자동차 제조사를 중심으로 다양한 클라이언트를 대상으로 데이터를 활용한 마케팅 전략과 전술의 컨설팅 지원 담당. 프로젝트 안에서 대시보드 구축과 분석의 요구 사항과 필요한 요건 정의, 검토와 시책 실행까지 담당.

역자 소개

김성준

Microsft MVP (Business Application)

새로운 것을 정리하고 나눔을 실천하는 IT 엔지니어. LG CNS에서 SAP 전문가가 되기 위해 꾸준하게 노력했다. 최신 IT 기술을 따라잡기 위해서 One Page로 정리하고 공유하는 습관을 오랫동안 유지하고 있다. 현재는 글로벌 회사인 볼보에서 Digital Leader 역할을 하고 있다. 공장 자동화를 위한 Smart Factory 시스템과 사무 업무 자동화를 구현하는 RPA에 흠뻑 빠져 있다. 자동화 로봇에 열렬하게 호응하는 직원들을 보며 큰 보람과 행복을 느낀다. MS 파워 플랫폼 덕분에 더 나은 내일을 꿈꾸며 설렘으로 일하고 있다.

데이터에서 비즈니스 성과로
BI를 위한 대시보드 설계와 구축
모두가 데이터를 가장 빠르게 읽는 방법

초판 1쇄 2024년 1월 24일

지은이 Treasure Data 이케다 슌스케, 후지이 아츠코, 사쿠라이 마사노부, 하나오카 아키라
옮긴이 김성준
발행인 최홍석

발행처 (주)프리렉
출판신고 2000년 3월 7일 제 13-634호
주소 경기도 부천시 길주로 77번길 19 세진프라자 201호
전화 032-326-7282(代) **팩스** 032-326-5866
URL www.freelec.co.kr

편 집 안동현, 고대광
표지디자인 황인옥
본문디자인 김미선

ISBN 978-89-6540-378-4